国家自然科学
基金资助项目

财智睿读

新时代数字科技赋能消费现代化的机制与路径研究

Research on the Mechanism
and Path of Consumption Modernization
Empowered by Digital Technology in the New Era

吴继飞 万晓榆◎著

中国财经出版传媒集团

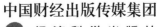

经济科学出版社
Economic Science Press

·北京·

图书在版编目（CIP）数据

新时代数字科技赋能消费现代化的机制与路径研究／
吴继飞，万晓榆著. -- 北京 ： 经济科学出版社，2024.
9. -- ISBN 978 - 7 - 5218 - 6363 - 5

Ⅰ. F126. 1

中国国家版本馆 CIP 数据核字第 2024AN2044 号

责任编辑：郑诗南
责任校对：李 建
责任印制：范 艳

新时代数字科技赋能消费现代化的机制与路径研究

XINSHIDAI SHUZI KEJI FUNENG XIAOFEI XIANDAIHUA DE
JIZHI YU LUJING YANJIU

吴继飞　万晓榆　著

经济科学出版社出版、发行　新华书店经销
社址：北京市海淀区阜成路甲 28 号　邮编：100142
总编部电话：010 - 88191217　发行部电话：010 - 88191522
网址：www. esp. com. cn
电子邮箱：esp@ esp. com. cn
天猫网店：经济科学出版社旗舰店
网址：http：//jjkxcbs. tmall. com
北京季蜂印刷有限公司印装
710×1000　16 开　16.25 印张　226000 字
2024 年 9 月第 1 版　2024 年 9 月第 1 次印刷
ISBN 978 - 7 - 5218 - 6363 - 5　定价：65.00 元
（图书出现印装问题，本社负责调换。电话：010 - 88191545）
（版权所有　侵权必究　打击盗版　举报热线：010 - 88191661
QQ：2242791300　营销中心电话：010 - 88191537
电子邮箱：dbts@ esp. com. cn）

　　2022 年 10 月，党的二十大报告明确指出，"以中国式现代化全面推进中华民族伟大复兴"作为新时代新征程党的中心任务，"必须坚持科技是第一生产力、人才是第一资源、创新是第一动力，深入实施科教兴国战略、人才强国战略、创新驱动发展战略"。2023 年 12 月，习近平总书记在中央经济工作会议上强调，发挥消费对经济增长的基础性作用。2024 年 7 月，党的二十届三中全会《中共中央关于进一步全面深化改革　推进中国式现代化的决定》明确要求："加快培育完整内需体系……完善扩大消费长效机制，减少限制性措施，合理增加公共消费，积极推进首发经济。"新时代新征程上，加快推动我国消费现代化是全面推进中国式现代化的关键构成内容。因此，立足于新时代中国式现代化总体目标，科学把握我国消费现代化的理论基础、科学内涵和演进过程，系统剖析数字科技赋能消费现代化的机制与路径，不仅更好地发挥消费对经济增长的基础性作用，更为实现人民美好生活需要注入强劲动力。

　　本书包含八章内容，第一章阐释消费现代化的理论基础、演进过程及战略意义；第二章阐述数字科技赋能我国消费现代化的理论逻辑、现实挑战及实践经验；第三章至第五章分别从消费旅程"购前—购买—购后"三个阶段讨论了数字科技赋能我国消费现代化的研究背景现状、作用机理及实证分析；第六章至第八章分别从消费经济学"消费主体、消费客体及消费环境"三要素视角,提出数字科技赋能消费主体现代化、消费客体现代化及消费环境现代化的战略路径,进而为国家更好地发展数字科技赋能消费现代化提出推进路径。

本书是国家自然科学基金青年项目(7200025)和广东省自然科学基金面上项目(2023A1515010782、2024A1515011431)的阶段性成果。本书的编写安排如下:第一章由吴继飞、万晓榆共同完成,第二章、第三章、第四章、第五章、第六章由吴继飞完成,第七章、第八章由吴继飞、万晓榆共同完成。在编写过程中,笔者借鉴吸收了不少优秀的文献和资料,在此向有关作者表示诚挚的谢意。由于时间和笔者水平有限,本书难免存在一些不足之处,在此敬请诸位专家、同行和读者不吝赐教,以便再版时进行修正。

吴继飞

2024 年 7 月

CONTENTS 目 录

消费现代化的理论内涵与战略意义

在开启全面建设社会主义现代化国家新征程、实现第二个百年奋斗目标新的历史起点上，加快推进我国消费现代化，不仅是发挥消费对经济增长的基础性作用的重要着力点，也是满足人民日益增长的美好生活需要的必然要求。在结合时代背景和消费现代化目标的基础上，本章重点阐释消费现代化的理论基础、演进过程、战略意义及变化挑战，为后续章节奠定了重要的理论基础。

第一节　消费现代化的理论基础

消费现代化是对马克思消费理论的继承和发展，也是中国式现代化重大理论成果在新时代消费领域的生动实践。本节首先通过对马克思消费理论和中国式现代化理论进行溯源，其次阐释消费现代化的科学内涵，最后阐述消费现代化的时代特征。

一、消费现代化的理论溯源

（一）马克思消费理论

马克思消费理论是马克思主义政治经济学的重要组成部分，深刻阐述了生产和消费的辩证统一关系①。首先,马克思认为消费与生产是相互依存、相互作用的,二者具有辩证统一的关系。② 一方面,生产生产着消费。生产为消费者生产出消费的对象;同时,也生产出消费的方式、消费的动力。马克思指出,生产通过它起初当作对象生产出来的产品在消费者身上引起需要。另一方面,消费也生产着生产,消费对生产具有反作用。没有消费,也就没有生产,因为如果没有消费,生产就没有目的。③ 产品只有在消费中才能成为现实的产品。产品不同于单纯的自然对象,它在消费中才证实自己是产品,才成为产品。同时,消费为生产提供动力、需要和内在对象。消费创造新的生产需要,也就是创造出生产的观念上的内在的动机,后者是生产的前提。④ 没有需要,就没有生产。综合以上论述不难发现,消费既是生产的目的,又是生产的动力,要转变经济发展方式,就要转变经济发展的目的,在不断提高居民消费能力的同时,更要发展新的消费热点、新的消费场景、新的消费业态,促进经济的高质量可持续增长。

其次,在剖析生产与消费的关系时,马克思指出:"无论我们把生产和消费看作一个主体的活动或者许多个人的活动,它们总是表现为一个过程的两个要素,在这个过程中,生产是实际的起点,因而也是起支配作用的要素。消费,作为需要,本身就是生产活动的一个内在要素。但是生产活动是实现的起点,因而也是实现的起支配作用的要素,是整个过程借以重新进行的行为。"⑤ 因此,消费不仅仅是生产的终点,也是生产的起点,以满足人民日益增长的美好生活需要为宗旨进行生产才能从源头上激励生产"量"和"质"的提升。正如马克思所阐述的,"消费这个不仅被看成终点而且被看成最后目的的结束行为……又会反

---

① 周丽群. 马克思消费思想及其现实意蕴 [J]. 理论视野,2021 (6):25 - 29.
② 邹广文,宁全荣. 马克思生产与消费理论及其当代境遇 [J]. 河北学刊,2013, 33 (4):22 - 26.
③ 马克思恩格斯选集,第二卷 [M]. 北京:人民出版社,2012:691.
④ 徐光春,梅荣政. 马克思主义大辞典 [M]. 武汉:长江出版传媒,2018.
⑤ 马克思恩格斯选集,第二卷 [M]. 北京:人民出版社,2012:694.

过来作用于起点并重新引起整个过程"①。概言之，消费应该分为外延型发展和内涵型发展，"外延和内涵"双管齐下同时促进居民的消费增长和结构升级，更有效地拉动社会经济的高质量发展。

最后，马克思还阐述了消费具有社会性及异化现象。马克思认为消费行为不仅是个体的经济活动，更是一个社会性的过程。人们的消费模式和消费习惯受到社会结构、文化传统和经济条件的影响。资本主义社会中，消费模式往往被商品的交换价值和市场机制所主导，导致了消费的异化现象（如超前消费、炫耀性消费等），即消费行为往往超越了人们的实际需要，变成了一种展示个人社会地位和身份的方式。在资本主义社会，人们的消费决策往往不是基于自身的真实需要，而是受到资本的控制、市场供给和商品广告的影响。这种情况下，消费不再是个体自由意志的体现，而是资本主义生产方式和商品形态的延伸。此外，马克思区分了商品的消费和人的消费两个层面。商品的消费指商品被使用和耗费的过程，这也是商品实现其价值和功能的必要条件；而人的消费则指个体为了满足生理和社会需要而进行的消费活动②，包括食物、衣物、住房等基本生活需求的满足，以及文化、教育等更高层次的精神需求的消费。因此，应充分借鉴马克思消费理论，加快推进中国式消费现代化，构建社会主义和谐消费文化，推动物质消费文化、精神消费文化及生态消费文化协调发展③。

中国特色社会主义进入新时代，扩大内需对社会经济高质量发展的作用日益突出，马克思消费理论对推进中国式消费现代化彰显出极为重要的当代价值。④ 一是马克思消费理论为我国扩大内需、推动居民消费结构升级提供了理论指导。随着中国经济的快速发展和居民收入水平的

① 马克思恩格斯选集，第二卷 [M]. 北京：人民出版社，2012：689.
② 李长春，蒋和胜. 马克思消费理论探讨 [J]. 天府新论，2013（1）：48－54.
③ 蒋建国. 马克思主义消费文化理论及其当代意蕴 [J]. 马克思主义研究，2007（3）：31－36.
④ 刘凤义，曲佳宝. 论马克思消费理论的两个维度及其现实意义 [J]. 马克思主义理论学科研究，2022，8（3）：46－54.

提高，居民的消费需求正在从基本生存型需求向更多样化、个性化和品质化的发展型需求转变。我国地区之间、人群之间的消费观念和消费需求也展现出不同特点。因此，结合马克思消费理论，坚持问题导向，新时代党和国家通过实施"供给侧结构性改革""现代化产业体系""乡村振兴战略"等一系列重大战略举措协同城乡统筹发展、扩大内需、促进居民消费升级推动我国消费现代化。

二是马克思消费理论为数字科技赋能我国消费现代化提供了理论借鉴。人工智能、机器学习与服务机器人等新一代数字科技的发展，极大地推动了生产方式的变革和消费模式的创新。从马克思消费理论出发，可以看出消费的现代化不仅仅是消费模式的变革，更是人们的消费观念和消费价值的升级跃迁。消费现代化可以借助大数据、云计算、人工智能等数字科技，实现人们整个消费旅程的信息及时传递、智能化购买决策和个性化服务，从而提升人们的消费品质和效率，不断满足人民日益增长的美好生活需要。

三是马克思消费理论为数字科技赋能我国消费现代化与传统文化深度融合提供了理论视角。建构中国特色社会主义消费文化，需要继承马克思主义者对西方消费社会的批判精神，坚决制止异化消费和畸形消费现象①。我国拥有五千多年的文明史和丰富的中华优秀传统文化资源，通过数字科技深化现代化消费与优秀传统文化的有机结合，充分运用数字科技赋能中华优秀传统文化的创造性转化、创新性发展，培育理性消费、健康消费、生态消费的观念，不仅能够激发中华优秀民族品牌的活力，还可以提升现代化消费的文化价值和意义，进而促进新国潮、民俗非遗等文化旅游领域新业态的蓬勃发展。

（二）中国式现代化理论

中国式现代化是中国共产党领导的社会主义现代化，也是我国社会

---

① 蒋建国．马克思主义消费文化理论及其当代意蕴 [J]．马克思主义研究，2007（3）：31-36.

不断迈向现代水平的过程。① 党的十八大以来，党和政府高度重视中国式现代化建设，《中共中央关于党的百年奋斗重大成就和历史经验的决议》指出，"党领导人民成功走出中国式现代化道路，创造了人类文明新形态"②，党的二十大将"以中国式现代化全面推进中华民族伟大复兴"定为新时代新征程党的中心任务③。"中国式现代化不仅是党的二十大的一个重大理论创新，也是科学社会主义的最新重大成果"④，中国式现代化理论主要包含内涵特征、本质要求及重大原则三个方面核心内容。

关于中国式现代化的内涵特征，中国式现代化概念源于我国现代化实践和优秀传统文化，具有深厚的理论基础、历史逻辑及实践方略，受到了新时代学界的广泛深刻探讨并达成了共识。⑤中国式现代化是我国科技、社会生产和人民生活实现从不发达水平迈向发达水平的过程，也是共产党人结合中华优秀传统文化，根据我国社会经济发展现状领导全体人民奋斗的现代化，形成了有别于西方现代化的五个鲜明特色⑥。

第一，相比西方现代化，中国式现代化是人口规模巨大的现代化。推进和实现 14 亿多人口规模的现代化，其难度与挑战远远超过了西方发达国家，无论是产业链供应链，还是生产消费均要兼顾国内和国际良性循环，既影响着国际市场供给，也同样受到全球性制约⑦。面对着人口老龄化、科学技术欠发达和经济不平衡不充分发展现状，

---

① ⑤ 吴继飞，万晓榆. 新时代中国式现代化研究的样态、新兴热点及动态演进 [J]. 重庆社会科学，2024（1）：16 – 32.

② 中共中央关于党的百年奋斗重大成就和历史经验的决议 [M]. 北京：人民出版社，2021.

③ 习近平. 高举中国特色社会主义伟大旗帜 为全面建设社会主义现代化国家而团结奋斗——在中国共产党第二十次全国代表大会上的报告 [M]. 北京：人民出版社，2022.

④ 习近平在学习贯彻党的二十大精神研讨班开班式上发表重要讲话强调正确理解和大力推进中国式现代化 [N]. 人民日报，2023 – 02 – 08（1）.

⑥ 任剑涛. 中国式现代化的中国特色——基于现代化的独异性视角分析 [J]. 探索，2023（5）：1 – 13.

⑦ 骆郁廷. 中国式现代化：共同特征与中国特色 [J]. 马克思主义研究，2023（1）：56 – 63，159 – 160.

需要加快发展和攻克高新科学技术，提升现代化产业的核心竞争优势①，大力推进乡村振兴及健康中国战略，逐步缩小同发达国家先进水平差距。

第二，相比西方以资本为中心的现代化，全体人民共同富裕是中国式现代化的鲜明标识。中国式现代化坚持以人民为中心，着力解决发展不平衡不充分现实问题，不是少数人富裕、两极分化的资本主义现代化，而是全体人民共同富裕的社会主义现代化。实现全体人民共同富裕，需要不断加快完善分配制度，构建初次分配、再分配、第三次分配协调配套的制度体系，加大税收、社会保障、转移支付、慈善捐赠等的调节力度，增加低收入群体收入、扩大中等收入群体比重②，合理调节高收入，推动形成中间大、两头小的橄榄型分配结构，让现代化建设成果更多更公平地惠及全体人民。

第三，中国式现代化是物质文明和精神文明相协调的现代化。物质贫瘠与精神贫困不是社会主义的底色，中国式现代化绝不是只重"物质的全面发展"，而忽视"思想的精神的全面发展"。只有物质需要和精神需要同时得以满足、物质文明和精神文明高度协调发展的现代化，才是实现人的自由而全面发展的现代化，才是中国特色社会主义道路的题中应有之义，更是中国式现代化的发展特色。

第四，中国式现代化是人与自然和谐共生的现代化。"绿水青山就是金山银山""碳达峰、碳中和"，这不仅体现了人类对现代经济与大自然关系的认识升华，更反映了推进中国式现代化要加快形成绿色低碳循环产业体系，满足全体人民对当前和未来幸福美丽生活的需要，使中国式现代化惠及一代又一代中华儿女。

第五，中国式现代化是走和平发展道路的现代化。中国式现代化摒弃了"战争、殖民、掠夺"，旨在追求国内发展与世界和平的良性互

---

① 徐康宁. 加快建设现代化产业体系 [J]. 红旗文稿，2022（24）：35 - 37.
② 张占斌. 中国式现代化进程中围绕"两个倍增"扎实推进共同富裕探析 [J]. 马克思主义研究，2023（4）：1 - 13，155.

动，积极推动构建人类命运共同体，塑造全新的人类文明形态，为全球和平繁荣新格局贡献中国智慧和力量。

关于中国式现代化的本质要求，百余年来，我国的现代化实践探索表明，坚持党的领导是中国式现代化的政治前提，党领导的社会主义现代化是中国式现代化的本质属性。学界关于实现高质量发展主要围绕理论内涵与实现路径两个方面。高质量发展不仅要体现创新、协调、绿色、开放、共享的新发展理念，还要满足人民日益增长的美好生活需要。① 实现高质量发展路径包括构建现代化经济体系、秉持城乡融合培育完整内需体系、依靠创新驱动实现高水平自立自强、以提高供给体系质量实现供给与需求良性互动②。

丰富人民精神世界是中国式现代化的本质要求，不是人民和精神世界的简单叠加，而是广大人民在理想信念、价值观念及伦理道德等维度上所展现的总体状态，它蕴含了丰富的时代内涵，包括坚持马克思主义在意识形态领域指导地位、坚定文化自信、践行社会主义核心价值观和促进人的全面发展。实现全体人民共同富裕是中国式现代化的本质要求，也是习近平总书记关于共同富裕重要论述的核心要义，继承与发展了马克思主义关于共同富裕的全民共享理论、物质基础理论及制度保障理论。推进共同富裕，既要推动有效市场和有为政府在资源配置中的作用，又要正确处理好增长和分配之间的关系，还要做好先富与共富的有机统一。

学界关于人与自然和谐共生主要聚焦促进人与自然和谐共生的法律建设、绿色发展理念、历史成就、理论逻辑及实践路径③。必须坚持生态优先、绿色低碳生产生活方式，构建激励共容、多元参与的生态环境

---

① 吴继飞，万晓榆. 新时代中国式现代化研究的样态、新兴热点及动态演进 [J]. 重庆社会科学，2024（1）：16-32.
② 刘伟，范欣. 以高质量发展实现中国式现代化推进中华民族伟大复兴不可逆转的历史进程 [J]. 管理世界，2023（4）：1-16.
③ 文丰安. 加快推进人与自然和谐共生现代化的路径选择 [J]. 新视野，2023（5）：99-104.

治理体系，达到人与自然和谐共生的目标。学界还对人类命运共同体、创造人类文明新形态进行了大量研究，包括人类命运共同体的内涵、原创性贡献及实现路径、人类文明新形态的内涵及世界性意义、人类文明新形态与人类命运共同体的关系等。人类文明新形态是中国特色社会主义的文明创造，超越了西方资本主义的文明形态，为人类文明提供了新的样态①。人类文明新形态不仅蕴含了人类命运共同体的核心价值理念，还为构建人类命运共同体奠定了文明基础。

关于中国式现代化的重大原则，中国共产党领导人民在推进中国式现代化进程中要牢牢把握五个重大原则。

一是关于坚持和加强党的全面领导，学界研究热点包括中国共产党百年中国式现代化道路探索的历史经验、中国共产党领导国家治理体系现代化的制度问题、中国共产党的领导与中国式现代化进程的有效推进以及重大意义问题。

二是关于坚持中国特色社会主义道路，学界主要探索了中国特色社会主义的道路、理论、制度、现代化及重大历史意义。② 中国特色社会主义现代化研究热点包括教育现代化、农业现代化、现代化经济体系、治理能力现代化等主题。诸如，学术界认为应该通过构建中国特色社会主义政府职责体系来推进治理现代化，坚持新发展理念建设中国特色社会主义现代化经济体系。党的十八大以来，中国特色社会主义进入新时代，创造了人类文明新形态和中国式现代化，坚持中国特色社会主义道路，全面建设社会主义现代化国家③。

三是关于坚持以人民为中心的发展思想，人民性是马克思主义政党区别于其他政党的显著标志。学界主要聚焦人民作为革命主体、人民当

---

① 段妍，刘冲. 中国式现代化：一种全新的人类文明形态 [J]. 思想理论教育，2023（9）：27－32.
② 吴继飞，万晓榆. 新时代中国式现代化研究的样态、新兴热点及动态演进 [J]. 重庆社会科学，2024（1）：16－32.
③ 孙武安. 论全面建设社会主义现代化国家的五个重大原则 [J]. 马克思主义研究，2022（10）：42－51.

家作主、人民作为建设主体以及人民生活福祉与中国式现代化的同频共振等。党的十八届五中全会首次提出以人民为中心的发展思想，明确了发展本质是增进人民福祉、提高人民生活水平，确保人民在发展中共享成果。习近平总书记强调："江山就是人民，人民就是江山，打江山、守江山，守的是人民的心。"① 这体现了中华优秀传统文化"民为邦本，本固邦宁""水能载舟，亦能覆舟"等民本思想。

四是关于坚持深化改革开放，学界主要聚焦改革总目标核心要义、深化改革进程等主题。改革开放是决定当代中国命运的关键一招。党的十八大以来，国家对文化教育、医疗健康、生态环境等领域进行了前所未有的变革，大力推进这些领域高质量发展。②

五是坚持发扬斗争精神，学界主要聚焦中国共产党人发扬斗争精神的实践样态与实现机制、党的自我革命的历史逻辑与时代创举、推进中国式现代化必须增强忧患意识、发扬斗争精神③。中国共产党善于从斗争历史、斗争实践中总结斗争经验、提高斗争本领，为新时代新征程实现中华民族伟大复兴凝聚磅礴力量。

综合以上梳理不难发现，中国式现代化理论以及马克思消费理论的核心观点为理解消费现代化提供了重要的理论基础和实践应用。一方面，马克思消费理论通过阐释消费与生产的相互依赖性，为学界从经济活动和社会活动理解中国式现代化消费提供了重要视角。进入新时代，我国经济进入新发展阶段，经济发展由高速增长转向中高速增长，人们的消费需求、消费模式和消费结构发生了显著变化。过去人们以生存为主的基本消费需求，正在向更多样化、个性化及品质化的美好生活需要转变。这种变化在很大程度上反映了社会生产力的提升和产品多样性的

---

① 习近平：在庆祝中国共产党成立 100 周年大会上的讲话 [R/OL]. 人民网，2021 - 07 - 01，http：//jhsjk. people. cn/article/32146278.
② 吴继飞，万晓榆. 新时代中国式现代化研究的样态、新兴热点及动态演进 [J]. 重庆社会科学，2024（1）：16 - 32.
③ 何虎生. 推进中国式现代化必须增强忧患意识、发扬斗争精神 [J]. 党建，2023（4）：25 - 27.

丰富，正如马克思所论述的，生产决定消费，消费反过来又推动生产的不断发展和完善。

另一方面，从中国式现代化理论视角出发，我国消费现代化不仅仅是经济、文化和社会现代化的具体体现，更是中国式现代化的重要组成部分，体现了消费主体现代化、消费客体现代化及消费环境现代化的有机融合。随着人民生活水平的大幅提升，其消费需求也表现出更高质态的特征，人民更想要追求品质和健康的生活方式，这不仅体现在有形的产品上，更体现在无形的服务上，如文化教育、医疗健康、旅游休闲等领域受到了越来越多的消费者青睐。绿水青山就是金山银山，如今绿色发展理念也深入人心，越来越多的消费者更愿意选择绿色产品和服务，这也反映了我国消费现代化的时代特征。随着数字经济的快速发展，移动互联网和数字科技的深度应用，极大程度改变了人们的消费模式，提升了人们的消费体验，使人们的移动购物、移动支付成为日益普及的消费趋势。因此，我国消费现代化是马克思消费理论在中国具体实践的体现，也是中国式现代化理论在消费领域的生动实践，推动了社会经济的高质量发展。

二、消费现代化的科学内涵

消费现代化是中国式现代化在消费领域的生动实践，它将以人为本的理念贯穿于消费者整个购买旅程，坚持以消费者为中心，通过数字赋能消费主体、消费客体及消费环境的提质增效，不断实现人民日益增长的美好生活需要。我国消费现代化的内涵包括以人为本的消费现代化理念、数字赋能的消费现代化动力、提质增效的消费现代化要素以及美好生活的消费现代化目标四个方面具体内容。如图 1 - 1 所示。

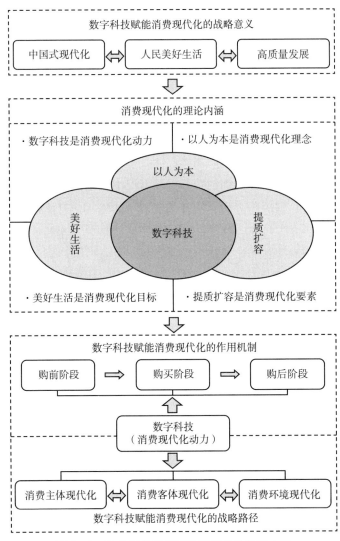

图 1-1　数字科技赋能消费现代化的科学内涵

（一）消费现代化理念：以人为本

中国式现代化是人口规模巨大的现代化，"以人为本"是中国式现代化的价值理念，也是我国消费现代化的核心理念，它贯穿消费者的购前阶段、购买阶段及购后阶段整个购买旅程。首先，在购前阶段，以人为本的理念要求企业要从消费者的美好生活需要出发，进行产品开发与设计，打造优质的服务体验。这意味着产品设计不仅要满足基本的使用功能，更要考虑易用性、美学需求和情感诉求等诸多功能。例如，对于机器人轮椅的设计，机器人设备制造商除了要考虑基本的行走功能，还要考虑适老化的操作方式。其次，在购买阶段，以人为本的理念则体现在为消费者提供个性化、多元化和品质化的服务体验，包括了解消费者的购买习惯和偏好、推荐定制化的产品，以及提供安全便捷的购物环境和支付体验。例如，在征询消费者授权情况下，电商平台可以通过算法对其历史购买数据进行分析，推荐消费者可能感兴趣且能够满足其美好生活需要的产品，进而提升他们的购物体验。最后，在购后阶段，以人为本的理念则要求企业建立健全的客户服务系统，及时地响应消费者的反馈和需求，解决消费者购后使用产品过程中可能出现的任何问题。譬如，企业通过客服系统收集购后阶段消费者的反馈信息，更好地改进产品和服务，这不仅能够维系消费者关系，增强消费者的满意度，还有助于建立品牌的忠诚度。

（二）消费现代化动力：数字赋能

数字科技是推动消费现代化的重要动力。进入新时代，党和国家在推进中国式现代化过程中，着力将扩大国内需求、扩大消费摆在优先发展位置，支持以多种方式和渠道扩大内需，数字科技凭借高效信息获取与传递、数据挖掘与智能化等优势，可以极大地提升消费流程的效率和质量，实现精准的用户画像和市场定位，进而为消费者提供个性化的消费体验。

首先，数字科技是现代化消费创新的"加速器"，催生了消费的新业态、新场景、新模式，优化了消费供给。数字科技的发展，催生了直播电商、社交电商、在线服务消费等具有数字化、网络化、智能化特征的在线消费新业态和新模式，推动线上线下相融合的消费新场景大量涌现。同时，数字科技也是现代化消费需求的"定位器"，消费现代化市场已从以产品为中心向以消费者为中心转变，通过人工智能、大数据、物联网等数字科技，企业可以快速精准掌握消费者需求和市场趋势变化，使个性化定制和精准生产营销成为可能，推动柔性生产、反向定制等新的生产和销售模式快速发展。

其次，数字科技是促消费政策的"放大器"，政府通过与平台企业合作，借助数字技术实现促消费政策的精准实施和效果放大，有效刺激消费，力促消费复苏。各地普遍采用发放"消费券"的形式促进消费，通过应用大数据技术和互联网平台积累的消费数据，可以根据不同消费群体的行为特征、消费者对不同商品和服务的消费倾向，精准发券，提升促消费政策的效果。2022 年，杭州通过支付宝平台多次发放优惠券、消费券，累计拉动消费金额 60 亿元，而且支付宝通过联合全国近千万商家举办了"夏日消费节"和"金秋消费节"，依托数字技术开发的小程序开展线下线上互动，累计拉动消费规模近 650 亿元，极大推动了消费热度的回升。

最后，数字科技是现代化消费动力的"提升器"，譬如，数字科技助力金融创新，以移动支付为代表的数字普惠金融工具通过提高消费便利性、金融可获得性，降低金融服务成本，有效激发消费动力。譬如，我国网络支付用户规模已经超过 9 亿人，整体市场覆盖率位居全球第一。此外，企业利用诸如虚拟试衣间和在线 3D 产品展示等虚拟现实（VR）和增强现实（AR）技术，为消费者提供新颖的购物体验也成为新的消费趋势。

（三）消费现代化要素：提质扩容

"提质扩容"是消费现代化的关键要素之一，它不仅关注消费品和服务质量的提升，同时也强调消费市场容量的扩大。"提质扩容"旨在通过提高产品和服务的品质，以及扩展市场规模，更好地满足人民日益增长的消费需求，推动经济的持续健康发展。提质扩容作为推动我国消费现代化的重要战略，不仅能够提升消费品和服务的整体水平，还能有效地促进消费市场的持续健康发展。通过不断提升产品和服务质量，以及积极拓展市场容量，能够更好地满足消费者的多样化需求，推动我国经济高质量发展。这种以消费者为中心的发展战略，将进一步巩固中国在全球经济中的地位，为实现全面建成小康社会和现代化强国梦提供坚实支撑。

在"提质"方面，主要侧重追求高品质的消费体验。在消费现代化的过程中，提质主要指提升产品和服务的质量，确保消费者能够获得更满意、更安全、更有保障的消费体验。这需要企业在生产和服务过程中不断创新和改进，以适应消费者对高品质生活的追求。一是产品质量提升。企业需要通过采用先进的技术、改进生产工艺、使用优质原料等措施来提升产品的质量和性能。例如，食品行业通过引入国际食品安全标准，确保食品安全和卫生，提升消费者信任度。二是服务质量提升。服务行业，如餐饮、旅游和零售，需提高服务人员的专业能力和服务态度，优化顾客体验。此外，利用数字工具提升服务效率和响应速度，如在线客服系统和智能化服务流程，也是提质的重要手段。三是品牌价值提升。加强品牌建设，提升品牌形象和市场认知度。品牌不仅代表了质量的保证，也反映了企业的价值观和社会责任感，这在现代化消费市场中尤为重要。

在"扩容"方面，主要强调扩展消费市场和容量。在提升产品和服务品质的同时，通过市场开拓和消费激励政策等手段，拓展消费的广度和深度，实现消费总量的增长。一是市场地域扩展。通过内销和出口双轨并行，开拓国内外市场。在国内，加大对中西部地区和农村市场的开发力度，利用区域协调发展战略，缩小地区发展差异。在国外，通过参与全球化经济活动，拓展国际市场，增加产品的海外知名度。二是消费领域多元化。开发新的消费领域，如绿色消费、健康消费、生态消费、数字消费等，以适应消费者多样化的需求。推广新能源汽车、可再生能源使用等，既满足市场需求，也符合可持续发展的战略要求。三是消费政策激励。政府通过出台相关政策，如减税降费、发放优惠券、特色消费节日等，激励消费者增加消费，扩大内需，促进经济循环。

（四）消费现代化目标：美好生活

人民的美好生活是中国式现代化的宗旨，更是我国消费现代化的终极目标。因此，我国消费现代化旨在通过提升产品质效，使广大消费者能够享受到更高品质的美好生活，包括丰富多彩的物质生活和充实满足的精神生活。在物质层面上，美好生活意味着消费者可以获取高品质、多样化的商品和服务，满足他们日益增长的物质需求。这不仅关注于基本生活需求的满足，更包括对健康、休闲和个性化需求的关注。例如，随着健康意识的提升，高品质的医疗保健产品和服务越来越受到消费者的欢迎。在精神层面上，美好生活追求的是消费者内心的满足感、获得感、安全感和幸福感。这包括通过文化、艺术、旅游等消费活动，丰富人们的精神世界和文化生活。例如，越来越多的消费者愿意为旅游、电影、音乐会等消费支出，这不仅仅是消费行为，更是一种生活态度和文化追求。

概言之，我国消费现代化的科学内涵体现了以人为本的理念，通过数字科技赋能，不断提质增效，最终实现人民美好生活的目标。我国消费现代化不仅涉及多个主体协同演化，包括数字科技创新、市场调整、政策支持等，还要建立一个全面、动态和可持续发展的现代化消费环境。综合以上分析，本书将我国消费现代化界定为：以不断满足人民的美好生活需要为目标，将以人为本的现代化理念贯穿"购前、购买及购后"整个购买旅程，以人工智能、机器人等数字科技为动力赋能消费主体、消费客体及消费环境现代化，提升人民的获得感、安全感和幸福感，促进人的现代化的消费发展过程。

三、消费现代化的时代特征

我国消费现代化既具有各国消费现代化的共同特征，又具有基于自己国情的中国特色。我国消费现代化不仅吸收了西方现代化消费的优秀成分，更是创新和发展了中华优秀传统消费的价值理念，为建成社会主义现代化强国注入了强劲动力。①

（一）我国消费现代化的共同特征

与各国消费现代化相同，我国消费现代化也表现出一些共性特征。消费经济学认为消费主体、消费客体及消费环境是消费的关键构成要素②，因此，消费现代化包含主体现代化、客体现代化及环境现代化。第一次工业革命以来，人类社会生产生活发生了翻天覆地的变化。如今，全球进入以人工智能科技为代表的新一轮科技革命，极大地改变了人类社会的生产生活，这不仅体现在消费主体方面，还体现在消费客体和消费环境等方面。

首先，消费主体的权力显著增强。从全球宏观经济演变来看，当一个国家或地区经济社会发展水平有了大幅度提升后，消费便会替代投资成为经济发展的新动力，即伴随着工业化发展向后工业化时期转变，消费尤其是服务型消费成为经济发展的关键动力③。从微观消费者层面来看，当数字科技水平取得长足进步后，消费者获取信息、加工信息及应用信息的能力也随之大幅度提升，消费者也会更多地融入产品价值链，譬如越来越多的消费者参与新产品设计、新产品开发、新产品改进及售后反馈等过程，为企业的新产品设计与改善、服务流程与服务体验提升纷纷建言献策，充分体现了消费现代化进程中以消费者为中心的导向，改变了传统企业单方主导的产品供给模式。

其次，消费客体的性价比大幅提升。与传统生产行业不同，现代化背景下的科技和产业革命可以带来经济转型和产业结构优化④。从技术

① 胡雪萍，李玉颂. 中国式消费现代化的演进逻辑、时代特征与推进思路 [J]. 改革与战略，2024，40（1）：50-61.
② 尹世杰. 消费经济学 [M]. 北京：高等教育出版社，2007.
③ 史琳琰，张彩云，胡怀国. 消费驱动型发展的理论逻辑、生成路径及对中国式现代化的启示 [J]. 经济学家，2023（2）：35-44.
④ 高振娟，等. 数字经济赋能消费升级的机制与路径选择 [J]. 西南金融，2021（10）：44-54.

进步理论可以看出，人们的教育水平和文化素养的提高，也会推动社会生产效率和技术水平的大幅提升，这也为互联网经济、移动通信等领域产业实现边际收益递增奠定了基础。相对而言，互联网经济也会导致商家更直接、更激烈的竞争环境，越来越多的商家愿意采取不断提升消费客体的性价比的方法，来获得更多的市场占有率。譬如，拼多多平台为消费者提供丰富优质产品的同时，通过提供"百亿补贴"等策略持续加大对改善型消费品的补贴力度，确保消费者真正享受到高性价比产品和无忧购物体验，让消费者实现"从无到有"的转变，享受拆快递的乐趣。拼多多式的消费升级正成为零售行业的重要力量。

最后，消费环境的安全性明显改善。现代化归根结底是人的现代化，安全放心的消费环境是消费现代化的基本保障。消费现代化不仅体现在人们的消费观念、消费方式和社会生产的改变上，还体现在人们对于"购前—购买—购后"整个购买旅程中的消费环境的安全要求及其改善能力等方面。互联网提升了"生产—流通—分配—消费"四个环节的循环质量，积极营造了公平公正的市场环境和安全放心的消费环境，打破了地区之间的贸易壁垒，提升了市场经济贸易循环流通质效，从而赋能消费者获得更多有关购买决策信息，增加消费者的购买安全感。譬如，2022年以来，国家市场监督管理总局部署开展"百家电商平台点亮"行动，组织31个省（区、市）100余家电商平台，引导平台和商户"亮照、亮证、亮规则"①，推动信息公开、规则透明，共同营造公平诚信、安全放心的网络消费环境，促进平台经济规范健康发展。

（二）我国消费现代化的鲜明特色

中国式现代化是人口规模巨大的现代化、是全体人民共同富裕的现

---

① 中华人民共和国中央人民政府. 引导电商平台和商户"亮照、亮证、亮规则"营造更放心的网络消费环境，2022 – 06 – 17. https：//www. gov. cn/xinwen/2022 – 06/17/content_5696133. htm.

代化、是物质文明和精神文明相协调的现代化、是人与自然和谐共生的现代化、是走和平发展道路的现代化。[①] 从中国式现代化理论出发，我国消费现代化与西方消费现代化也存在本质差异。我国消费现代化是中国式现代化的构成部分，更是推进中国式现代化过程中人民美好生活需要不断迈向先进化、高级化及品质化的生动实践，体现出了以人为本、普惠性、协调性及生态友好四个特色。

首先，我国消费现代化具有以人为本的特征。不同于西方消费现代化，我国消费现代化是基于人口规模巨大的消费现代化，更突出了人民至上、以人为本的现代化理念。立足于人口规模巨大的基本国情，推进我国消费现代化，反映了将"人口规模巨大"视为消费现代化的逻辑起点和实践主线。中国拥有 14 多亿人口、4 亿多中等收入群体，具有巨大的现代化消费潜力。因此，人口规模巨大也是推进我国消费现代化的重要支撑和独有优势。同时，中国人口结构、区域上具有不同的发展特征，可以产生差异化的市场需求，有助于形成超大规模的市场优势，这也为我国消费现代化的发展提供了独特契机。实现人的全面发展是社会主义的本质要求，我国消费现代化围绕以人为本的发展理念，不断满足人民日益增长的物质需要和精神需要，进而实现人的自由而全面的发展。

其次，我国消费现代化具有普惠性特征。不同于西方两极分化的现代化，我国消费现代化是全体人民共同富裕的现代化消费。共同富裕是我国消费现代化的发展目标。我国消费现代化的"以人为本"要求把解决人民日益增长的美好生活需要和不平衡不充分的发展之间的矛盾作为消费现代化的主线，并进一步推进共同富裕现代化。[②] 因此，区别于某些国家"高福利"不可持续的消费状态，我国消费现代化不是贫富

[①] 习近平. 高举中国特色社会主义伟大旗帜　为全面建设社会主义现代化国家而团结奋斗——在中国共产党第二十次全国代表大会上的报告 [M]. 北京：人民出版社，2022.

[②] 胡雪萍，李玉颂. 中国式消费现代化的演进逻辑、时代特征与推进思路 [J]. 改革与战略，2024，40（1）：50-61.

两极分化的消费，而是立足于全体人民美好生活需要的消费①。我国消费现代化还侧重提升中低收入群体的消费水平。数字经济、普惠金融的发展，改变了传统的消费模式，使得现代化消费的内容更丰富、移动支付手段更便捷，持续缩小了城乡发展差距和消费差距，使发展成果更多地惠及全体人民。同时，消费现代化在总体上具有多模式并存的优势，可以有效结合政府、企业和居民个人的力量，破解不平衡不充分发展的问题，并借助市场机制的调节缓解不同居民冲突性的利益诉求，从消费现代化视角扩大中低收入群体消费的长效动力机制，推进消费现代化和共同富裕进程。

再次，我国消费现代化具有协调性特征。我国消费现代化摒弃了西方现代化富裕社会"病态说"的学理定式，是物质消费和精神消费相协调的现代化。② 一方面，我国消费现代化通过社会经济高质量发展提升产品供给能力，有机协同增强全球核心竞争力，为加快推进中国式现代化奠定重要的物质基础。另一方面，我国消费现代化高度重视人们的精神文化消费水平的跃升。马斯洛需求层次理论认为，当人们的基本生理需求得以满足后，便会产生安全需要、自尊需要、成就感需要、自我实现需要等更高层次的精神层面需求，进而不断丰富人们的精神文明世界。概括而言，人们的物质消费和精神消费相协调是我国消费现代化的实践要求。物质消费是精神消费的基础，而精神消费又会反过来促进物质消费，因此，我国消费现代化秉承物质消费和精神消费协调发展的理念，更好地平衡物质文明和精神文明的关系，进而促进物质消费与精神消费高水平协调发展。

最后，我国消费现代化具有生态友好性特征。人与自然和谐共生是中国式现代化的中国特色和本质要求，也是我国消费现代化的内在要

---

① 简新华，等. 学习阐释中国共产党二十大报告笔谈 ［J］. 财经科学，2022（11）：1 -26.
② 王永贵，等. 中国式现代化消费：理论、评价与战略 ［M］. 杭州：浙江工商大学出版社，2023.

求。相比"先污染、后治理"的西方现代化模式，我国消费现代化统筹消费和环境的关系，坚持"绿水青山就是金山银山"等人与自然和谐共生的消费理念，加快推动新能源汽车等绿色消费，避免过度消费造成环境污染及生态危机①。同时，我国消费现代化坚持通过和平发展实现消费现代化。我国消费现代化凭借"一带一路"等和平发展的市场合作优势，构建以国内大循环为主体、国内国际双循环相互促进的新发展格局，积极融入世界经济贸易的汪洋大海，向世界分享中国的现代化市场与发展机遇，为全球消费现代化事业贡献中国智慧。此外，我国消费现代化还积极倡导构建人类命运共同体，注重世界各的消费升级与经济发展之间的交流，与世界各国共同寻找提升现代化消费潜力的理论机制和实践路径，实现国内国际双循环，推动世界各国消费现代化事业的可持续发展。

第二节　消费现代化的演进过程

系统梳理我国消费现代化的演进历程是推进消费现代化的重要任务。在消费现代化理论溯源、内涵界定及时代特征的基础上，本节结合党和国家重大历史事件以及现有研究成果②，将我国消费现代化划分为萌芽阶段、探索阶段和推进阶段三个阶段，并对三个阶段进行详细阐释。

一、我国消费现代化的萌芽阶段（1949～1978年）

加快恢复和发展国民经济是新中国成立初期的首要任务。针对新中

---

① 韩喜平，郝婧智. 人类文明形态变革与中国式现代化道路［J］. 当代世界与社会主义，2021（4）：49－56.
② 胡雪萍，李玉颂. 中国式消费现代化的演进逻辑、时代特征与推进思路［J］. 改革与战略，2024，40（1）：50－61.

国成立初期的经济基础薄弱和物资匮乏的现状，党和国家审时度势实行"先积累、后消费""重工业、轻消费"的消费政策。

（一）控制居民消费，优先生产建设

马克思主义社会再生产中关于积累和消费的理论，是该阶段我国消费经济思想和消费政策制定的重要依据，即资本量由剩余价值中消费和资本的分割比例决定。1953 年，在《为动员一切力量把我国建设成为一个伟大的社会主义国家而斗争——关于党在过渡时期总路线的学习和宣传提纲》中，毛泽东详细论述了控制人民消费政策的原因：国家工业化要以重工业发展为重点，而重工业具有资金多、盈利较少的特点，人民消费需要不能得到完全满足，因而在工业化时期不得不倡导艰苦奋斗。① 概括而言，"先积累，后消费"是该阶段消费政策的主线，我国的积累率从"一五"时期的 24.2% 迅速提升到"四五"时期的 33%，而消费率也从 75.8% 下降到 67%。②

（二）刺激社会生产，创造适度消费

1956 年，毛泽东在《论十大关系》中明确强调，社会再生产过程中，"如果没有足够的粮食和其他生活必需品，首先就不能养活工人，还谈什么发展重工业？""但是农业、轻工业投资的比例要加重一些。加重的结果怎么样？加重的结果，一可以更好地供给人民生活需要，二可以加快资金积累，因而可以更多更好地发展重工业"③。人们生活的需要，是不断增长的。需要刺激生产的不断发展，生产也不断地刺激新的需要④。此时，国家决策层也意识到人民消费的重要性，即必需品的

---

① 中共中央文献研究室. 建国以来重要文献选编：第 4 册 ［M］. 北京：中央文献出版社，1993.
② 武力. 中国共产党关于积累与消费关系的认识与实践 ［J］. 人民论坛·学术前沿，2021（16）：82－89.
③ 毛泽东文集：第 7 卷 ［M］. 北京：人民出版社，1999.
④ 毛泽东文集：第 8 卷 ［M］. 北京：人民出版社，1999.

消费是生产的前提，生产能创造消费，而消费是生产的目的，但是考虑到该阶段我国社会生产力处于较低的水平，因而采用了消费品计划供应和票券限量供应等消费手段。

（三）实行量入为出，计划配给制消费

该阶段，国家主要实行抑制型消费政策和消费品行政配给制。[①] 从消费经济学三要素来看，在消费主体层面，中国人向来拥有节约的传统观念，人民消费主要以节约、储蓄为主，"量入为出"的传统消费方略被该阶段家庭广泛接受。在消费客体层面，受到该阶段社会生产能力的制约，消费品种类和数量较为单一和匮乏，人民能够享受的物质资料也并不富足，生产创造消费的效果非常受限。在消费环境层面上，变动较大的自然环境和物质环境对该阶段人民的消费产生了比较大的影响。我国社会供给和需求之间的矛盾较为突出，人民需要在国家计划供应下进行消费，主要以票证消费方式为主。

该阶段"先积累，后消费""重工业，轻消费"的政策，通过积累资金大规模投资建设工业体系，推进了我国工业化进程，为现代化建设奠定了一定的物质基础。然而，该阶段的消费政策并没有明显地推动人民的消费发展，也没有破解经济社会的不平衡发展问题。虽然此阶段刺激生产创造消费的消费思想没有取得显著效果，但对于消费与生产之间关系的具体实践，以及学界对于消费与生产的理论研究，推动了我国消费现代化开始萌芽。

二、我国消费现代化的探索阶段（1979～2021年）

改革开放以来，我国开启了社会主义市场经济新篇章，解放社会生

---

① 胡雪萍，李玉颂.中国式消费现代化的演进逻辑、时代特征与推进思路［J］.改革与战略，2024，40（1）：50－61.

产力、提升人民生活水平成为社会主义市场经济建设的重要工作。该阶段，我国逐步确立并完善了市场"无形的手"与政府"有形的手"以协同互补方式进行配置资源，使消费在经济建设中的战略作用日益凸显，生产与消费相互促进的经济发展格局初显端倪。

（一）人民消费需要与国家经济战略目标结合

1981 年，党的十一届六中全会指出"在社会主义改造基本完成以后，我国所要解决的主要矛盾，是人民日益增长的物质文化需要同落后的社会生产之间的矛盾"。实践上要通过生产力的发展，不断满足人民群众日益增长的物质文化消费需要①。与此相应提出"三步走"发展战略，即第一步从 1981 年到 1990 年，国民生产总值翻一番，解决人民的温饱问题；第二步从 1990 年到 20 世纪末，国民生产总值再增长 1 倍，人民生活达到小康水平；第三步到 21 世纪中叶，人均国民生产总值达到中等发达国家水平，人民生活比较富裕，基本实现现代化。② 这为破解我国社会主要矛盾提供了行动指南，人民的物质文化消费也首次被提升到国家经济战略层面。

（二）消费市场主体确定，消费与生产并重

生产为消费的主体地位奠定发展基础。邓小平指出生产与消费并重，生产力的发展是社会主义初级阶段的根本任务，在此基础上不断改善人民的物质文化生活③，这也与马克思生产与消费辩证统一的思想相契合。同时，改革开放后市场经济体制的不断完善为我国多样化、个性化消费奠定了基础，不仅有利于提升消费者的自主权和消费质量，也为

---

① 中国共产党中央委员会关于建国以来党的若干历史问题的决议 ［M］. 北京：人民出版社，2009.
② 胡雪萍，李玉颂. 中国式消费现代化的演进逻辑、时代特征与推进思路 ［J］. 改革与战略，2024，40（1）：50 – 61.
③ 邓小平文集：第 3 卷 ［M］. 北京：人民出版社，1993.

共同富裕的实现提供了"先富带后富"的发展路径①。此外,人民的消费需求,也是供给侧结构性改革的原动力,因为消费侧的人民需求结构升级,倒逼供给侧结构性改革,进而为人民提供更优质产品和服务,即"一切需要的最终调节是消费者的需要"②。

(三)全面脱贫攻坚,提升人民消费物质基础

党的十八大以来,党和国家将全面脱贫攻坚摆在突出位置,并将其纳入全面建成小康社会的重要任务。2021 年,习近平总书记在全面脱贫攻坚总结表彰大会上宣告我国脱贫攻坚事业取得了全面胜利,9899万农村贫困人口实现全面脱贫、832 个贫困县全部摘帽、12.8 万个贫困村全部出列,不仅解决了区域性整体贫困,也消除了绝对贫困。③ 消除贫困,依然是全球急迫解决的重大议题,我国提前 10 年完成了《联合国 2030 年可持续发展议程》提出的减贫目标,为全球减贫事业注入了强劲动力和中国方案。尤其是进入新时代,我国社会主要矛盾已经转化为人民日益增长的美好生活需要和不平衡不充分的发展之间的矛盾。我国实现 9899 万人口脱贫全面建成小康社会,大幅度提升了人民消费的物质基础和生活水平,更好地满足人民日益增长的美好生活需要。

概言之,对于消费现代化探索阶段,在消费主体上,市场经济的发展推动了产品多样化以及居民收入水平的提升,消费者的选择能力显著提升,个性化消费特征明显。在消费客体上,消费结构由低层次向高层次迈进推动消费扩容提质发展,人民的物质生活和精神需要得到了双重满足。在消费环境上,相对宽松的市场环境和政府有效的监管进一步扩大了消费空间,为个性化、多元化及品质化的消费提供了良好的消费环境。该阶段的实践探索,反映了我国消费现代化的宗旨同我国经济发展

---

① 刘乐山,杨丹. 新中国成立 70 年消费经济理论的重大发展与创新 [J]. 湘潭大学学报(哲学社会科学版),2020(1):80-85.
② 马歇尔. 经济学原理:上卷 [M]. 志英,译. 北京:商务印书馆,2017.
③ 习近平. 在全国脱贫攻坚总结表彰大会上的讲话 [N]. 人民日报,2021-02-26(2).

的目标相统一，消费是拉动国民经济发展的重要引擎，而经济发展也是更好地满足人民日益增长的美好生活需要。

三、我国消费现代化的推进阶段（2022年至今）

党的二十大报告指出"着力扩大内需，增强消费对经济发展的基础性作用和投资对优化供给结构的关键作用"①。消费作为保持经济平稳增长的"压舱石"和"稳定器"，对经济增长具有基础性作用。因此，该阶段的工作主线是以消费现代化推动中国式现代化、扩大内需以及促进人的自由而全面的发展。

（一）充分体现以人为本的现代化理念

我国消费现代化的三个发展阶段，同我国人民从"站起来"到"富起来"再到"强起来"的发展进程保持高度一致，充分反映了人民在社会消费发展历程中的主体地位。离开了人民，消费就无法发展，就不能成为消费。我国消费现代化始终坚持以人为本的理念，消费现代化成果属于人民、为了人民、依靠人民，其基本表征体现在我国人民消费水平的大幅度跃升和人民日益增长的美好生活也不断得以满足②。

（二）发挥消费对经济发展的基础性作用

新时代新征程，我国经济进入新发展阶段后，经济社会发展的重心逐步从重视经济规模的"高增速"转到提高效率和质量上来，实现"高质量"发展成为全面建设社会主义现代化国家的首要任务。高质量发展的宗旨就是不断满足人民日益增长的美好生活需要。因此，生产和消费的关系已经转变为两者之间的高质量良性互动，经济高质量发展迫

---

① 习近平 . 高举中国特色社会主义伟大旗帜　为全面建设社会主义现代化国家而团结奋斗——在中国共产党第二十次全国代表大会上的报告 [N]. 人民日报，2022－10－26.
② 洪银兴 . 论中国式现代化的经济学维度 [J]. 管理世界，2022（4）：1－15.

切需要消费的高质量拉动①。消费对经济增长的基础性作用日益凸显。一方面，消费总量增长和消费结构升级是我国宏观经济高质量发展的基础条件。另一方面，消费现代化的发展将扩大内需战略同供给侧结构性改革有机结合起来，着力提升产业供给链韧性和安全水平，通过消费现代化推进中国式现代化。

（三）把人的自由全面发展作为终极目标

实现人的自由全面的发展是中国式现代化的题中应有之义，也是我国消费现代化的终极目标，我国消费现代化始终坚持不断满足人民的个性化、多样化及品质化的美好生活需要。人民的消费升级推动了我国消费现代化的变革，进而不断实现人的自由全面发展②，而人的自由全面发展又要求将人民的美好生活需要作为我国消费现代化的目标。因此，我国消费现代化与中国式现代化一脉相承，把人的自由全面发展视为终极目标。

综上所述，我国消费现代化的演进大致历经萌芽、探索和推进三个阶段，反映了与中国式现代化发展同频的三次历史性飞跃，凸显了消费现代化在我国社会经济发展中的基础性作用。从理论层面来看，我国消费现代化的本质更着重于不断满足人的自由全面发展的现代化需要。从实践层面来看，消费对生产的反作用发生了质的跃升，不再是生产的从属地位，消费发展与现代化发展已经产生了深度融合。

第三节　消费现代化的战略意义

新时代开启全面建设社会主义现代化国家新征程，加快推进我国消

---

①　唐未兵，彭涛.后危机时代中国经济发展的路径选择［J］.经济学动态，2010（3）：33-36.
②　胡雪萍，李玉颂.中国式消费现代化的演进逻辑、时代特征与推进思路［J］.改革与战略，2024，40（1）：50-61.

费现代化，是深入贯彻习近平经济思想推动高质量发展的必然要求，是中国式现代化全面推进中华民族伟大复兴的重要着力点，也是推动新时代新发展格局国内国际双循环的关键抓手，更是适应社会主要矛盾实现人民美好生活的必然要求。

一、贯彻习近平经济思想推动高质量发展的必然要求

高质量发展是全面建设社会主义现代化国家的首要任务。高质量发展的根本理念在于经济发展的"好不好"而不是"有没有"[1]，也是习近平经济思想的核心要义。当前，我国高质量发展还存在诸如科技创新不强、供给体系质量不高及资源要素效率不高等突出问题。加快形成消费现代化体系是全面贯彻落实习近平经济思想、推动高质量发展的必然要求。党的十八大以来，我国产业结构不断调整优化，产业体系更加完备，有力支撑了全面建成小康社会。[2] 进入新发展阶段，国内外发展环境新变化和全面建设社会主义现代化国家的新使命对经济发展提出了新要求。我国经济发展已由高速增长阶段转向高质量发展阶段，正在经历质量变革、效率变革、动力变革。消费对经济高质量发展的基础性作用日益凸显，推动高质量发展，要求从量的扩张转向质的提升，把发展质量问题摆在更为突出的位置，着力提升发展质量，形成优质多样化的产业供给体系。高质量发展更是体现创新、协调、绿色、开放、共享的新发展理念[3]的发展方式，要求持续优化生产要素配置，不断提高劳动效率、资本效率、土地效率、资源效率，不断提高全要素生产率，形成高效的产业供给体系和现代化消费体系。创新是第一动力，国家经济发展从主要依靠资源和低成本劳动力等要素投入转向创新驱动，加快新旧

① 黄汉权，盛朝迅. 现代化产业体系的内涵特征、演进规律和构建途径 [J]. 中国软科学，2023 (10): 1-8.
② 薛丰. 建设现代化产业体系 [N]. 经济日报，2022-11-03.
③ 习近平著作选读: 第2卷 [M]. 北京: 人民出版社，2023: 405.

动能转换，不断提升产业基础能力，推动传统产业优化升级，培育具有国际竞争力的战略性新兴产业，建立起优质高效创新的现代化消费体系。通过科技创新、提升供给体系质量、优化消费环境，推动消费结构升级，加快形成全面开放、全方位多层次的消费现代化体系，为推动高质量发展注入强劲动力。

二、以中国式现代化全面推进中华民族伟大复兴的重要着力点

中国式现代化是中国共产党领导的社会主义现代化，总目标在于全面提升国家治理体系和治理能力现代化。消费现代化是中国式现代化不可或缺的部分，关系到国民经济结构的优化升级和高质量发展的实现。中国式现代化强调在保持经济持续健康发展的同时，更加注重发展的平衡性和可持续性。消费现代化在此过程中起到关键作用，通过提升消费的质量和效率，促进经济结构的优化和升级，实现从制造大国向制造强国的跨越。同时，消费现代化也是实现从外需驱动向内需驱动转变的关键路径，有助于推动构建国内大循环为主体、国内国际双循环相互促进的新发展格局。深化供给侧结构性改革，通过提供更多高品质的产品和服务，满足消费者的个性化、多样化、多层次的美好生活需要，这不仅有助于提升消费主体现代化，即让消费者拥有更高的幸福感、获得感和安全感，也是推动经济高质量发展进而实现全面建成社会主义现代化强国的重要着力点。概括而言，我国消费现代化的战略意义在于其是以中国式现代化全面推进中华民族伟大复兴的重要组成部分，对优化经济结构、提升发展质量、实现可持续发展具有重要影响。通过深化改革、扩大开放、创新驱动、强化消费政策，中国可以有效地推进消费现代化，加快实现中国式现代化的战略目标。

三、推动新时代新发展格局国内国际双循环的关键抓手

发展格局是决定发展方式、发展路径、发展可持续性的关键。党的十八大以来，面对发展环境的不确定性和外部需求的不稳定性，党中央提出构建以国内大循环为主体、国内国际双循环相互促进的新发展格局，是应对新发展阶段机遇和挑战、贯彻新发展理念的战略选择，也是新发展阶段要着力推动完成的重大历史任务，以及贯彻新发展理念的重大举措。推动新时代新发展格局，必须坚持扩大内需这个战略基点，疏通生产、分配、流通、消费等环节存在的堵点和难点，更多由国内市场主导国民经济循环；把握好加快培育完整内需体系、加快科技自立自强、推动产业链供应链优化升级、推进农业农村现代化、提高人民生活品质、牢牢守住安全发展这条底线等工作着力点，增强国内大循环内生动力和可靠性；积极推进高水平对外开放，以制度型开放提升国际循环质量和水平，塑造我国国际经济合作和竞争新优势。概括而言，消费现代化已成为推动"国内大循环为主体、国内国际双循环相互促进"的新发展格局的关键抓手。消费现代化不仅可以刺激国内需求，提高居民生活质量，还可以促进经济的高质量发展，提高国内市场的活力和竞争力。消费现代化有助于形成强大的国内市场。通过提升消费结构和消费质量，促使更多的资源向消费领域倾斜，从而增强国内市场的承载力和辐射力。这对于缓解我国经济长期依赖出口带来的外部风险有重要作用，有助于形成更加稳固和持久的经济增长动力。此外，消费现代化通过推动服务消费和升级消费，能够有效促进供需两端的匹配和优化，推动产业链、供应链的现代化和高端化。这不仅可以提升国内企业的核心竞争力，也为全球市场提供更多高质量、高附加值的产品和服务。因此，消费现代化是推动构建新发展格局的关键抓手，加强和优化国内大循环，同时促进国内国际双循环的深度融合，通过发挥消费对经济增长的基础性作用从而推动我国经济的高质量发展。

四、适应社会主要矛盾实现人民美好生活的重要保障

加快推进我国消费现代化，是适应我国社会主要矛盾新变化的重要体现，更是实现人民美好生活需要的重要保障。党的十八大以来，中国特色社会主义进入新时代，我国社会主要矛盾已经转化为人民日益增长的美好生活需要和不平衡不充分的发展之间的矛盾。[①] 新时代新征程，我国仍然在某些领域存在市场供给和人民日益增长的美好生活需要不匹配、市场供给的产品质量不高等问题，反映出我国消费领域现代化水平不足。因此，必须加快推进消费现代化，进而制造生产出能够更好地满足人民美好生活需要的高质量产品。改革开放以来，我国通过大力发展实体经济，形成较为丰富的产品供给，告别"短缺经济"，有效满足了人民群众的生产生活需要。[②] 在解决了"有没有"的问题后，为了更好地适应新时代我国社会主要矛盾的新变化尤其是人民日益增长的美好生活需要，我国加快推进供给侧结构性改革、全国统一大市场建设，提升中高端产品的供给能力，不断满足人民消费的多元化、个性化和升级化需求，着力解决"好不好"的问题，促进人民生活水平稳步提升、民生福祉持续改善。全体人民共同富裕是中国特色社会主义的本质要求，也是中国式现代化的本质要求和特征，需要通过提高劳动生产率和劳动者收入水平来实现，同样也是推动消费现代化的基本保障。为此，要加快推进我国消费现代化，做实、做强、做优实体经济，创造一大批高质量的就业岗位，把"蛋糕"做大做好，把"蛋糕"切好分好，在消费现代化发展中不断满足人民日益增长的美好生活需要。

---

① 习近平著作选读：第2卷 [M]. 北京：人民出版社，2023：9.
② 郑栅洁. 加快建设以实体经济为支撑的现代化产业体系 [J]. 宏观经济管理，2023（9）：1－3，10.

第二章

数字科技赋能消费
现代化的学理阐释

　　新时代推进我国消费现代化离不开科技创新，尤其是以人工智能、机器人及云计算等为代表的数字科技创新在我国消费现代化进程中提供了新型物质力量和战略支撑。在结合我国消费现代化的理论内涵和战略意义的基础上，本章重点阐释数字科技赋能我国消费现代化的理论逻辑、现实挑战和实践经验，为后续章节奠定坚实基础。

第一节　数字科技赋能我国消费现代化的理论逻辑

　　我国消费现代化为数字科技带来了重要的发展机遇，数字科技同时也成为推进我国消费现代化的战略性力量。本节从马克思主义政治经济学视角，揭示数字科技赋能我国消费现代化的理论逻辑：数字科技推动形成新质生产力赋能我国消费现代化、数字科技驱动居民消费升级赋能我国消费现代化，以及数字科技促进人民共同富裕赋能我国消费现代化。

一、数字科技推动形成新质生产力赋能我国消费现代化

　　新质生产力是以科技创新为驱动力的新型生产力质态，它以劳动对

象、劳动资料和劳动者及其协同组合跃升为基本内涵，以全要素生产率大幅提升为核心标志，以不断满足人民美好生活需要为宗旨，推进经济高质量发展和中国式现代化进程。① 相比传统生产力，新质生产力是社会生产力经过量的不断积累发展到一定阶段产生质变的结果，这种质变源自科学技术的变革。尤其是数字科技推动形成新质生产力赋能我国消费现代化，其理论逻辑包含数字科技促进现代产业体系、数字科技形成新质生产方式，以及数字科技丰富新质人才资源。

（一）数字科技促进现代产业体系

现代化产业体系是现代化国家的物质技术基础，是中国式现代化在产业层面的生动体现②，也为我国消费现代化的消费客体注入了澎湃力量。新时代以来，习近平总书记在党的十八届五中全会上提出了创新、协调、绿色、开放、共享的新发展理念。③ 此时提出的概念"构建现代产业发展新体系"突出了"新"字的表述，呼应了创新发展的新发展理念。党的十九大报告提出：我国经济已由高速增长阶段转向高质量发展阶段④……建设现代化经济体系成为跨越关口的迫切需求和中国发展的战略目标，并提出"着力加快建设实体经济、科技创新、现代金融、人力资源协同发展的产业体系"⑤，即"四位协同"产业体系的概念。党的十九届五中全会提出"加快发展现代产业体系，推动经济体系优化升级……推进产业基础高级化、产业链现代化……提升产业链供应链现代化水平"⑥。2022 年 10 月，党的二十大报告提出："建设现代化产业体系。坚持把发展经济的着力点放在实体经济上，推进新型工业化，加

① 吴继飞，万晓榆. 中国新质生产力发展水平测度、区域差距及动态规律 [J]. 技术经济，2024，43（4）：1 - 14.
② 李娅，侯建翔. 现代产业体系：从政策概念到理论建构 [J]. 云南社会科学，2023（5）：83 - 90.
③ 习近平. 紧紧围绕坚持和发展中国特色社会主义　学习宣传贯彻党的十八大精神 [N]. 人民日报，2012 - 11 - 19.
④ 习近平著作选读：第 2 卷 [M]. 北京：人民出版社，2023：24.
⑤ 习近平著作选读：第 2 卷 [M]. 北京：人民出版社，2023：25.
⑥ 中国共产党第十九届中央委员会第五次全体会议 [N]. 人民日报，2020 - 10 - 30.

快建设制造强国、质量强国、航天强国、交通强国、网络强国、数字中国。"① 党的二十大报告正式提出"现代化产业体系"的概念，赋予了现代化产业体系新的时代内涵。2023 年 5 月，二十届中央财经委员会第一次会议强调："现代化产业体系是现代化国家的物质技术基础，必须把发展经济的着力点放在实体经济上，为实现第二个百年奋斗目标提供坚强物质支撑。"②

2024 年 1 月，习近平总书记在中共中央政治局第十一次集体学习时强调："要及时将科技创新成果应用到具体产业和产业链上，改造提升传统产业，培育壮大新兴产业，布局建设未来产业，完善现代化产业体系。"③ 这更加凸显了科技创新对现代化产业体系建设的主导作用。科技创新特别是人工智能、大模型及物联网等新一代数字科技的突破，能够催生新产业、新模式、新动能，已成为发展新质生产力的核心要素。坚持数字科技向善的价值导向，以人民为中心的发展思想，统筹推进数字科技突破和新兴战略产业创新，大力推进数字经济与实体经济深度融合，改造提升传统产业，培育壮大新兴产业，布局建设未来产业，加快建设现代化产业体系，实现产业结构深度转型与升级，形成新质生产力更好地满足人民日益增长的美好生活需要，为我国消费现代化注入强劲动能。

（二）数字科技形成新质生产方式

生产力是人类社会发展的原动力，也是导致社会变迁和产业变革的根源。在中华民族伟大复兴的战略全局和世界百年未有之大变局相互交织的背景下，以人工智能为代表的数字科技革命加速演进，颠覆了社会

---

① 习近平. 高举中国特色社会主义伟大旗帜 为全面建设社会主义现代化国家而团结奋斗——在中国共产党第二十次全国代表大会上的报告 [N]. 人民日报，2022 - 10 - 26.
② 习近平. 加快建设以实体经济为支撑的现代化产业体系 以人口高质量发展支撑中国式现代化 [N]. 人民日报，2023 - 05 - 06.
③ 习近平. 加快发展新质生产力 扎实推进高质量发展 [N]. 人民日报，2024 - 02 - 02.

生产生活方式和人类社会生产要素，习近平总书记审时度势创造性地提出新质生产力重大理论，深化了党和国家对生产力发展规律的科学认识。生产力理论是马克思主义认识人类社会基本矛盾的逻辑起点，更为党和国家制定大政方针提供了理论依据。改革开放以来，党和国家把解放和发展社会生产力摆在突出位置，提出"科学技术是第一生产力"，突出了科技的重要作用。

新时代开启了全面建设社会主义现代化国家新征程，党和国家提出"创新是引领发展的第一动力""科技创新是提高社会生产力和综合国力的战略支撑""实现社会主义现代化，实现中华民族伟大复兴，最根本最紧迫的任务还是进一步解放和发展社会生产力"。立足新时代的使命任务，习近平总书记提出新质生产力理论，丰富和拓展了马克思主义生产力理论，为推进经济高质量发展和中国式现代化提供了科学指引。相比传统生产力，新质生产力是以科技创新为主要动力，转变传统生产方式和经济增长方式，体现创新、协调、绿色、开放、共享的新发展理念的生产方式。创新发展理念旨在解决发展动力问题。创新是引领经济发展的第一动力，也是牵引消费现代化建设的"牛鼻子"。随着中国特色社会主义进入新时代，人民美好生活的内涵更加丰富，不仅需要丰富的物质文化生活，也需要政治民主、公平正义、环境优美等方方面面。生活消费从原来的数量型向质量型升级，从大众化需求向个性化、多元化和品质化转型，从"有没有"向"好不好"转变。因此，建设现代化消费体系，必须坚定不移贯彻创新发展理念，以数字科技创新为依托的新质生产方式，突破关键核心技术受制于人，抢抓新一轮科技革命和产业变革，着力发展战略性新兴产业，提升我国自主创新培育新质生产力赋能我国消费现代化建设。

理念是行动的先导，绿色发展理念旨在解决人与自然和谐问题，也是新质生产方式的核心要义。人与自然的关系是人类社会最基本的关系，是马克思主义生态观的核心思想。人与自然和谐共生既是中国式现代化的中国特色，也是中国式现代化的本质要求。曾经很长一段时间，我们沉醉于对大自然的开发利用，而忽视了合理保护。高投入、高消耗的经济增长方式带来了废弃物的高排放，环境污染问题严重。绿色发展是实现新质生产方式的基本要求，也成为消费现代化建设的关键内容。以人工智能为代表的数字科技创新，破解传统高投入、高消耗、高污染的粗放型生产方式，用更少的资源消耗创造出更多的物质财富和精神财富，加快形成生态友好、资源节约型的新质生产方式，同时，以高科技、高效能、高质量为特征的新质生产力发展，反过来又能推动产业结构升级和生产效率提升，将创造更加多元的就业机会，改善生态环境和人居环境，更好地满足人民日益增长的美好生活需要，推动我国消费现代化行稳致远。

（三）数字科技丰富新质人才资源

新质人才资源是新质生产力的生产主体，它从生产力的主体上回答了"谁来生产"，不仅是新质生产力的第一要素，也是新质生产力中最活跃、最具有决定意义的因素。[①] 新质生产力从基础研究到应用转化、从人才培养到政策激励、从传统产业到新兴产业对新质人才的知识和技能提出了更高要求[②]，尤其是要求新质人才能够具备多维抽象知识体系、熟练掌握新型生产资料及运用新型生产工具进行生产活动。推动创新型、复合型、数字科技人才培养，为发展新质生产力夯实新质人才基础。坚持教育优先发展、科技自立自强、人才引领驱动一体化推进，形成协调互补的良性循环，完善人才培养、引进、使用、合理流动的工作机制，培养造就更多数字科技人才。围绕新质人才资源建设，实施更加积极、更加开放、更加有效的人才政策，加大国家科技计划对外开放力度，吸引更多全球优秀科技人才来华创新创业。

高等教育是新质人才培养的根本主体，而数字科技的革新会带来高

---

① 吴继飞，万晓榆. 中国新质生产力发展水平测度、区域差距及动态规律 [J]. 技术经济，2024，43（4）：1-14.
② 张林. 新质生产力与中国式现代化的动力 [J]. 经济学家，2024（3）：15-24.

等教育的深刻变化，有力推动教育理念更新、教育模式变革、教育体系重构，提升教育治理的能力和水平。新一轮科技革命和产业变革加速演进，数字科技重塑高等教育教学新模式。在数字科技牵引下，新式办学空间重塑优质教育教学，产生跨域互动教学、线上线下混合教学、虚实结合仿真教学、交叉学科融通教学、分层分类个性化教学等各种创新模式，实现了教育教学的无边界触达。① 以在线课程、慕课、虚拟实验室等为主体的"云课堂"学习方式，依托互联网、移动终端、云计算等信息技术，将在线教学和传统教学优势结合，实现了教学空间创新、教学模式创新、课程形态创新、教学评价创新和教育治理创新，促进了师生深度学习，推进了新型教学模式重构。"后疫情时代"，始终坚持"方法重于技术、组织制度创新重于技术创新"的工作理念，按照"应用为王、服务至上、示范引领、安全运行"的工作要求和思路一体化推进教育信息化建设与应用，持续为高等教育培养新质人才形成新质生产力提供强大新动能。

数字科技驱动人才培养质量评价综合改革。要深化人才评价改革，健全要素参与收入分配机制，更好体现知识、技术、人才的市场价值，营造鼓励创新、宽容失败的良好氛围，为各类人才搭建干事创业的广阔舞台。数字科技为深化人才培养质量评价综合改革赋能新时代高等教育发展注入了澎湃动能。2020 年，中共中央、国务院印发的《深化新时代教育评价改革总体方案》指出，完善立德树人体制机制，坚决破除"五唯"顽疾，扭转不科学的教育评价导向，提升教育治理能力和水平②。数字科技以大数据为依托，将结果评价和过程评价有机融合、实现人才培养质量的综合评价③。数字科技已成为人才培养质量评价综合改革的活跃要素，为破"五唯"创造了新动力，推动了教育评价的客

---

①③ 张大良. 用现代信息技术赋能高质量人才培养的内涵与路径 [J]. 中国高教研究，2022（9）：14 – 17.

② 国务院. 深化新时代教育评价改革总体方案 [R/OL]. 2020. https：//www. gov. cn/gongbao/content/2020/content_5554488. htm.

观性和公正性，培养掌握更多数字与智能技术的新型劳动者，加速新质人才和新质产业深度融合，加快形成新质生产力提升全要素生产率，推动新质人才资源引领传统产业由向现代化产业转型，不断满足人民日益增长的美好生活需要，为中国式消费现代提供关键人才要素和新型物质力量。

二、数字科技驱动居民消费升级赋能我国消费现代化

居民消费升级是我国消费现代化的内在要求，也是人民美好生活需要的重要体现。以人工智能、机器学习及大数据等数字科技为代表的新一轮科技革命加速演进，数字科技驱动居民消费升级赋能我国消费现代化的作用日益凸显，其理论逻辑包含数字科技丰富人民精神消费、数字科技引领人民绿色消费、数字科技增进人民消费福祉三个方面。

（一）数字科技丰富人民精神消费

中国式现代化的本质是实现人的现代化，促进人的自由而全面的发展。马克思主义认为，文明是物质生产成果和精神生产成果的总和。中国式现代化是物质文明和精神文明相协调的现代化。[①] 新时代新征程，以中国式现代化全面推进中华民族伟大复兴深刻要求通过丰富人民精神世界来促进人的自由而全面的发展。因此，人民的物质消费和精神消费相协调是我国消费现代化的根本要求。[②] 在数字经济蓬勃发展的今天，物质消费和精神消费及其协调发展均离不开数字科技赋能。数字科技既可以作为精神产品，又可以作为工具载体推动人民的精神消费升级，丰

---

① 习近平. 高举中国特色社会主义伟大旗帜　为全面建设社会主义现代化国家而团结奋斗——在中国共产党第二十次全国代表大会上的报告 [M]. 北京：人民出版社，2022.

② 崔宏轶. 新时代科技创新赋能中国式现代化：意蕴、突破与启示 [J]. 江西社会科学，2023，43（4）：15－23.

富人民的精神世界赋能我国消费现代化。

一方面，数字科技作为知识技能形态的人类精神产品，依托其形成的数字产品自身就是人们的精神消费对象，也是人们精神层面消费升级的重要表征，更是构成现代化精神文明的重要内容。数字科技所蕴含的科学精神影响着人们的理性信念、思想觉悟和道德情操，深刻改变着人们的思想观念。数字科技所蕴含的科学精神本身就是满足人们现代化精神需要的强大力量。同时，数字科技所蕴含的科学精神不断渗透至文化、艺术及体育等领域，推动社会经济高质量发展和丰富人民美好生活精神世界。例如，我国用几十年时间走完西方发达国家几百年走完的工业化历程，离不开我国人民群众的科学文化水平的跃升。新时代新征程，要加强弘扬科学家精神、科技向善价值导向，力争在新一轮科技革命占据有利地位，更好地满足人民精神消费需求。

另一方面，数字科技为丰富人民精神消费创造了新的机会和空间。数字科技是驱动文化等精神消费创新发展的重要动力，人类文明形态领域也衍生出一种与"五大文明"共生共融的复合的数字文明形态①。特别是在人工智能、机器人及大数据等数字科技加持下，精神文化领域新应用、新场景、新模式大量涌现，推动人们迈入丰富的数字世界。大数据促进文化内容可视化，是分析文化需求的重要工具；虚拟现实技术、5G推动了文化资源数据共享；增强现实技术增加了传统文化产品的表现力；人工智能增强了文化体验性、交互性；物联网提升了文化场景的感知力。数字科技赋能文化产业，大数据、云计算、人工智能、区块链、物联网等科学技术全方位融合到文化产业的方方面面，推动文化产业内容生产、消费方式、产业格局的转型升级，依托数字科技实现了文化产业模式创新。因而要加快突破具有自主知识产权的核心数字科技，进一步拓展以人工智能为核心的数字科技在精神文化产业的应用转化，

---

① 宋雪飞，张韦恺镝. 共享数字文明的福祉——习近平关于发展数字经济重要论述研究[J]. 南京大学学报（哲学·人文科学·社会科学），2022，59（3）：5－13.

强化科技创新引领发展，夯实传统文化产业由向现代化转型的根基，不断满足人民群众对精神文化产品的多层次需求。

（二）数字科技引领人民绿色消费

中国式现代化是人与自然和谐共生的现代化[①]。新时代，党和国家把人与自然和谐共生置于中国式现代化建设的突出位置，不仅契合经济高质量发展的总体目标，更体现了以人民为中心的发展思想。扎实推进绿色消费有助于创造新的消费增长点和扩大内需市场，也有利于实现"碳达峰、碳中和"目标。当今世界处于百年未有之大变局，资源短缺、环境污染等一系列生态危机已成为全人类必须面对的问题。数字科技是人类与自然互动所形成的智能化产物，不仅能为生态文明建设服务，更能引领人民绿色消费理念。

一方面，数字科技为资源短缺、环境污染以及生物安全风险等生态问题提供现实的解决路径。当今，大气、水、土壤等生态污染严重，修复治理迫在眉睫，但市场上的环保科技产品和服务供给极为匮乏。[②] 政府通过数字科技的力量，加大研发投入突破关键生态核心技术，修复和治理生态环境污染问题，引领绿色可持续发展新模式。例如，过去一段时期，我国农村过量使用的化肥、农药，未经处理排放的畜禽粪便，改变了农村土地的养分，制约了我国生态农业的高质量发展。而数字科技能够有效地改善这些环境污染、土地养分蜕变和农产品抗药性等问题，尤其是生态科技的突破能够加速推动农村产业变革和经济社会发展全面绿色转型。

另一方面，绿色消费的"数字＋"特征越来越明显，绿色产品在线推荐、智能打车绿色出行、废旧产品在线回收等"数字＋"绿色消

---

① 习近平 . 高举中国特色社会主义伟大旗帜　为全面建设社会主义现代化国家而团结奋斗——在中国共产党第二十次全国代表大会上的报告［M］. 北京：人民出版社，2022.
② 中共中央文献研究室 . 习近平关于社会主义生态文明建设论述摘编［M］. 北京：中央文献出版社，2017.

费模式深刻改变着人们的生活方式。积极发展绿色低碳数字科技，抓住数字化发展浪潮，大力推进绿色科技应用，加快构建"数字+"绿色消费体系，精准高效地驱动绿色生产方式，推进绿色消费结构和品质升级，满足人民日益增长的美好生活需要。居民的可支配收入和消费水平有了大幅度提升，具有较强的绿色购买力，但人们对生态友好、资源节约型产品的实际购买不足。政府、企业和社会组织应当依托数字科技应用加大传播倡导绿色消费理念，营造生态友好型的消费氛围，同时借助数字科技应用精准匹配绿色产品的消费群体，利用短视频、自媒体等平台加大绿色消费的精准推广。此外，加快普及推广绿色产品数字化溯源系统，实现绿色产品的扫码甄别，加大数字科技应用在绿色消费领域的智慧监管，从而为人们的绿色消费创造安全放心的现代化消费环境。

（三）数字科技增进人民消费福祉

数字科技增进人民消费福祉是数字科技向善的社会实践，是人类福祉在数字化进程中所呈现的全新图景。全球数字经济蓬勃发展，使得从舌尖到指尖、从田间地头到城镇都市、从衣食住行到文娱消费等数字科技应用大量涌现，"人类与数字科技"共融也已成为人类与科技关系的新形态。在"人类与数字科技"共融形态中，数字科技与人民福祉之间的张力是数字科技发展的重点和难点。2023 年，中共中央、国务院印发了《数字中国建设整体布局规划》[①]，把"数字中国建设"摆在突出位置，将增进民生福祉作为数字中国建设的出发点和落脚点。加快建设数字中国，更好服务我国经济社会发展和人民生活改善。数字科技不断拓展人民消费的智能化、品质化及普惠化新图景，为增进人民获得感、幸福感和安全感注入了强劲动力。

坚持以人民为中心的发展思想，科学把握破解数字科技异化问题，

---

① 中共中央、国务院. 数字中国建设整体布局规划［R/OL］. 2023. https：//www.gov.cn/zhengce/2023－02/27/content_5743484.htm.

增进人民美好生活。人类与数字科技的深度共融，算法歧视、数据隐私、算法偏见及数字霸权等一系列数字科技异化现象也日益涌现，已成为整个社会亟待解决的重要问题。数据要素已成为一种新型生产要素，从物质和精神两个维度重塑了人类社会的生产生活方式。物质维度层面，数据要素主要包含在线会议、数字医疗等人类生存环境的数字化。精神维度层面，数据要素主要包含数字思维、数据智能、数据记忆等人类思维或者意识的数字化。物质和精神的深度融合，必将诱发数字科技与人类福祉产生更突出的矛盾，进而迫切需要社会加快破解数字科技与人类福祉之间的矛盾。马克思在《1844 年经济学哲学手稿》中指出："他在自己的劳动中不是肯定自己，而是否定自己，不是感到幸福，而是感到不幸，不是自由地发挥自己的体力和智力，而是使自己的肉体受折磨，精神受摧残。"[1] 在私有制条件下，科技快速发展将会加剧劳动异化，进而导致连工人都变成了机器。[2] 因此，必须扬弃劳动异化，实现人性的旨归，增进人们的美好生活福祉。

在数字科技驱动的全球社会变革中，社会必须高度关注数字科技的一系列异化问题，坚持以人为本，秉承科技向善的价值理念，进而实现数字科技驱动人民美好生活全新图景。新时代，党中央和国家将数字科技增进人民福祉摆在突出位置，《中华人民共和国国民经济和社会发展第十四个五年规划和 2035 年远景目标纲要》[3] 将"构筑全民畅享的数字生活"作为数字化转型的根本宗旨。2020 年，为了破解老年人"数字鸿沟"问题，国务院办公厅专门发布了《关于切实解决老年人运用智能技术困难实施方案的通知》[4]。以人工智能、数据要素为代表的数字科技是数字中国建设的重要支撑。2023 年，中共中央、国务院印发

---

① 马克思恩格斯选集：第 1 卷 [M]. 北京：人民出版社，2012：49 - 63.
② 闫宏秀. 通向美好生活的数字福祉 [N]. 光明日报，2023 - 08 - 21.
③ 国务院. 中华人民共和国国民经济和社会发展第十四个五年规划和 2035 年远景目标纲要 [R/OL]. 2021. https：//www. gov. cn/xinwen/2021 - 03/13/content_5592681. htm.
④ 国务院. 关于切实解决老年人运用智能技术困难的实施方案 [R/OL]. 2020. https：//www. gov. cn/gongbao/content/2020/content_5567747. htm.

的《数字中国建设整体布局规划》① 明确提出，夯实数字基础设施和数据资源体系"两大基础"，推进数字技术与经济、政治、文化、社会、生态文明建设"五位一体"深度融合，强化数字技术创新体系和数字安全屏障"两大能力"，优化数字化发展国内国际"两个环境"的"2522"框架，关于数字科技精准化、普惠化及便捷化的向善理念已经将数字科技与人民福祉有机融合，成为破解数字科技异化的有效方法。新时代数字科技发展不仅增强人民获得感、幸福感、安全感，还能够更好地满足人民美好生活需要，是数字科技增进人民福祉在现代化消费领域的生动实践。

三、数字科技促进人民共同富裕赋能我国消费现代化

共同富裕是中国式现代化的重要特征和本质要求，也是我国消费现代化的物质基础。数字经济的蓬勃发展，更凸显了数字科技促进人民共同富裕赋能我国消费现代化的重要作用，其理论逻辑包含数字科技秉承向善的价值导向、数字科技提升居民收入水平、数字科技促进收入分配公平三个方面。

（一）数字科技秉承向善价值导向

科技向善是数字科技推动共同富裕的内在要求，也是数字科技赋能我国消费现代化的必由之路。共同富裕是中华民族孜孜以求的目标，更是实现我国消费现代化的物质基础。进入新时代，共同富裕是全体人民的共同富裕，也是物质生活和精神生活的富裕，不是少数人的富裕，也不是整齐划一的平均主义，需要分阶段因地制宜推进共同富裕。② 因

---

① 中共中央、国务院. 数字中国建设整体布局规划 [R/OL]. 2023. https：//www. gov. cn/zhengce/2023 – 02/27/content_5743484. htm.

② 张颖熙，夏杰长. 科技向善赋能共同富裕：机理、模式与路径 [J]. 河北学刊，2022，42（3）：115 – 122.

此，应当从关注物的分配，转到关注人的发展，在数字科技促进共同富裕过程中，不仅要重视物的分配，更应该重视人的全面发展，必须坚持人民至上，秉承科技向上的价值理念。物质富裕和精神富足是共同富裕的关键构成内容。人民的精神文化需求日益呈现多元化、个性化及品质化的特征，这些需求变化特征也为实现精神层面的共同富裕带来了巨大的挑战，解决这些挑战推动共同富裕，离不开数字科技的发展。

实现共同富裕推动我国消费现代化，迫切需要数字科技的创新发展，更需要科技向善的价值导向。数字科技人才、高新科技企业和政府社会是保障数字科技向善促进共同富裕的活跃主体。创新是第一动力，人才是第一资源，数字科技人才为实现共同富裕注入了原动力。新时代以来，随着数字经济的蓬勃发展，数字科技人才数量、高校科技创新专业人数的显著增加，数字科技人才已成为推动经济社会高质量发展的动力源泉。高新科技企业作为关键的市场主体，在创造财富的同时，也逐步履行社会责任，不断均衡企业财富与社会福祉的共生关系。尤其是在中华民族伟大复兴的战略全局和世界百年未有之大变局的背景下，我国的高新技术企业数量、中小型科技企业数量、企业研究院数量呈现持续稳步的增加态势，也进一步提升了企业科技水平和产业数字化水平。企业通过科技向善推动共同富裕为我国消费现代化奠定了坚实的物质基础。

数字科技向善推进共同富裕赋能我国消费现代化，也离不开政府的宏观调控和社会的人文关怀。对于数字科技创新的资源配置，在市场发挥决定性作用基础上，国家还应通过宏观调控规范数字科技创新市场。譬如，省级政府应当着力破除数字科技创新的体制机制和思想观念层面的卡点、堵点，加大对数字科技领域研发经费的投入，实现数字科技向善推动公共服务的共享性、普惠性。科技并不是冰冷的，同时，社会组织和个人也应当提供更温暖的人文关怀，创造更加包容、宽松和信任的科技创新环境，通过数字科技赋能，做到跨区域、跨领域、跨群体的互相信任，才能真正实现数字科技向善发展，也才能为广大人民群众创造更多的发展机会和晋升空间，不断满足人民群众的精神生活需要和物质生活需要，进而更好地赋能我国消费现代化。

（二）数字科技提升居民收入水平

共同富裕是我国消费现代化的内在要求，数字科技提升居民收入水平推动实现共同富裕的根本在于正确处理好效率和公平之间的关系。党的十八大以来，习近平总书记围绕实现共同富裕提出了一系列新理念、新思想、新战略，作出了重大决策部署。完成脱贫攻坚、全面建成小康社会的历史任务，创造了共同富裕的坚实基础。[①] 党的二十大报告强调，"分配制度是促进共同富裕的基础性制度。"[②] 新时代新征程，有效发挥数字科技完善分配制度，对于扎实推进共同富裕至关重要。

实现全体人民共同富裕的目标在于不断解放和发展生产力，提高社会劳动生产率，不断创造和积累社会财富，为共同富裕奠定丰富的物质基础。充分发挥数字科技对分配制度赋能共同富裕的重要作用，运用数字科技力量调动人民群众、市场主体、社会组织多方的积极主动性，促进经济社会高质量发展，将"蛋糕"做大。同时，处理好增长和分配的关系，构建合理的分配格局，把"蛋糕"分好，让全体人民享受到经济社会发展成果。数字科技赋能共同富裕的根本保障在于按劳分配为主体、多种分配方式并存的分配制度。分配制度同我国社会主义初级阶段生产力发展水平相适应，在数字科技赋能共同富裕过程中，不断完善分配制度，不仅充分体现了社会主义制度优越性，更有助于提高生产效率和社会效益、推动数字经济发展，更好地发挥分配对生产、流通及消费的促进作用。

初次分配是市场主导的按要素分配方式，也是基础的分配方式。数字科技一方面有助于提升生产效率和要素配置效率，另一方面也有可能

---

① 卫志民，杨修博. 夯实促进共同富裕的基础性制度 ［N］. 人民日报，2023－02－08.
② 习近平. 高举中国特色社会主义伟大旗帜　为全面建设社会主义现代化国家而团结奋斗——在中国共产党第二十次全国代表大会上的报告 ［M］. 北京：人民出版社，2022.

扩大城乡、区域、群体之间的数字鸿沟。因此，必须坚持科技向善的初次分配导向，依托数字经济产业向善和数字科技人才向善，提升全体人民的收入水平。在初次分配过程中，数字经济的蓬勃发展一方面提升了知识密集型岗位的就业门槛，另一方面也增加了数字科技人才的收入水平。与此同时，秉承科技向善价值理念的数字科技发展和数字化创新也能够带动低收入群体的发展，帮助缺乏数字技能的人群掌握新技术，帮助该群体进入劳动力市场获得更高的收入。例如，58 同城帮助低技能群体更便捷获取就业信息，美团、滴滴等平台企业为外卖骑手、专车司机创造了大量的就业岗位。概言之，初次分配的科技向善，直接提升了低收入群体的收入水平，进而为推动共同富裕赋能我国消费现代化奠定了丰厚的物质基础。

（三）数字科技促进收入分配公平

共同富裕中的"共同"反映的是公平、"富裕"反映的是发展效率。收入分配制度是实现共同富裕的基本制度，其根本在于正确处理好效率与公平的关系。初次分配的主要目的是解决共同富裕的"富裕"问题，即发展效率问题；而再分配、三次分配目的在于解决共同富裕的"共同"问题，即分配公平问题。分配公平并不完全等同平等，主要反映人们对平等状态的认知。只注重发展效率，不注重分配公平，并不符合社会主义共同富裕的本质要求。只注重分配公平，不注重发展效率，完全搞平均主义也并不可行。因此，要兼顾发展效率和分配公平，通过完善数字科技创新体制机制和再分配及三次分配制度，在经济高质量发展中逐步缩小城乡、领域及群体之间的收入差距，推动全体人民走向共同富裕实现我国消费现代化。收入是实现共同富裕的关键指标，公平的收入分配是保障和改善民生、推动实现共同富裕的最直接方式，实现共同富裕应当充分发挥数字科技对三次收入分配制度的推动作用，利用数字科技更好地加大税收、转移支付等调节力度，从而缩小收入差距，促进收入分配公平。

再分配是政府通过税收、社会保障、转移支付等方式对国民收入在初次分配之后进行的第二次分配，对于调节初次分配形成的收入和财富过大差距、促进社会公平正义和共同富裕具有重要作用。① 充分利用数字科技加大税收、社会保障、转移支付等的调节力度。一方面，政府通过充分使用数字科技提升治理效率、治理水平，完善个人所得税制度，完善消费、财产等方面税收调节机制。另一方面，政府通过充分发挥数字科技手段促进基本公共服务均等化。譬如，政府通过专项的数字科技转移支付，促进欠发达地区科技设施的普及和数字科技水平的提升，完善低收入人口保障服务，促进教育公平，完善养老和医疗保障体系、住房供应和保障体系、公共文化服务体系等，提高基本公共服务和社会保障能力，逐步实现人均基本公共服务均等化。此外，政府通过充分发挥数字科技合理规范收入分配秩序，借助数字科技保护合法收入、调节过高收入、规范财富积累机制，取缔非法收入。

与初次分配和再分配不同，第三次分配主要通过企业、社会组织及个体发挥道德责任的力量，对所拥有的金钱资源、时间资源和物质资源进行慈善捐赠。要充分发挥第三次分配过程中数字科技的推动作用，增加第三次分配效率和效果。一方面，政府大力通过数字科技增强慈善捐赠流程及慈善资金使用的透明度，支持、引导有能力有意愿的企业、社会组织和个人积极融入公益慈善事业。② 另一方面，充分结合数字科技手段不断探索适应于数字经济时代的慈善组织新模式、慈善捐赠新模式，为企业、社会组织及个体营造良好的慈善捐赠环境。此外，政府通过数字科技加强慈善捐赠领域的法治建设，完善慈善财产使用与分配的约束机制，健全慈善综合监管体系，强化政府监管，建立健全慈善捐赠组织、志愿者、捐赠方和政府部门等多方协调联动机制，形成有序的分配运行模式。

---

①② 卫志民，杨修博. 夯实促进共同富裕的基础性制度［N］. 人民日报，2023 – 02 – 08.

概括而言，再分配作为共同富裕的核心内容，是由政府所主导的分配方式，其目标是提高所有人的能力，通过"授人以渔"实现共同富裕。政府通过充分合理利用科技手段，提高治理能力和治理效率；同时，政府的科技向善具体体现在通过专项的科技转移支付，促进欠发达地区科技设施的普及和科技水平的提升。第三次分配即"慈善捐赠"，是由社会主导的分配方式；政府应合理利用科技手段，提高人们融入慈善捐赠活动的积极性。初次分配强调效率优先，但由市场所主导的科技向善亦在自发地推动共同富裕[①]；再分配强调兼顾公平，尤其是针对欠发达地区和低收入群体发挥数字科技的推动效应；第三次分配强调社会道德的力量，主要是通过人们内心的道德责任感发挥作用。

第二节　数字科技赋能我国消费现代化的现实挑战

我国消费现代化是全面建设社会主义现代化国家的必然要求。新时代新征程，我国消费现代化对经济发展的基础性作用日益凸显。但在实践过程中，由于以下现实问题增添了数字科技赋能我国消费现代化的难度，包含人民日益增长的美好生活需要的新变化、市场高质量供给及供需矛盾等现实挑战。

一、人民美好生活需要的新变化

随着中国社会经济的快速发展与国民经济水平的显著提高，人民对美好生活的需求与日俱增，呈现出多样化和高层次的特点。人民美好生活需要的新变化不仅体现在物质层面，更涉及文化、精神和生态环境等

---

① 张颖熙，夏杰长. 科技向善赋能共同富裕：机理、模式与路径［J］. 河北学刊，2022，42（3）：115－122.

多方面，这对数字科技推进我国消费现代化提出了新的挑战和要求。

（一）人民对高品质和个性化消费的需求增强

相比过去我国消费市场的主要特征是量的扩张和速度的追求，而新时代我国消费市场更注重高品质消费和优质体验，这也直接增添了数字科技推进我国消费现代化的难度。2023 年，全球知名咨询公司麦肯锡的《中国消费者报告》指出[①]，2022 年中国的中高收入及高收入消费者群体已占据城镇家庭消费 55% 的份额，且未来还将持续快速增长，这意味着中产阶级将继续壮大。同时报告还指出，中高收入和高收入家庭的强劲增长以及随之而来的消费实力，使得消费高端化、品质化特征明显。例如，2019~2021 年，天猫商城的高端护肤品牌的年复合增长率达到 52%，达到大众品牌的两倍多。随着中等收入群体的壮大及消费观念的转变，越来越多的消费者倾向于选择高品质、定制化的商品和服务。例如，在食品消费领域，有机、绿色、健康的食品越来越受欢迎；在服装和家居领域，定制化和设计感强的产品更能满足消费者的个性化需求。这种趋势要求零售商和生产商等市场主体不断提高产品的质量和创新能力，以适应市场的品质化、个性化和多样化需求。

（二）人民对数智化和文旅消费体验的追求增多

科学技术的发展极大地推动了消费模式的变革。互联网的普及应用使得在线购物、智能家居、远程教育等新型消费方式迅速崛起。消费者可以在家中通过移动设备完成购物、学习、娱乐等多种活动，享受便捷和高效的服务。同时，这种消费方式的普及也带动了支付方式的创新，如移动支付、电子钱包等成为日常生活中的常态。与此同时，消费者对数字化、智能化的要求也变得更高，倒逼企业和政府需要加大对数字基

---

① 麦肯锡咨询公司 . 2023 麦肯锡中国消费者报告［R/OL］. https：//www. mckinsey. com. cn/.

础设施的投入，保障现代化消费环境和网络的安全，不断优化消费者的数字体验。同时，随着物质生活水平的提升，人们对精神文化生活的需求日益增长。旅游、体育、艺术展览、在线视频等文化体验类消费成为新的增长点。这种消费的特点是强调个人情感的满足和文化品位的提升，反映了消费者不仅仅满足于产品的实用性，更加注重消费过程中的文化价值和情感体验。这要求旅游景区、文化馆和在线媒体等服务提供者加大对数字科技的研发投入，开发更具有沉浸感的文旅项目，更加重视文化内涵的创新和丰富，增强消费者的体验感和满意度。

（三）人民对可持续消费和健康生活的意识增强

随着环境问题的日益突出，公众对生态环境保护的意识显著提高，绿色消费理念逐渐深入人心。消费者在选择产品和服务时，越来越多地考虑其环保性和可持续性，如节能产品、环保材料及可回收包装等。这一变化迫使企业在生产经营活动中注重环境保护、增加绿色科技的研发投入。政府也需要出台相关政策，引导和鼓励企业和消费者采取更多环保措施，以实现经济发展与环境保护的双赢。同时，健康已成为现代人生活的一个重要主题。人民群众对健康的关注不仅限于传统的医疗保健，更扩展到日常生活的各个方面，如健康饮食、体育锻炼、心理健康等。这种需求促使相关产业如健身服务、营养食品、心理咨询等迅速发展。同时，政府和社会各界也应提供更多支持，如改善公共卫生服务、增加公共体育设施、普及健康知识，以帮助公众构建健康、科学的生活方式。

概括而言，人民日益增长的美好生活需要的新变化对数字科技推进我国消费现代化提出了新的要求和挑战。在面对这些变化时，政府、企业与社会应共同努力，通过政策引导、市场调整和文化推广等多种方式，推动数字科技赋能我国消费现代化的健康可持续发展，不断满足人民对日益增长的美好生活的向往，这不仅有助于提高人民生活品质，也将为我国经济高质量发展注入新动能。

二、市场高质量供给的现实挑战

市场高质量供给是数字科技推进我国消费现代化的核心任务。我国拥有规模巨大的市场优势,人民的消费需求潜力也在持续释放,然而,在市场高质量供给方面,尤其是城乡、行业领域的市场高质量供给仍存在着不均衡不充分的现实挑战,这不仅制约了数字科技对消费者的获得感、安全感和幸福感的助推效应,也阻碍了经济的高质量发展。

(一)城乡之间市场供给质量的差距明显

我国的城乡二元结构历来是经济社会发展的一个重要特征。在消费现代化的进程中,城乡之间在消费供给的质量和效率上存在明显差异。城镇地区由于经济更加发达,基础设施完善,消费者可以享受到更多样化、个性化和品质化的产品和服务,例如国际化品牌、高端的医疗服务、优质的教育资源等。相比之下,农村地区由于基础设施相对落后,经济发展水平有限,高质量的消费品和服务供给明显不足,如优质的医疗资源、教育资源等。城乡市场供给质量的差距也直接影响了农村居民的日益增长的美好生活质量和消费体验,制约了农村居民消费潜力的进一步释放。针对市场供给质量的现实挑战,需要政府和市场主体在加强农村的数字科技基础设施建设的同时,推动更多的优质资源和高质量服务下沉到农村地区,不断满足农村地区居民的日益增长的美好生活需要,实现城乡消费更均衡更充分的市场供给,进而通过数字科技推进我国全体人民的消费现代化发展。

(二)行业领域市场供给质量的差距突出

在不同的消费行业领域,如教育、文化、旅游等领域消费市场的供给结构也存在不均衡的现实挑战,这也增加了数字科技推进我国消费现代化的难度。譬如,在文化教育领域,我国优质教育资源的总体供给数量匮乏，尤其是欠发达地区、乡村地区教育资源更是稀缺，加之欠发达地区的数字科技基础设施和数字环境条件较为薄弱，难以满足广大消费者对优质教育资源的需求，这在很大程度上制约了欠发达地区、乡村地区青少年的学习和发展机会。在旅游休闲领域，低质量的旅游项目充斥了旅游休闲市场，而高品质的旅游休闲项目少之又少，加之景区环境污染和生态破坏、旅客众多过度拥挤、诸多景区服务千篇一律等突出问题，进而导致人们的旅游休闲体验大幅度降低，也进一步增添了数字科技赋能旅游消费现代化的难度。

三、消费现代化的供需矛盾突出

在推进我国消费现代化进程中，市场高质量供给与人民日益增长的美好生活需要之间仍然存在着突出的供需矛盾，包含高品质和多样化需求与供给能力之间的不匹配，以及消费环境保障难以适应美好生活需要，都是制约数字科技赋能我国消费现代化的关键因素，也是我国经济社会高质量发展过程中亟待解决的重点任务。

（一）美好生活需要与供给不充分的矛盾

新时代以来，消费已持续成为国民经济增长的第一驱动力。2023年，最终消费支出对经济增长的贡献率为82.5%，拉动 GDP 增长 4.3个百分点①，表明消费对经济增长发挥着基础性作用。我国市场需求已经呈现多元化、个性化和品质化的发展特征。如今，消费者不仅追求物质消费的高品质，更加注重消费的文化内涵和情感价值。然而，当前市场供给往往难以完全满足这些需求，特别是在高端、个性化产品和服务方面的供给不足，导致供需之间存在较大的矛盾，这也给数字科技赋能

---

① 国家统计局. 国家统计局局长就 2023 年全年国民经济运行情况答记者问［N/OL］. https：//www. stats. gov. cn/xxgk/jd/sjjd2020/202401/t20240117_1946672. html.

我国消费现代化带来了巨大挑战。如前所述，我国城乡之间、不同行业领域之间在市场供给上存在明显的不充分问题。在文化教育、医疗健康及旅游休闲等领域，优质资源供给与配置不均衡现象突出，使得部分地区和人群难以享受到高质量的服务，加剧了社会的不公平情绪。譬如，消费者对旅游休闲的需求不仅仅是简单的观光，更多地追求文化体验、休闲娱乐和个性化服务。然而，当前的旅游市场供给往往无法满足这些高层次的需求。许多旅游景点依然以传统的观光模式为主，景区过度商业化和服务同质化严重，缺乏创新无法提供现代化的深度文化体验和个性化服务，凸显了旅游市场的高品质供给与美好生活需要之间的矛盾，这不仅要求数字科技赋能我国消费现代化要秉承人民至上、科技向善，还要求加大对绿色科技的研发投入，开发生态友好型的产品和服务，满足人民日益增长的美好生活需要、推动国家旅游业高质量发展。

（二）美好生活需要与消费环境保障的矛盾

人民的美好生活，离不开安全公平放心的消费环境。2023 年，中国消费者协会发布的《中国消费者权益保护状况年度报告（2022）》显示[①]，我国消费基础设施的适老化、无障碍建设还有待提速。老年消费者在出行、通信等传统消费领域存在技术应用困难，以数据为核心的消费新基础设施需要充分考虑老年人的实际需求，加快进行适老化、无障碍改造。农村消费基础设施建设和公共服务供给水平相对较低，物流体系明显存在效率低、服务差、成本高等问题。农村地区这些消费公平短板问题，制约了我国进一步扩大农村居民内需及其消费升级。此外，随着移动互联网的快速发展，直播电商平台的乱象大量涌现，凸显了网络监管治理力度不够的问题。譬如，部分直播平台履行审查义务和管理责任不到位，有的经营者诱导消费者与其"私下交易"，有的存在商品以

[①] 中国消费者协会．中国消费者权益保护状况年度报告（2022）［R/OL］．http：//www.cca．org．cn/#/index．

次充好、以假充真，还有的存在传播低俗价值观等问题。上述关乎人民美好生活需要与消费环境保障的矛盾问题，增加了数字科技赋能我国消费现代化的难度。因此，要加快推动消费者权益保护条例及电商领域相关法律制度的修订，不断完善消费者权益保护法律制度体系；要积极适应恢复和扩大消费新任务，在做好重点民生消费领域的质量安全保障工作基础上，多措并举提振消费信心，增强人民群众的消费意愿；要加大对虚假宣传、制假售假、价格欺诈等侵害消费者合法权益行为的打击力度，持续打造现代化消费环境，提升消费者的安全感、获得感和幸福感。

我国消费现代化的供需矛盾具有复杂性特征，融合了经济、社会、文化等多方面要素，也因此给数字科技赋能我国消费现代化带来了巨大的现实挑战。有效解决这些矛盾，需要政府、企业与社会等多方面协同发力，通过创新驱动、资源优化配置和政策支持，提升产品和服务的供给质量，满足人民群众多样化、个性化和品质化的消费需求。这不仅能推动我国消费现代化进程，也是实现经济社会高质量发展和人民美好生活的关键举措。

第三节　数字科技赋能我国消费现代化的实践经验

数字科技为加快形成新质生产力提供了澎湃动能，也为我国消费现代化提供了新型物质力量。在数字科技赋能我国消费现代化实践过程中，数字科技不仅要遵循消费现代化的以人为本理念，还要遵循消费现代化的科技向善导向，更要追求消费现代化的美好生活目标。

一、数字科技遵循消费现代化的以人为本理念

坚持以人为本、以人民为中心的发展思想是中国式现代化的价值特

色，也是我国消费现代化的核心理念。以人为本贯穿购前阶段、购买阶段及购后阶段整个购买旅程。在我国消费现代化实践中，数字科技赋能我国消费现代化必须坚持以人为本的发展理念，包含遏制功利主义坚持以人为本理念、完善数字科技治理落实以人为本，以及坚持数字科技公平保障以人为本。

（一）遏制功利主义，坚持以人为本理念

以人为本是数字科技发展实践必须贯彻的价值理念。在数字科技发展实践中，人们往往难以避免功利主义导向，进而导致数字科技异化问题。在实践操作上，数字科技往往受到人类的急功近利、个人福祉影响而偏离以人为本的宗旨，而急功近利的个人福祉会改变数字科技的手段和目的之间关系。[①] 过度追求数字科技的功利主义导向，会导致数字科技过分重视近期利益而损害长远利益、重视单一领域利益损害全局利益、增加个体利益而牺牲社会利益。同时，数字科技的急功近利必然也会导致重视数字科技应用而轻视基础研究、重视经济效益而忽视生态效益。数字鸿沟、数据隐私、算法歧视等一系列数字异化现象，充分体现了数字科技的急功近利导向。概括而言，数字科技发展实践的功利主义违背了以人为本、科技向善的价值理念。

数字科技的宗旨在于增进人们福祉，坚持以人为本、以人民为中心是数字科技的价值旨归。政府应当遏制功利主义、坚持数字科技向善逻辑，推动人的自由而全面的发展。2022 年，《国务院关于加强数字政府建设的指导意见》强调"始终把满足人民对美好生活的向往作为数字政府建设的出发点和落脚点"。这充分反映了数字科技和人的关系是手段和目的的关系。数字科技为人类服务，而不是将人类变成数字科技的附属物。尤其是新一代数字科技的蓬勃发展，政府更要加快运用数字科

[①] 史少博，马关生. 反思科技发展实践中的"以人为本"［J］. 探索，2013（2）：158 - 162.

技重塑现有公共服务，完善数字化业务流程提升人民群众的服务体验，实现"数据多跑路，群众少跑腿"的目标①。对于人们个性化、多元化及品质化的需求特征，政府和企业应当审时度势开发多元化的产品，提供定制化的服务。例如，在高度尊重老年人自主选择的基础上，通过多种方式对老年人等数字弱势群体提供人性化的服务，提升数字科技的普惠性和包容性。当然，数字科技并非万能、并非适应所有人群，数字科技不仅要"填空"，还要有"留白"②。

（二）完善数字科技治理，落实以人为本理念

落实数字科技以人为本的理念，离不开健全的数字科技治理的主体、环境和制度。在数字科技治理实践中，相比拥有更大主导权、话语权的专家和企业，广大用户囿于有限的专业知识，导致其只能被动接受数字科技，制约了广大用户的主观能动性。因此，应当提升人工智能决策透明度和可解释性，赋能广大用户更好地了解数字科技运行的原理，赋予广大用户更大的数字科技话语权，以防数字科技背离以人为本的价值理念。同时，要为广大用户参与数字科技治理搭建畅通无阻、多元化的渠道。数字科技以人为本的理念要求不能把广大用户异化为机器，而是充分重视人的自由而全面的发展，通过建立健全"线上和线下"相结合的渠道，聆听广大用户关于数字科技的建言献策，并将宝贵建议纳入数字科技的基础研究和数字科技应用的开发中。

健全政府、数字科技企业及广大用户等多方互动激励机制，鼓励广大用户积极融入算法歧视、数据隐私及数字鸿沟等异化问题治理，准确反馈对数字科技应用的主观感受和现状问题。政府也要充分发挥人民网等主流媒体和微信、微博等社会媒体的功能，问需于民、问计于民，向

---

① 孙海军，张长立. 技术适配治理：政府治理数字化的限度与人的主体性回归 [J]. 江淮论坛，2023（3）：153-158.
② 郑磊. 数字治理的"填空"与"留白" [J]. 人民论坛·学术前沿，2021（23）：106-112.

人民群众学习。不断完善保障人民群众对于数字科技治理的话语权。为了能够给人民群众创造高质量的公共服务是数字科技治理的关键目标，由此可见，人民群众是数字科技治理效果的最终评判者。因此，政府应当积极探索激励人民群众参与数字科技治理效果评价过程，构建合理的多维度数字科技治理效果评价指标体系，进而推动形成人民群众广泛参与数字科技治理的制度体系。

（三）坚持数字科技公平，保障以人为本理念

公平正义是构建社会主义现代化国家的重要理念，更是大力发展数字科技保障以人为本所遵循的根本原则。在实践过程中，数字科技的发展与社会道德的发展并非完全同步。马克思认为："每一种事物好像都包含有自己的反面。我们看到，机器具有减少人类劳动和使劳动更有成效的神奇力量，然而却引起了饥饿和过度的疲劳……技术的胜利，似乎是以道德的败坏为代价换来的。随着人类愈益控制自然，个人却似乎愈益成为别人的奴隶或自身卑劣行为的奴隶。甚至科学的纯洁光辉仿佛也只能在愚昧无知的黑暗背景上闪耀。"[①] 新时代倡导"富强、民主、文明、和谐，自由、平等、公正、法治，爱国、敬业、诚信、友善"的社会主义核心价值观。因此，必须完善创建公平正义的数字科技制度环境，为数字科技"以人为本"理念提供坚实保障。

数据要素是数字科技蓬勃发展的"石油"，广大的人民群众是数字科技的最终使用者，也是数据要素的直接生产者。为了避免数据要素异化而导致的算法歧视、隐私侵犯等重大社会问题，必须坚持合法公平的原则，切实保障数字科技以人为本的理念。政府要加快建立健全关于数据要素使用的市场机制和法律制度，要合法公平地开展人民群众数据的收集和使用，不能任意扩展人民群众数据使用目的，甚至是为个别群体谋取私人利益。2021 年，第十三届全国人民代表大会常务委员会第三

---

① 马克思恩格斯选集：第 1 卷 ［M］. 北京：人民出版社，2012：776.

十次会议通过的《中华人民共和国个人信息保护法》第三十四条明确规定："国家机关为履行法定职责处理个人信息，应当依照法律、行政法规规定的权限、程序进行，不得超出履行法定职责所必需的范围和限度。"同时，要防范公权力在数字科技治理中的过度使用问题。在数字经济蓬勃发展的时代，政府在获取人民群众数据信息时容易产生越界问题，因此，要清晰界定人民群众的数据信息的使用用途、使用边界并及时清除，更要防止公权力滥用等异化问题。

政府应当不断提升广大人民群众的数据保护意识，促进数字科技合法公平的运行，充分保障数字科技以人为本的价值理念。人民群众既是数据的生产者，也是数据的消费者。[1] 人民群众虽然生活在数字经济蓬勃发展的浪潮中，但对人工智能、机器学习及物联网等数字科技背后的运作原理知之甚少，进而助长了某些不良商家的数字异化行为。因此，广大人民群众是数字科技应用的用户，一方面主动享受着数字科技创造智能生活、便捷化生活，另一方面也要积极涉猎数字科技知识，不断提升个人对数字科技的认知水平和科技素养，避免沉沦为数字科技的"奴役"。在海量数据的数字化时代，应不断强化人民群众的独立思考和科学批判精神，提高其虚假欺诈信息甄别技能和数据安全维权水平。同时，政府要加强数据安全宣传教育活动，通过《人民日报》、人民网官方公众号、微信、抖音等多种渠道，以图文并茂、图频共现等形式来引起社会公众重视数据安全，营造良好的数字科技公平安全的应用环境，切实践行以人为本的价值理念。

二、数字科技遵循消费现代化的科技向善导向

科技向善是数字科技赋能我国消费现代化的内在要求，也是助推人

---

① 孙海军，张长立. 技术适配治理：政府治理数字化的限度与人的主体性回归 [J]. 江淮论坛，2023（3）：153–158.

民群众实现美好生活的重要动力。在我国消费现代化实践中，数字科技不仅需要具有向善的能力，更要遵循向善的价值导向，包含数字科技企业向善的价值导向、数字科技人才向善的价值导向和数字科技资金向善的价值导向。

（一）数字科技企业向善的价值导向

数字科技企业遵循科技向善的价值导向，提高社会生产效率和人民生活水平，为满足人民美好生活需要创造物质条件。科技向善是数字科技企业赋能我国消费现代化的价值导向，包含政府引导型向善和市场主导型向善①。政府引导型向善是国有企业坚决响应科技向善的国家意志。作为原始创新策源地，中关村科技园区提出塑造科技向善行动，弘扬科学家精神，增强科技助推人民群众的美好生活。新时代以来，中关村多家科技企业迁至北京各区、西部大开发区域等，包括软件和信息服务、智能装备、节能环保及医药健康等领域，不仅实现了科技成果向欠发达地区扩散，还有助于弥合地区之间数字鸿沟。2021 年，国家新一代人工智能治理专业委员会发布了《新一代人工智能伦理规范》②，旨在塑造数字科技向善的价值导向，推进人工智能伦理和科技治理工作，包括增进人类福祉、促进公平公正、保护隐私安全、确保可控可信、强化责任担当及提升伦理素养 6 项基本伦理规范，增进人类社会福祉和人民消费福祉。

市场主导型向善是民营企业主动承担社会责任而自发推动普惠发展的科技向善。民营企业，尤其是民营科技企业凭借自身社会责任感，自发通过扶持中小企业、支持乡村振兴进而推动农村地区产业发展。新时代以来，腾讯以科技向善为使命，通过产品创新、科技创新等形式，共

---

① 张颖熙，夏杰长．科技向善赋能共同富裕：机理、模式与路径［J］．河北学刊，2022，42（3）：115－122．
② 国家新一代人工智能治理专业委员会．新一代人工智能伦理规范［R/OL］．2021．https：//www.most.gov.cn/kjbgz/202109/t20210926_177063.html．

享社会价值，增进民生福祉。2021年4月，腾讯将投入500亿元用于"可持续社会价值创新"战略，对包括基础科学、教育创新、乡村振兴、养老科技和公益数字化等领域开展探索①。同年8月、9月，腾讯和阿里巴巴分别宣布启动"共同富裕"专项行动②。针对该专项行动，腾讯充分发挥数字科技优势，通过技能培训帮助低收入群体增收，资助普惠教育让低收入人群得到平等的教育机会等。为了让老年群体享受数字服务，阿里巴巴旗下众多App加入"无障碍行动"计划，通过发布适老化的"长辈版"App，有效破解数字鸿沟问题。同时，阿里巴巴还在地球数字化、绿色计算等方面践行数字科技向善的价值导向，着力推动数字科技解决面向未来的难题。此外，自动炒饭机、洗碗机等智慧家居的普及，让数字科技走进居民日常生活，大大提升家务效率、增加人们的闲暇时光，为精神文化消费现代化创造条件。

（二）数字科技人才向善的价值导向

数字科技人才是赋能我国消费现代化的第一资源，而人才流动是数字科技人才遵循向善价值导向的重要方式。数字科技人才的地区之间流动，不仅有助于激活数字人才潜力、提升数字科技资源的配置效率，还有利于统筹城乡的科技人才均衡充分发展。为了改变农村地区科技人才匮乏现状，党和国家多措并举鼓励数字科技人才融入农村地区的"三农"工作，变"输血"为"造血"，极大地激发了农村地区的科技创新创业活力。改革开放以来，科技特派员制度是科技人才秉承向善价值导向的生动体现。为了促进农村科技发展和乡村振兴，福建省南平市于1999年率先建立了科技特派员制度，随后该制度推广至全国其他地区。全国各地实践表明，科技创新是乡村全面振兴的重要支撑，而科技特派

---

① 新华网．腾讯宣布第四次战略升级［N/OL］．2021．https：//new.qq.com/rain/a/20210421A01QWX00.
② 光明网．阿里巴巴集团将投入1000亿元助力共同富裕［N/OL］．2021．https：//m.gmw.cn/baijia/2021-09/03/35137052.html.

员制度作为科技创新人才服务乡村振兴发挥了极为重要的作用①。

2021 年，习近平总书记在福建武夷山考察时明确指出："星星之火可以燎原，现在全中国都有'科特派'。农业是有生机活力的，乡村振兴要靠科技深度发展。"② 譬如，内蒙古自治区通过鼓励科技下乡、人才资源下沉等方式，推动科技特派员制度、"三区"科技人才、星创天地等项目，吸引了更广泛的科技创新资源流向贫困地区，农牧民依靠科技创新提升社会生产力，增加农牧民的收入水平。同时，充分运用"互联网＋"打造了"12396"移动信息服务平台，实现线上、线下互动服务，较好地破解了农牧业科技服务"最后一公里"难题③。浙江、广西等全国多个地区也在不断加强乡村科技特派员队伍建设，吸引科技人才资源流向农村地区，为农村地区科技队伍注入新鲜血液，实现用好科技人才、搞活农村发展和提供优质的科技服务，更好地满足人民美好生活需要。

（三）数字科技资金向善的价值导向

数字科技资金应当遵循向善的价值导向，通过政府转移支付扩大数字科技的应用和推广，提升社会基本公共服务均等化，更好地满足人民美好生活需要，赋能我国消费现代化的过程。转移支付是平衡地区之间财政关系、促进基本公共服务均等化的重要制度，也是保障数字科技资金向善的有效政策工具。2023 年中央对地方一般性转移支付规模达到 8.7 万亿元④，比 2013 年（2.4 万亿元）增长三倍以上⑤。政府应当通过合理精准配置数字科技资金，优化各地区各领域转移支付比例和结

---

①③　张颖熙，夏杰长．科技向善赋能共同富裕：机理、模式与路径［J］．河北学刊，2022，42（3）：115 - 122.

②　第一观察：从新时代中央一号文件领会总书记对"三农"工作战略指引，新华社，2023 - 02 - 14. http：//www. xinhuanet. com/politics/2023 - 02/14/c - 1129365318. htm.

④　财政部．关于 2023 年中央对地方转移支付决算的说明［R/OL］. 中华人民共和国财政部网站．http：//yss. mof. gov. cn/2023zyjs/202407/t20240716_3939609. htm.

⑤　财政部．关于 2013 年中央对地方税收返还和转移支付决算的说明［R/OL］. 中华人民共和国财政部网站．https：//yss. mof. gov. cn/2013qgczjs/201407/t20140711_1111867. htm.

构，增强转移支付在数字科技赋能我国消费现代化过程中所发挥的效用。

政府转移支付包含一般性转移支付和专项转移支付。一般性转移支付旨在完善基本公共服务，政府可以运用大数据、区块链等数字科技创新进一步强化资金管理，明晰权责分配，保障资金用于健全基本公共服务体系。而专项转移支付旨在加大财政资金的渗透力度，破解社会资金需求的突出矛盾与痛点，充分利用数字科技建立全面的资金监管体系，使资金预算、资金安排和落实执行全过程更加透明。新一轮科技革命加速演进，数字经济蓬勃发展，数字化转型已成为金融行业的必答题。在数字化实践中，金融行业始终秉承"金融为民、科技向善"的价值导向，推动构建良性有序的数字金融生态。同时，通过贯彻创新发展理念，要积极完善金融与数字科技的有机融合，推动绿色金融科技的深度应用，服务小微企业、"三农"、低收入群体，以及老年人、残疾人等特殊群体的多样化、个性化的金融需求，努力实现普惠金融服务的可达性、适当性和匹配性。

三、数字科技追求消费现代化的美好生活目标

实现人民美好生活是我国消费现代化的终极目标，也是实现人的现代化的题中应有之义。在我国消费现代化实践中，数字科技赋能我国消费现代化必须坚持以实现人民美好生活为宗旨，包含数字科技推动协调和谐的美好生活、数字科技推动绿色持续的美好生活及数字科技推动公平普惠的美好生活。

（一）数字科技推动协调和谐的美好生活

中国式现代化是物质文明和精神文明相协调的现代化[1]。物质生活

---

① 习近平. 高举中国特色社会主义伟大旗帜　为全面建设社会主义现代化国家而团结奋斗——在中国共产党第二十次全国代表大会上的报告［M］. 北京：人民出版社，2022.

和精神生活协调发展推动人民美好生活是以中国式现代化全面推进中华民族伟大复兴的内在要求。在数字经济蓬勃发展的今天，物质生活和精神生活及其协调发展均离不开数字科技赋能。数字科技能通过推动人民的美好物质生活和丰富人民的精神生活来赋能我国消费现代化。尽管数字科技对人民物质生活和精神生活有重要推动作用，但也要处理好算法歧视、大数据杀熟及数字鸿沟等一系列数字科技异化问题。为了更好地处理这些数字科技异化问题，数字科技创新和应用过程必须秉承"人民为最终目的、数字科技为手段"的原则，因为数字科技的突飞猛进和经济社会的高速发展，归根结底是为了实现人民日益增长的物质生活和精神生活。数字科技既要遵循事物的本质、规律，又要服务人的目的和需要，因此，数字科技的研发和应用不能损害人类的整体福利，不能阻碍广大人民群众的自由而全面的发展。

人类既是数字科技应用的开发者，也是数字科技应用的使用者。为了避免数字科技的负面异化现象，应当充分发挥人类的主观能动性，秉承以推动人民的物质生活和精神生活协调发展为目标，大力开展数字科技研发和成果应用转化，使广大人民群众能够享受到更高品质的美好生活，包括殷实的物质生活和丰富的精神生活。美好的物质生活意味着人民群众能够享受高品质、多样化的商品和服务，满足他们日益增长的物质需要，不仅包含基本生活需求的满足，更包括对健康、休闲和个性化需求的关注。随着人民收入水平和文化素养的提升，高品质的医疗保健产品和服务越来越受到人民群众的青睐。美好的精神生活体现了人民群众内心的满足感、获得感、安全感和幸福感，它包括通过文化、艺术、旅游等精神体验活动，丰富人们的精神世界和文化生活。如今，越来越多的人民群众更愿意融入旅游、电影、音乐会、文化艺术展等体验活动，体现了人民对日益增长的美好精神生活的旺盛需求。

（二）数字科技推动绿色持续的美好生活

进入新时代，人民美好生活的内涵更加丰富，不仅需要丰富的物质文化生活，还需要绿色可持续的美好生活。绿色发展理念旨在解决人与自然和谐问题，也是新质生产方式的核心要义。然而，在经济发展实践中，一些企业却存在高投入、高消耗、高排放、高污染等环境问题，显然难以满足人民对美好生活的绿色需要。因此，必须坚定贯彻绿色发展理念，以数字科技创新形成绿色可持续、生态友好、资源节约的新质生产方式，突破关键核心技术受制于人，抢抓新一轮科技革命和产业变革，着力发展新能源产业，赋能人民美好生活需要。积极发展绿色低碳数字科技，抓住数字化发展浪潮，大力推进绿色科技应用，加快构建数字化绿色消费体系，推进绿色消费升级，不断满足人民的美好生活需要。

中国式现代化是人与自然和谐共生的现代化①。充分发挥数字科技创新，破解传统高投入、高消耗、高污染的粗放型发展方式，最大限度发挥可再生资源的利用效率，尽可能保护不可再生资源和人类赖以生存的生态环境，用更少的资源能源创造出更多的物质财富和精神财富，在满足当代人的美好生活需要基础上，又没有牺牲后代人的美好生活需要。同时，大力推进绿色可持续产品开发，刺激新的消费增长点和扩大内需市场，实现"碳达峰、碳中和"目标。尤其是当今世界处于百年未有之大变局，面临着一系列生态危机，而数字科技是人类与自然互动形成的智能化产物，不仅能推动生态文明建设，还能提升人民的获得感、安全感和幸福感，促进人的现代化发展。

（三）数字科技推动公平普惠的美好生活

公平是人类追求美好生活的永恒目标，也是数字科技赋能我国消费现代化所遵循的价值取向。党的十九届四中全会强调"切实保障社会公平正义和人民权利的显著优势"，社会公平包含教育文化、医疗健康等

---

① 习近平. 高举中国特色社会主义伟大旗帜　为全面建设社会主义现代化国家而团结奋斗——在中国共产党第二十次全国代表大会上的报告 [M]. 北京：人民出版社，2022.

诸多民生领域。进入新时代，我国社会主要矛盾已经转化为人民日益增长的美好生活需要和不平衡不充分的发展之间的矛盾，这凸显了公平对社会发展具有极其重大的现实意义。全球数字科技发展实践中，由于急功近利以功利主义为导向，导致了数字科技创新应用不合理、效率低等异化问题。尤其是在数字经济蓬勃发展的今天，要加强防范以损害人的尊严的功利主义为导向开发的数字科技，更加公平地处理好数字科技相关主体之间的利益分配。为了更高效合理地运用数字科技成果，要坚持数字科技向善的价值理念，构建更加公平的美好生活。数字科技开发和应用要确保当代人满足实现美好生活的物质需要，更要保障后代人实现满足美好生活的物质需要。

普惠性也是数字科技赋能美好生活的关键原则。数字科技的研发和应用，并非单人纸牌游戏，而是集结了政府、企业、个人和社会组织多方参与者，更是囊括了文化教育、医疗健康、休闲旅游等众多民生领域，这也决定了数字科技需要遵循共同普惠的原则。充分发展数字科技的普惠性特征，开发更广泛、更包容的数字科技应用，让诸如老年人、残障人士等更多的群体享受到数字科技赋能美好生活。譬如，金融行业具有用户数量众多、分布零散的特征，大大增添了金融行业触达用户的难度。相比金融行业实体网点，数字金融不受时空制约，可以有效地将金融服务渗透到用户交易场景中，让金融服务无处不在。因此，政府与金融行业应当加快数字金融、数字政务及数字监管等"数字中国"建设，充分利用数字创新能力，推动实现个性化、多元化和便捷化的金融服务，不断满足人民群众对金融服务的美好生活需要。

第三章

购前阶段数字科技赋能消费者获得感的机制研究

本章立足顾客旅程购前阶段的美好生活需要，剖析以人工智能为代表的数字科技对消费者获得感的影响机制。在购前阶段，面对着海量产品信息时，消费者往往显得束手无策。人工智能科技的大量涌现，为消费者简化信息加工、提升决策质量提供了全新的选择。

第一节　人工智能赋能消费者获得感的背景与现状

获得感不仅反映了人工智能为消费者提供决策建议的质量，以及消费者对人工智能决策的信赖程度，更表征了购前阶段消费现代化水平。本节分别从实践现象和研究现状两个方面，对购前阶段人工智能赋能消费者获得感的研究背景与现状问题进行阐述。

一、人工智能赋能消费者获得感的研究背景

随着大数据、深度学习及机器学习迅速渗透到社会生产生活各个领域，极大地增添了消费者购买旅程的动态不确定性。面对着海量结构化和非结构化信息，对于广大消费者而言，产品的建议与推荐在他（她）

们购买决策过程中发挥着越来越重要的作用①。消费者过去经常从他人那里寻求关于产品建议及推荐②。而大数据的迅速发展增加了消费者获取产品建议的新途径——人工智能推荐，例如，天猫、京东等在线商城、移动 App 纷纷通过多样化的人工智能为消费者提供产品推荐及购买建议，减少消费者对产品信息的搜寻成本③，降低消费者的海量信息加工，提升消费者的购买信心④，试图增加消费者获得感。此外，人工智能还对营销⑤与服务创新⑥、劳动就业⑦及产业转型⑧有着重要影响，也因此人工智能受到了实务界与学术界的高度重视⑨。人工智能的广泛应用取决于人工智能达到专家级的准确度和显著的成本效益优势。事实上，人工智能在诸多领域决策表现超过了人类，在疾病诊断方面，研究发现人工智能的准确率远远高于人类医生的准确率；类似的研究发现，人工智能在金融预测、员工评价及风险识别等方面的表现也比人类决策者的表现更好⑩。然而，现有研究主要关注人工智能决策表现的准确度、成本效益及算法的厌恶现象⑪，而消费者对人工智能提供建议的获

① Xiao B，Benbasat I. E – commerce product recommendation agents：use，characteristics，and impact［J］. MIS Quarterly，2007，31（1）：137 – 209.

② Logg J M，Minson J A，Moore D A. Algorithm appreciation：people prefer algorithmic to human judgment［J］. Organizational Behavior and Human Decision Processes，2019，151（3）：90 – 103.

③ Tan C，Teo H，Benbasat I. Assessing screening and evaluation decision support systems：a resource-matching approach［J］. Information Systems Research，2010，21（2）：305 – 326.

④ Pereira R E. Influence of query-based decision aids on consumer decision making in electronic commerce［J］. Information Resources Management Journal，2001，14（1）：31 – 48.

⑤ Kuma V，Rajan B，Venkatesan R，et al. Understanding the role of artificial intelligence in personalized engagement marketing［J］. California Management Review，2019，61（4）：135 – 155.

⑥ 陈晓红. 数字经济时代的技术融合与应用创新趋势分析［J］. 中南大学学报（社会科学版），2018，24（5）：1 – 8.

⑦ 程承坪，彭欢. 人工智能影响就业的机理及中国对策［J］. 中国软科学，2018（10）：62 – 70.

⑧ 郭凯明. 人工智能发展、产业结构转型升级与劳动收入份额变动［J］. 管理世界，2019，35（7）：60 – 77.

⑨ Haenlein M，Kaplan A. A brief history of artificial intelligence：on the past，present，and future of artificial intelligence［J］. California Management Review，2019，61（4）：5 – 14.

⑩ Gunaratne J，Zalmanson L，Nov O. The persuasive power of algorithmic and crowdsourced advice［J］. Journal of Management Information Systems，2018，35（4）：1092 – 1120.

⑪ Dietvorst B，Simmons J，Massey C. Algorithm aversion：people erroneously avoid algorithms after seeing them err［J］. Journal of Experimental Psychology：General，2015，144（1）：114 – 126.

得感研究几乎空白，因此，厘清购前阶段人工智能赋能消费者获得感的作用机理，对于提升消费者获得感、推进消费现代化具有重要的现实意义。

二、人工智能赋能消费者获得感的研究现状

人工智能指基于算法或统计模型来模拟人类的知觉、认知和对话等功能的机器，比如视觉与语音识别、推理和问题解决[1]，它广泛地应用于餐厅、酒店等服务营销实践。如今，人工智能已成为企业赢得消费者青睐的创新源泉[2]。现有信息系统领域研究发现，算法推荐系统不仅能减少消费者信息搜寻成本[3]、降低海量信息加工负荷，还能提升消费者购买信心[4]、提高消费者与产品匹配度及消费者决策质量[5]。鉴于建议与推荐在消费者购买决策中发挥着重要作用，人工智能也广泛应用到医疗健康、金融理财、教育娱乐等领域推荐决策中，例如机器人问诊、智能投顾及智能客服等。

决策准确度是人工智能推荐广泛应用的前提，也是学术界研究的关键。1954 年，保罗·米尔（Paul Meehl）首次发现了统计模型比人类医生在临床预测中更准确[6]。之后，研究发现，算法在疾病诊断及预测任务中的准确度已经超过了临床医生[7]。此外，还有学者通过对 136 项人

①　Longoni C, Bonezzi A, Morewedge C K. Resistance to medical artificial intelligence [J]. Journal of Consumer Research, 2019, 46 (4): 629－650.

②　Huang M H, Rust R T. Artificial intelligence in service [J]. Journal of Service Research, 2018, 21 (2): 155－172.

③　Xiao B, Benbasat I. E － commerce product recommendation agents: use, characteristics, and impact [J]. MIS Quarterly, 2007, 31 (1): 137－209.

④　Pereira R E. Influence of query-based decision aids on consumer decision making in electronic commerce [J]. Information Resources Management Journal, 2001, 14 (1): 31－48.

⑤　Tan C, Teo H, Benbasat I. Assessing screening and evaluation decision support systems: a resource-matching approach [J]. Information Systems Research, 2010, 21 (2): 305－326.

⑥　Meehl P. Clinical versus statistical prediction: A theoretical analysis and a review of the evidence [M]. Minneapolis: University of Minnesota Press, 1954: 68－129.

⑦　Esteva A, Kuprel B, Novoa R A, et al. Dermatologist-level classification of skin cancer with deep neural networks [J]. Nature, 2017, 542 (7639): 115－118.

类健康与行为研究的元分析发现，算法预测比人类预测的准确性表现高出 10%①。在人力资源方面，研究表明，算法在员工招聘过程中对员工表现的预测比人类专家预测更准确；同时，算法面试比人工面试方式会让人们感知到更低的公平和专业性②。此外，在预测被告释放及再次犯罪方面的研究发现，人工智能算法（相比人类法官）能够使犯罪率降低 24.7% ~ 41.9%③。综上所述，现有研究表明，人工智能在医疗诊断、人力资源及金融投资等决策任务中的表现已经达到或超过了人类直觉与经验的决策表现④。而医疗、人力资源及金融投资属于非创造性任务，尚未有研究考察人工智能从事创造性任务的决策表现，以及消费者对人工智能从事创造性任务的主观感受。

虽然人工智能决策准确度在多个领域胜过人类，但学者研究发现人们对人工智能算法表现出了厌恶现象。例如，人们更喜欢依靠人类而不是算法推荐来获得关于书籍、电影和笑话的建议⑤。研究认为，在看到算法和人类犯了同样错误后，比起人类，人们对算法更快地失去信心⑥，同样，人们更重视人类专家给出的建议，而不是统计模型预测出的结果。专业人士也有类似的偏好，招聘人员更相信自己的判断，而不是算法的建议⑦。实际上，学者们在诸多领域发现了人们对人工智能的厌恶现象。关于金融股价预测的研究发现，相比人类的建议，人们更不

① Grove W M, Zald D H, Lebow B S, et al. Clinical versus mechanical prediction: a meta-analysis [J]. Psychological Assessment, 2000, 12 (1): 19 - 30.
② Diab D L, Pui S Y, Yankelevich M, et al. Lay perceptions of selection decision aids in US and non - US samples [J]. International Journal of Selection and Assessment, 2011, 19 (2): 209 - 216.
③ Kleinberg J, Lakkaraju H, Leskovec J, et al. Human decisions and machine predictions [J]. Quarterly Journal of Economics, 2018, 133 (1): 237 - 293.
④ Longoni C, Bonezzi A, Morewedge C K. Resistance to medical artificial intelligence [J]. Journal of Consumer Research, 2019, 46 (4): 629 - 650.
⑤ Yeomans M, Shah A, Mullainathan S, et al. Making sense of recommendations [J]. Journal of Behavioral Decision Making, 2019, 32 (4): 403 - 414.
⑥ Dietvorst B, Simmons J, Massey C. Algorithm aversion: people erroneously avoid algorithms after seeing them err [J]. Journal of Experimental Psychology: General, 2015, 144 (1): 114 - 126.
⑦ Highhouse S. Stubborn reliance on intuition and subjectivity in employee selection [J]. Industrial and Organizational Psychology, 2008, 1 (3): 333 - 342.

愿意相信算法的建议，这是因为人们更容易将责任转嫁给人类[1]。关于人力资源招聘的研究发现，人们对统计模型预测员工绩效表现出了抗拒行为[2]，人类直觉相比于统计模型被视为更合乎道德和公平[3]。尽管人类预测没有算法预测准确，但当看到算法和人类出错后，人们会更愿意选择依赖人类来预测学生的表现，这是因为人类被认为可以从错误中学习、从实践中变得更好[4]。之后，学者们进一步研究发现，相比不能对算法做出修改，能够对算法做出修改可以增加人们对算法的信赖程度[5]。总体而言，这些关于人工智能算法厌恶现象的研究及其解释，主要侧重于人们对算法本身的感知，忽略了决策任务所发挥的效应[6]。事实上，消费者态度与行为受到人工智能及决策任务共同作用所形成，决策任务也会对消费者的心理与行为产生重要影响。

综上所述，现有研究主要关注了人工智能决策的准确度[7]及其算法的厌恶效应[8]，忽略了消费者对日益普及的人工智能决策的主观感受。实际上，消费者获得感是衡量企业成功实施人工智能战略的主要指标，也是提升企业营销绩效的重要变量。但现有研究未能实证检验人工智能推荐对消费者获得感的影响，更缺乏人工智能与决策任务共同对消费者

---

① Önkal D, Goodwin P, Thomson M, et al. The relative influence of advice from human experts and statistical methods on forecast adjustments [J]. Journal of Behavioral Decision Making, 2009, 22 (4): 390–409.

② Kuncel N R, Klieger D M, Connelly B S, et al. Mechanical versus clinical data combination in selection and admissions decisions: a meta-analysis [J]. Journal of Applied Psychology, 2013, 98 (6): 1060–1072.

③ Eastwood J, Snook B, Luther K. What people want from their professionals: attitudes toward decision-making strategies [J]. Journal of Behavioral Decision Making, 2012, 25 (5): 458–468.

④⑧ Dietvorst B, Simmons J, Massey C. Algorithm aversion: people erroneously avoid algorithms after seeing them err [J]. Journal of Experimental Psychology: General, 2015, 144 (1): 114–126.

⑤ Dietvorst B J, Simmons J P, Massey C. Overcoming algorithm aversion: people will use imperfect algorithms if they can (even slightly) modify them [J]. Management Science, 2018, 64 (3): 1155–1170.

⑥ Castelo N, Bos M W, Lehmann D R. Task-dependent algorithm aversion [J]. Journal of Marketing Research, 2019, 56 (5): 809–825.

⑦ Esteva A, Kuprel B, Novoa R A, et al. Dermatologist-level classification of skin cancer with deep neural networks [J]. Nature, 2017, 542 (7639): 115–118.

获得感的影响机制及边界条件的探究。创造性被视为人们提出新颖且实用的想法或解决方案的能力。相比人类，人工智能往往被认为缺乏创造性，这可能会影响人们对人工智能推荐不同创造性产品的心理感受，进而影响人们对人工智能推荐的获得感。为此，本章聚焦不同创造性产品的推荐任务，深入探究人工智能与推荐任务对消费者获得感的交互影响及其作用机制。

第二节 人工智能赋能消费者获得感的作用机理

在购前阶段，人工智能赋能消费者获得感的作用机理既包含直接作用、间接作用，还包含调节作用。本节分别从直接作用、间接作用和调节作用三个方面，对人工智能赋能消费者获得感的作用机理进行阐释。

一、人工智能对消费者获得感的直接影响

人工智能推荐主要是通过算法或统计模型来模拟人类的知觉、认知和对话等认知能力，向消费者提供产品建议[①]，试图赢得消费者信赖和增加消费者获得感。消费者对人工智能的认知推断是驱动消费者获得感的重要变量。实际上，人工智能与人类在认知灵活性方面具有很大差异。认知灵活性是指个体能够灵活地调整认知处理策略来应对新的、意想不到的，以及不断变化的情况的能力[②]。人们普遍认为人工智能在认知上的灵活性不如人类，这源于人们使用知觉线索和先前对无生命物体

---

① Longoni C, Bonezzi A, Morewedge C K. Resistance to medical artificial intelligence [J]. Journal of Consumer Research, 2019, 46 (4): 629 – 650.

② Martin M M, Rubin R B. A new measure of cognitive flexibility [J]. Psychological Reports, 1995, 76 (2): 623 – 626.

的经验，将计算机表征为死记硬背、僵化和不灵活①。例如，基于事先编译程序的计算机被认为只能以标准化的和重复的方式运行②。相比人类，而人工智能被认为是事先设置好的算法程序，只能以僵化的认知进行推荐决策③。由此可见，人工智能与人类在认知灵活性上具有显著的差异，而认知灵活性与创造性具有正相关关系④。事实上，认知灵活性，即打破旧的认知模式并在概念之间建立创造性联系的能力，被视为创造性必不可少的认知核心⑤。以往研究认为，具有灵活性的个体在感知和处理信息时，能从不同角度考虑问题并转换思维方式，进而影响个体的创造性⑥。这些发现表明了认知灵活性与创造性之间存在正相关关系。因此，人工智能在创造性方面不如人类，进而影响消费者对人工智能推荐不同创造性产品的获得感。

新颖和实用是衡量创造性的标志。在推荐决策情景中，根据产品推荐任务的创造性差异，将任务区分为高创造性产品推荐任务和低创造性产品推荐任务。高创造性产品推荐任务反映了一个产品具有较高水平的新颖和实用性⑦，它的推荐决策具有很高的不确定性及复杂性。认知灵活性理论（cognitive flexibility theory）认为，个体必须从使用固有的、死板的、事先编译的结构化知识，转向灵活的、重组的非结构化知识适应这些复杂的、不确定的决策任务⑧。因而对于高创造性产品推荐，它

①③ Stephen L, Nick H. Animals and androids: implicit associations between social categories and nonhumans [J]. Psychological Science, 2007, 18 (2): 116 – 121.

② Nissenbaum H, Walker D. Will computers dehumanize education? A grounded approach to values at risk [J]. Technology in Society, 1998, 20 (3): 237 – 273.

④ Mehta R, Dahl D W. Creativity: past, present, and future [J]. Consumer Psychology Review, 2019, 2: 30 – 49.

⑤ Ritter S M, Damian R I, Simonton D K, et al. Diversifying experiences enhance cognitive flexibility [J]. Journal of Experimental Social Psychology, 2012, 48 (4): 961 – 964.

⑥ Hennessey B A, Amabile T M. Creativity [J]. Annual Review of Psychology, 2010, 61: 569 – 598.

⑦ Barron F. The disposition toward originality [J]. Journal of Abnormal and Social Psychology, 1955, 51 (3): 478 – 485.

⑧ Jacobson M J, Spiro R J. Hypertext learning environments, cognitive flexibility, and the transfer of complex knowledge: an empirical investigation [J]. Journal of Educational Computing Research, 1995, 12 (4): 301 – 333.

要求人类或人工智能具有较高的认知灵活性，才能够有效地识别与判断产品的新颖及实用性①。相比人类推荐，人工智能推荐被认为是结构化的决策且缺乏灵活性的决策，难以理解高创造性产品推荐任务所需的新颖属性，因此人工智能从事高创造性产品推荐任务时，难以满足或匹配消费者的创造性需求②，进而导致消费者更低的获得感。

而低创造性产品推荐任务是指较低水平创造性的一类产品推荐任务，例如股票预测的推荐、地图路线的推荐等，这类产品推荐任务不会让人们感到新颖及创新③。因而，低创造性产品推荐任务也不需要推荐主体拥有较高的非结构化知识来识别、判断产品推荐任务的新颖等属性。认知灵活性理论指出，对于相对不确定的、无规律的决策，个体需要灵活的、重组的非结构化知识来适应这类决策④。而对于相对确定的、规律的决策，个体需要完善的、系统的结构化知识来应对这类决策。相比高创造性产品推荐任务，低创造性产品推荐任务更需要推荐主体拥有完善的结构化知识，使用结构化的知识进行推荐决策⑤。对于低创造性产品推荐任务，相比人类推荐，人工智能凭借拥有比较系统的结构化知识及完善的决策规则，能够更有效地根据决策规则，完成低创造性产品的推荐任务，进而诱发消费者对人工智能推荐产生更高的获得感。综上所述，本章提出假设3-1。

H3-1：对于高创造性产品推荐任务，相比人类推荐，人工智能推荐情况下消费者的获得感更低；对于低创造性产品推荐任务，相比人类推荐，人工智能推荐情况下消费者的获得感更高。

---

①③　Amabile T. The social psychology of creativity: a componential conceptualization [J]. Journal of Personality and Social Psychology, 1983, 45 (2): 357-376.

②　Tan C, Teo H, Benbasat I. Assessing screening and evaluation decision support systems: a resource-matching approach [J]. Information Systems Research, 2010, 21 (2): 305-326.

④　Jacobson M J, Spiro R J. Hypertext learning environments, cognitive flexibility, and the transfer of complex knowledge: an empirical investigation [J]. Journal of Educational Computing Research, 1995, 12 (4): 301-333.

⑤　Dennis J P, Wal J S V. The cognitive flexibility inventory: instrument development and estimates of reliability and validity [J]. Cognitive Therapy & Research, 2010, 34 (3): 241-253.

二、人工智能对消费者获得感的间接影响

人工智能通过胜任感对消费者获得感产生间接影响。胜任感是指人们对自己或他人有效地完成一项任务的能力的主观感知[1]。以往胜任感的定义关注人们对人类完成一项任务的能力感知。如今，人工智能逐步扮演人类的角色，胜任人类执行的任务。因此，本书将胜任感引申至人们对人工智能完成一项任务的能力感知。本书认为"胜任感是指人们对人类或人工智能完成一项任务的能力的主观感知"。人们对人工智能（或人类）的认知是形成人工智能（或人类）胜任感的基础。而认知灵活性是人工智能与人类之间的重要认知差异。认知灵活性反映了个体能够灵活地调整认知处理策略来应对新的、意想不到的，以及不断变化的情况的能力[2]。认知灵活性理论认为，个体需要更高的认知灵活性，从多视角、多种方式、灵活地应对新的、不断变化的情形[3]。高创造性产品的推荐，往往是一个新的、意想不到的及不断变化的决策过程，需要人们具有较高的认知灵活性，才能够从多个视角、多种方式、灵活地完成产品推荐任务。相比人类推荐，人工智能具有较低的认知灵活性，难以胜任高创造性产品的推荐任务，因而人工智能在从事高创造性产品推荐任务时具有更低的胜任感。实际上，不同创造性产品的推荐任务也需要人类或人工智能拥有不同的创造性[4]。相比人类，人们往往将人工智能与低创造性相联系。人工智能具有系统的结构化知识和完善决策规则，更适合也更有能力完成低创造性产品的推荐任务，因此，消费者认

① Weiner B. Intrapersonal and interpersonal theories of motivation from an attribution perspective [J]. Educational Psychology Review, 2000, 12 (1): 1 – 14.

② Martin M M, Rubin R B. A new measure of cognitive flexibility [J]. Psychological Reports, 1995, 76 (2): 623 – 626.

③ Dennis J P, Wal J S V. The cognitive flexibility inventory: instrument development and estimates of reliability and validity [J]. Cognitive Therapy & Research, 2010, 34 (3): 241 – 253.

④ Hirschman E C. Innovativeness, novelty seeking, and consumer creativity [J]. Journal of Consumer Research, 1980, 7 (3): 283 – 295.

为人工智能在推荐低创造性产品时具有更高的胜任感。综合而言，相比人类推荐，消费者认为人工智能在推荐高创造性产品时具有更低的胜任感，而在推荐低创造性产品时具有更高的胜任感。

研究表明，胜任感正向影响消费者的心理与行为[1]。当人们心理上感受到自己或他人具有较高的胜任感时，这将有效地增加他们积极的心理体验，同时会表现出更高的信任、接受及购买行为。对于高创造性产品的推荐任务，与人工智能相比，消费者认为人类在高创造性产品推荐时拥有更高的胜任感。胜任感是提升消费者获得感的重要驱动因素[2]，当消费者感受到人类推荐具有更高的胜任感，会产生两个效果：一是产生积极的心理体验，包括对人类推荐感受到了更高的控制感、更积极的情绪体验，进而提升了消费者对人类推荐的获得感；二是增加消费者决策信心[3]，他们会相信人类能作出更好的推荐决策，也因此会感受到人类推荐具有更高的获得感。相反，对于低创造性产品的推荐任务，与人类推荐相比，消费者认为人工智能推荐具有更高的胜任感。同样地，人工智能推荐的胜任感也将提升消费者积极的心理体验及决策信心，并通过增加消费者对人工智能推荐的心理控制、决策质量的感知，更能感受到人工智能推荐具有更高的获得感。综上所述，对于高创造性产品的推荐任务，消费者认为人工智能具有更低的胜任感，进而导致消费者对人工智能推荐能够感受到更低的获得感；而对于低创造性产品的推荐任务，消费者认为人工智能具有更高的胜任感，进而导致消费者对人工智能推荐能够感受到更高的获得感。因此，本章提出假设3-2。

H3-2：对于高创造性产品推荐任务，相比人类推荐，消费者认为人工智能推荐具有更低的胜任感，进而导致消费者对人工智能推荐会感

---

① Giardini A, Frese M. Linking service employees' emotional competence to customer satisfaction: a multilevel approach [J]. Journal of Organizational Behavior, 2008, 29 (2): 155 – 170.

② Fernandes T, Morgado M, Rodrigues M A. The role of employee emotional competence in service recovery encounters [J]. Journal of Services Marketing, 2018, 32 (7): 835 – 849.

③ Balasubramanian S, Konana P, Menon N M. Customer satisfaction in virtual environments: a study of online investing [J]. Management Science, 2003, 49 (7): 871 – 889.

受到更低的获得感；对于低创造性产品推荐任务，相比人类推荐，消费者认为人工智能推荐具有更高的胜任感，进而导致消费者对人工智能推荐会感受到更高的获得感。

三、人工智能对消费者获得感影响的调节作用

拟人化对人工智能赋能消费者获得感的作用机制具有调节作用。具体而言，拟人化是将人类特征、动机、意图或心理状态赋予非人对象的行为[1]，对人们的认知、态度及行为具有重要的影响。类似地，人工智能拟人化是指将人类特征、动机、意图或心理状态赋予人工智能的行为。当人工智能具有人类的特征、动机、意图或心理状态，首先影响的是消费者对人工智能的心理感知——胜任感，其次影响消费者对人工智能推荐高创造性产品的获得感。

拟人化赋予了人工智能人类的特征、动机、意图或心理状态，它将直接影响人们对人工智能拟人化的胜任感判断。胜任描述了人们与环境有效交互的需求[2]，关于拟人化的动机理论研究表明，胜任与社交是拟人化的两个重要动机，胜任动机指的是人们与非人对象进行有效互动的动机，其作用在于增强人们解释当前未知事物的能力，以及预测未来这些事物变化的能力。人们将人类的特征、动机、意图或心理状态赋予非人对象，可以增强理解该非人对象行为的能力，减少与该非人对象有关的不确定性。与非拟人化相比，拟人化能够增加人们感受人工智能与人类具有更多的相似性[3]，例如像人类一样具有灵活的认知能力。关于创造性的研究表明，认知灵活性能够正向提升个体的创造性[4]，进而人们

---

①③ Epley N, Waytz A, Cacioppo J. On seeing human: a three-factor theory of anthropomorphism [J]. Psychological Review, 2007, 114 (4): 864 – 886.

② White R W. Motivation reconsidered: the concept of competence [J]. Psychological Review, 1959, 66 (5): 297 – 333.

④ Mehta R, Dahl D W. Creativity: past, present, and future [J]. Consumer Psychology Review. 2019, 2: 30 – 49.

能够感受到人工智能拟人化具有产生新颖有用的想法、见解或解决方案的能力①。因此，相比非拟人化，拟人化使人们感受到人工智能具有更高的认知灵活性，提升消费者对人工智能推荐高创造性产品的胜任感。

人工智能推荐的胜任感正向影响消费者的获得感。具体而言，对于高创造性产品推荐任务，与非拟人化相比，拟人化通过赋予人工智能人类的特征、动机、意图或心理状态，增加人工智能的认知灵活性，进而提升消费者对人工智能推荐高创造性产品的胜任感，而胜任感是提升消费者信任及获得感的重要因素②。当人工智能拟人化时，消费者能感受到人工智能推荐具有更高的胜任感，他们会产生积极的情感体验③和更高的决策信心④，提升他们对人工智能推荐的正向评价，进而导致消费者感受到人工智能推荐高创造性产品得到更高的获得感。据此，本章提出假设 3 - 3。

H3 - 3：对于高创造性产品推荐任务，相比非拟人化，拟人化增加了人工智能推荐的胜任感，进而提升了消费者对拟人化人工智能推荐的获得感。

综上所述，本章将 3 条假设归纳成理论模型，见图 3 - 1。从图 3 - 1 可以看出，H3 - 1 认为，消费者对人工智能从事不同创造性产品推荐任务表现出差异的态度，对于高创造性产品推荐任务，消费者对人工智能表现出较低的获得感，而对于低创造性产品推荐任务，表现出较高的获得感。H3 - 2 进一步揭示，胜任感在消费者对人工智能从事不同创造性产品推荐任务的差异态度中起中介作用。针对人工智能从事高创造性产品推荐任务时表现出较低的获得感，H3 - 3 通过对人工智能拟人化方

① Amabile T. The social psychology of creativity: a componential conceptualization [J]. Journal of Personality and Social Psychology, 1983, 45 (2): 357 - 376.

② Fernandes T, Morgado M, Rodrigues M A. The role of employee emotional competence in service recovery encounters [J]. Journal of Services Marketing, 2018, 32 (7): 835 - 849.

③ Giardini A, Frese M. Linking service employees' emotional competence to customer satisfaction: a multilevel approach [J]. Journal of Organizational Behavior, 2008, 29 (2): 155 - 170.

④ Balasubramanian S, Konana P, Menon N M. Customer satisfaction in virtual environments: a study of online investing [J]. Management Science, 2003, 49 (7): 871 - 889.

式，提升消费者对人工智能从事高创造性产品推荐任务的获得感。为此，本章通过 3 项实验研究检验消费者对人工智能推荐获得感的影响，及其中介、调节机制。即实验 1 检验了人工智能推荐对消费者获得感的影响，实验 2 检验了人工智能推荐影响消费者获得感的中介作用，实验 3 检验了人工智能推荐影响消费者获得感的调节作用。

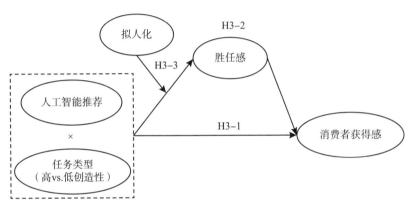

图 3 - 1　人工智能赋能消费者获得感的作用机制模型

第三节　人工智能赋能消费者获得感的实证分析

为了系统科学地检验人工智能赋能消费者获得感的作用机理，本节通过三个实验研究分别对人工智能赋能消费者获得感的直接作用、间接作用和调节作用进行实证检验。

一、人工智能对消费者获得感直接影响的检验

实验 1 目的是检验人工智能推荐对消费者获得感的影响（H3 - 1），即对于高创造性产品推荐任务，相比人类推荐，人工智能推荐情况下消费者的获得感更低；对于低创造性产品推荐任务，相比人类推荐，人工

智能推荐情况下消费者的获得感更高。

（一）实验前测

预实验目的是确定产品推荐任务的创造性高、低。研究人员于 2018 年 11 月 5 日至 18 日招募了广州某重点高校 79 名大学生（$M_{年龄}$ = 20.013 岁，女性 54 人，男性 25 人）参加了预实验。

首先，研究人员选择了大学生较为熟悉的约会对象和体育彩票推荐任务，所有被试分别阅读以下两个情景：（1）想象你正在考虑找一个约会对象，你无意中发现一个在线约会网站，它可以提供给帮助人们找到合适的约会对象的推荐方式。（2）想象你打算将手头的闲钱购买体育彩票，你无意中发现一个体育彩票网站，它可以提供帮助人们作出更好购买决策的推荐方式。

其次，以往学者研究认为任务的客观性、情感及熟悉程度会影响消费者对算法决策信任。因此，本实验参考卡斯特卢等（Castelo et al.）的研究①，除了测量任务的创造性，还测量任务的客观性、享乐性、困难性及消费者对任务的熟悉程度。在阅读完情景后，所有被试评价约会对象和体育彩票推荐任务的创造性、客观性、享乐性及困难性，测量题项为"你觉得这个推荐任务本身有多客观？""你觉得这个推荐任务需要多少创造性""你觉得这个推荐任务享乐性有多少？""你觉得这个推荐任务有多困难"。

最后，本实验测量了被试对推荐任务的熟悉程度，"你觉得你对这个推荐任务有多熟悉？"所有题项采用李克特 7 分量表，1 分表示一点儿也不客观、一点儿也不需要创造性、一点儿也不享乐、一点儿也不困难、一点儿也不熟悉，7 分表示非常客观、非常需要创造性、非常享乐、非常困难、非常熟悉，2～6 分依次表示程度递增。最后，预实验

---

① Castelo N, Bos M W, Lehmann D R. Task-dependent algorithm aversion [J]. Journal of Marketing Research, 2019, 56（5）: 809 – 825.

还测量了被试性别、年龄等人口变量。

配对样本 t 检验结果表明，约会对象推荐任务的创造性显著高于体育彩票推荐任务的创造性（$M_{约会对象}$ = 4.962 > $M_{体育彩票}$ = 3.987，t = 4.801，p < 0.001），两个推荐任务客观性（$M_{约会对象}$ = 3.924，$M_{体育彩票}$ = 4.114，t = −0.875，p > 0.05）、困难程度（$M_{约会对象}$ = 5.342，$M_{体育彩票}$ = 5.241，t = 0.514，p > 0.05）、享乐性（$M_{约会对象}$ = 4.127，$M_{体育彩票}$ = 3.785，t = 1.917，p > 0.05）没有显著的差异；此外，被试对约会对象与体育彩票推荐任务的熟悉程度（$M_{约会对象}$ = 2.987，$M_{体育彩票}$ = 3.267，t = −1.442，p > 0.05）也不存在显著差异。尽管体育彩票推荐任务的创造性显著低于约会对象推荐任务的创造性，但本书并不认为体育彩票推荐任务一点儿也没有创造性（$M_{体育彩票}$ = 3.987，接近 7 分量表的中值），本书认为体育彩票推荐任务被视为低创造性推荐任务，这也更加证实了本书关于产品推荐任务类型划分为高创造性与低创造性的严谨性（而不是划分为创造性与非创造性）。综上所述，体育彩票推荐任务的创造性低于约会对象推荐任务的创造性，正式实验将约会对象作为高创造性产品推荐任务的实验材料、将体育彩票作为低创造性产品推荐任务的实验材料。

（二）实验设计

实验 1 采用 2（人工智能推荐 vs. 人类推荐）×2（高创造性任务 vs. 低创造性任务）的组间实验设计。研究人员于 2018 年 12 月 10 日至 23 日招募了广州某重点高校 228 名大学生（$M_{年龄}$ = 21.070 岁，女性 127 人，男性 101 人）被随机分配到四个实验组别：人类—高创造性推荐任务组（57 人）、人工智能—高创造性推荐任务组（56 人）、人类—低创造性推荐任务组（57 人）、人工智能—低创造性推荐任务组（58 人）。所有被试均未参加过预实验。关于产品推荐任务类型的操纵，根据预实验，实验 1 选择了两个不同创造性推荐任务：约会对象和体育彩票。对于人工智能与人类推荐的操纵，将人类推荐操纵为基于直觉经验决策的情感专家或体育分析师，人工智能推荐操纵为基于算法决策的人工智能。为了更好地激励被试完成实验，本实验给予认真参加实验的被试每人 2 元人民币报酬。实验程序如下：首先，所有被试被随机分配到了一个实验组，他/她们将会随机阅读下面四个实验情景中的一个实验情景。实验情景如下：

（1）假设你正在考虑找一个约会对象，你无意中发现一个在线约会网站，它提供了情感专家推荐方法，来帮助人们找到合适的约会对象。

（2）假设你正在考虑找一个约会对象，你无意中发现一个在线约会网站，它提供了人工智能算法推荐方法，来帮助人们找到合适的约会对象。

（3）假设你打算将手头的闲钱购买体育博彩，你无意中发现一个体育博彩网站，它提供了体育分析师推荐方法，帮助人们作出更好的购买决策。

（4）假设你打算将手头的闲钱购买体育博彩，你无意中发现一个体育博彩网站，它提供了人工智能算法推荐方法，帮助人们作出更好的购买决策。

其次，被试在阅读完实验情景后，他/她们被要求回答获得感、产品推荐任务属性（创造性、客观性、享乐性及困难性）、消费者创新性及消费者专业知识。最后，被试填写性别、年龄人口统计信息。

（三）变量测量

实验 1 主要测量了消费者获得感、产品推荐任务属性及人口变量。本实验采用相关系数 r 和克朗巴哈系数（Cronbach's α）检验了量表的信度。消费者获得感的测量改编自弗里丁等（Fridin et al.）的研究[①]，

---

① Fridin M, Belokopytov M. Acceptance of socially assistive humanoid robot by preschool and elementary school teachers [J]. Computers in Human Behavior, 2014, 33 (4): 23 – 31.

包括"在上述情景中，你多大程度上遵从人类/人工智能的建议？""在上述情景中，你多大程度上接受人类/人工智能的推荐"2个题项，采用李克特7分量表，1分表示一点儿也不愿意遵从、一点儿也不愿意接受，7分表示非常愿意遵从、非常愿意接受，本实验中这2个题项的相关系数 r 为 0.854。产品推荐任务的客观性、创造性、享乐性及困难性等测量同预实验。消费者创新性的测量来自赫希曼（Hirschman）的研究①，包括"我喜欢尝试新产品或新技术""我喜欢购买与众不同的新产品""我喜欢学习和掌握新产品或技术""我对新产品或新技术感到兴奋"4个题项，本实验中该量表的 Cronbach's α 系数为 0.894。消费者专业知识的测量改编自吴继飞等（2016）的研究，② 包括"我对人工智能很感兴趣""我对人工智能很熟悉""我对人工智能很了解"3个题项，本实验中该量表的 Cronbach's α 系数为 0.881。消费者创新性及专业知识采用李克特7分量表，1分表示非常不同意，7分表示非常同意。

（四）实验结果

（1）操纵检验。为了检验产品推荐任务类型的操纵是否成功，采用单因素方差分析结果表明：与体育彩票推荐任务相比，约会对象推荐任务需要更高的创造性（$M_{约会对象} = 5.212 > M_{体育彩票} = 4.226$，$F = 31.561$，$p < 0.001$），且约会对象推荐任务的创造性显著高于7分量表的中值（$M_{约会对象} = 5.212 > M_{中值} = 4.000$，$t = 9.977$，$p < 0.001$）。此外，约会对象与体育彩票这两个推荐任务的客观性（$M_{约会对象} = 3.841$，$M_{体育彩票} = 3.965$，$F = 0.634$，$p > 0.05$）、困难程度（$M_{约会对象} = 5.115$，$M_{体育彩票} = 5.026$，$F = 0.337$，$p > 0.05$）、享乐性（$M_{约会对象} = 4.204$，$M_{体育彩票} = 4.009$，$F = 2.336$，$p > 0.05$）没有显著的差异，同时，被试对

① Hirschman E C. Innovativeness, novelty seeking, and consumer creativity [J]. Journal of Consumer Research, 1980, 7 (3): 283 – 295.
② 吴继飞, 于洪彦, 杨炳成. 分享所获, 还是分享操作? ——直接体验和间接体验对分享内容的影响与作用机制研究 [J]. 营销科学学报, 2016, 12 (4): 41 – 60.

约会对象与体育彩票推荐任务的熟悉程度（$M_{约会对象} = 2.876$，$M_{体育彩票} = 2.974$，$F = 0.345$，$p > 0.05$）也不存在显著差异。因此，推荐任务类型的操纵检验取得了成功。

（2）假设检验。本实验采用双因素方差分析检验 H3-1，结果如图 3-2 所示。从图 3-2 可以看出，人工智能推荐和任务类型对消费者获得感具有显著的交互效应（$F = 22.151$，$p < 0.001$），人工智能推荐（$F = 1.227$，$p > 0.050$）和任务类型（$F = 0.077$，$p > 0.050$）对消费者获得感的主效应不显著。简单效应分析发现，对于高创造性的约会对象推荐任务，消费者对人工智能推荐比人类推荐的获得感更低（$M_{人工智能推荐} = 3.955 < M_{人类推荐} = 4.842$，$F = 16.756$，$p < 0.001$）；而对于低创造性的体育彩票推荐任务，消费者对人工智能推荐比人类推荐的获得感更高（$M_{人工智能推荐} = 4.716 > M_{人类推荐} = 4.167$，$F = 6.533$，$p < 0.050$）。因此，H3-1 得以验证。

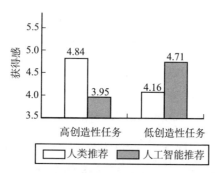

图 3-2　人工智能推荐影响消费者获得感的分析结果

（3）替代解释。为了控制产品推荐任务的客观性、困难程度、享乐性的替代解释，采用回归分析考察这些因素对人工智能推荐获得感的影响。回归模型设置如下：①消费者对人工智能推荐的获得感作为因变量；②控制变量包括性别、年龄、消费者创新性及消费者专业知识；③自变量包括产品推荐任务的客观性、创造性、困难程度、享乐性及熟悉程度。回归模型通过了 F 检验，且方差膨胀因子（VIF）< 2，这表明该回归模型不存在多重共线性问题。回归结果表明，在控制了性别、年龄、消费者创新性及专业知识变量后，产品推荐任务的享乐性（β = −0.185，p > 0.050）、困难程度（β = 0.029，p > 0.050）及熟悉程度（β = −0.066，p > 0.050）对人工智能推荐的获得感没有显著的影响，而产品推荐任务的创造性（β = −0.336，p < 0.001）对人工智能推荐的获得感具有显著的负向影响，产品推荐任务的客观性对人工智能推荐的获得感呈现出了显著的正向影响（β = 0.211，p = 0.027），但客观性的影响大小及其显著性均小于创造性对消费者获得感的影响。因此，这再次证实了产品推荐任务的创造性越高，消费者对人工智能推荐的获得感越低。

实验 1 通过组间实验设计验证了人工智能推荐对消费者获得感的影响：对于高创造性产品推荐任务，相比人类推荐，人工智能推荐情况下消费者的获得感更低；对于低创造性产品推荐任务，相比人类推荐，人工智能推荐情况下消费者的获得感更高。对于约会对象与体育彩票这两个推荐任务，享乐性作为情感相关的主要变量，实验 1 虽然尽可能地控制了与情感相关的享乐性对人工智能推荐的获得感影响，但可能还存在享乐性之外其他与情感相关的因素，会对人工智能推荐获得感产生影响，实验 1 还无法排除其他情感因素对人工智能推荐获得感所带来的影响。因此，实验 2 将通过使用同一种产品作为实验材料，进一步控制与情感相关的其他因素对人工智能获得感所造成的影响。

二、人工智能对消费者获得感间接影响的检验

实验 2 有两个主要目的：一是检验人工智能推荐对消费者获得感的中介机制（H3−2），即对于高创造性产品推荐任务，相比人类推荐，人工智能推荐情况下消费者感知到更低的胜任感，进而导致消费者对人工智能更低的获得感；对于低创造性产品推荐任务，相比人类推荐，人

工智能推荐情况下消费者感知到更高的胜任感，进而导致消费者对人工智能更高的获得感。二是控制不同产品类型的影响，通过选择大学生较为熟悉的服装产品，将其描述成创造性不同的推荐任务，控制实验 1 中不同产品推荐任务的情感因素的影响，进一步检验人工智能推荐对消费者获得感的影响（H3 - 1）。

（一）实验前测

预实验主要目的是检验产品推荐任务类型的操纵方法有效性，即对于相同的服装产品推荐任务，可以描述成高创造性和低创造性两种不同的推荐情景。研究人员于 2019 年 9 月 16 日至 22 日招募了重庆某重点高校 77 名大学生（$M_{年龄} = 20.286$ 岁，女性 42 人，男性 35 人）参加了预实验。所有被试随机分配到服装款式与服装尺寸的推荐任务组，两组分别为 38 人、39 人，所有被试均未参加过实验 1 的预实验及正式实验，并要求评价服装款式或服装尺寸推荐任务的创造性、客观性、享乐性及困难性、熟悉度。

单因素方差分析结果表明，服装款式推荐任务的创造性显著高于服装尺寸推荐任务的创造性（$M_{服装款式} = 5.579 > M_{服装尺寸} = 3.897$，$F = 30.266$，$p < 0.001$），服装款式与服装尺寸推荐任务的客观性（$M_{服装款式} = 3.947$，$M_{服装尺寸} = 4.077$，$F = 0.241$，$p > 0.050$）、困难程度（$M_{服装款式} = 4.974$，$M_{服装尺寸} = 4.897$，$F = 0.093$，$p > 0.050$）、享乐性（$M_{服装款式} = 4.421$，$M_{服装尺寸} = 4.308$，$F = 0.166$，$p > 0.050$）并没有显著的差异；同时，被试对服装款式与服装尺寸推荐任务的熟悉程度（$M_{服装款式} = 3.763$，$M_{服装尺寸} = 3.615$，$F = 0.199$，$p > 0.050$）也不存在显著差异。因此，服装款式与服装尺寸推荐任务可以作为高、低创造性产品推荐任务的实验材料。

（二）实验设计

实验 2 采用 2（人工智能推荐 vs. 人类推荐）×2（高创造性任务 vs.

低创造性任务）的实验设计。研究人员于 2020 年 6 月 18 日至 24 日招募了重庆某重点高校 172 名大学生（$M_{年龄}$ = 21.262 岁，女性 91 人，男性 81 人），随机分配到不同创造性产品推荐任务情景，其中，高创造性产品推荐任务情景 85 人，低创造性产品推荐任务情景 87 人。所有被试均未参加过预实验和实验 1。本实验选择了大学生较为熟悉的服装产品，对服装产品的推荐在内容描述方面进行了操纵：创造性高的服装推荐任务组，主要强调了服装款式的推荐；而创造性低的服装推荐任务组，主要强调了服装尺寸的推荐。对于人工智能与人类推荐的操纵，本实验将人类推荐操纵为来自服装设计师的建议，人工智能推荐操纵为来自 3D 虚拟试衣系统的建议。为了更好地激励被试完成实验，本实验给予认真参加实验的被试每人 3 元人民币报酬。实验情景如下：

高创造性产品推荐任务：想象你打算购买一件用来参加典礼的衣服，但你不确定自己应该穿什么款式。于是你到网上搜索发现了一家在线服装店，这家店提供了两种不同的建议方式来帮助顾客选择适合的款式：人类推荐（来自服装设计师的建议）和人工智能推荐（来自 3D 虚拟试衣系统的建议）。

低创造性产品推荐任务：想象你打算购买一件用来参加典礼的衣服，于是你到网店搜索并选择了喜欢的款式，但不确定穿多大的尺码。这家在线网店提供了两种不同的建议方式来帮助顾客选择合适的尺码：人类推荐（来自服装设计师的建议）和人工智能推荐（来自 3D 虚拟试衣系统的建议）。

本实验程序如下：首先，被试随机分配到高或低创造性产品推荐任务情景。其次，在阅读完实验情景后，被试回答获得感、胜任感及产品推荐任务属性。最后，填写人口统计信息。

（三）变量测量

实验 2 主要测量了消费者获得感、胜任感、产品推荐任务属性。消费者获得感的测量改编自弗里丁等的研究[①]，分别测量了消费者对人类推荐的获得感（r = 0.847）和对人工智能推荐的获得感（r = 0.823），测量同实验 1。胜任感的测量改编自麦克奈特等（Mcknight et al.）的研究[②]，分别测量了人工智能推荐（α = 0.887）和人类推荐的胜任感（α = 0.876），包括"我觉得人工智能/人类有能力推荐这个产品""我觉得人工智能/人类很娴熟地推荐这个产品""我觉得人工智能/人类能有效地推荐这个产品" 3 个题项。上述题项采用李克特 7 分量表，1 分表示非常不同意，7 分表示非常同意。产品推荐任务的创造性、客观性、享乐性等测量同实验 1。

（四）实验结果

（1）操纵检验。为了检验产品推荐任务类型的操纵是否成功，本实验采用单因素方差分析，结果表明：与服装尺寸推荐任务相比，服装款式推荐任务需要更高的创造性（$M_{服装款式} = 5.271 > M_{服装尺寸} = 4.034$，$F = 42.679$，$p < 0.001$），服装款式与服装尺寸推荐任务的客观性（$M_{服装款式} = 3.918$，$M_{服装尺寸} = 4.115$，$F = 1.322$，$p > 0.050$）、困难程度（$M_{服装款式} = 5.012$，$M_{服装尺寸} = 4.862$，$F = 0.782$，$p > 0.050$）、享乐性（$M_{服装款式} = 4.365$，$M_{服装尺寸} = 4.276$，$F = 0.218$，$p > 0.050$）及熟悉程度（$M_{服装款式} = 3.988$，$M_{服装尺寸} = 4.046$，$F = 0.085$，$p > 0.050$）并没有显著的差异，这进一步控制了享乐性等情感因素对主效应的影响。因此，产品推荐任务类型的操纵检验取得了成功。

（2）人工智能推荐对消费者获得感的影响。本实验采用配对样本 t 检验分析人工智能推荐对消费者获得感的影响，分析结果如图 3 - 3 所示。

---

① Fridin M, Belokopytov M. Acceptance of socially assistive humanoid robot by preschool and elementary school teachers [J]. Computers in Human Behavior, 2014, 33 (4): 23 - 31.

② Mcknight D H, Choudhury V, Kacmar C. Developing and validating trust measures for e-commerce: an integrative typology [J]. Information Systems Research, 2002, 13 (3): 334 - 359.

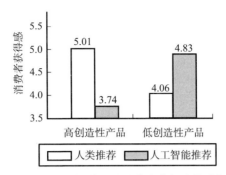

图3-3　人工智能推荐影响消费者获得感的分析结果

从图3-3可知，对于高创造性的服装款式推荐任务，相比人类推荐，人工智能推荐能够诱发消费者产生更低的获得感（$M_{人工智能推荐}$ = 3.747 < $M_{人类推荐}$ = 5.012，t = 6.470，p < 0.001）；而对于低创造性的服装尺寸推荐任务，相比人类推荐，人工智能推荐能够诱发消费者产生更高的获得感（$M_{人工智能推荐}$ = 4.833 > $M_{人类推荐}$ = 4.063，t = 3.964，p < 0.001），H3-1得以验证。

（3）胜任感的中介效应。为了检验有调节的中介效应模型，本实验采用SPSS软件的PROCESS插件进行分析[①]，选择有调节的中介分析模型（模型7），采用5000次重复抽样，模型7的相关变量设定如下：自变量为人工智能推荐（人工智能推荐编码为1、人类推荐编码为0），因变量为消费者获得感，中介变量为胜任感，调节变量为产品推荐任务类型（高创造性编码为1、低创造性编码为0），控制变量包括性别、年龄、产品推荐任务属性、消费者创新性及专业知识。经过SPSS软件运行分析结果如表3-1所示。

---

① Hayes A F. Introduction to Mediation, Moderation, and Conditional Process Analysis: A Regression-Based Approach [M]. New York: Guilford Press. 2013.

表 3 – 1 有调节的中介分析结果

调节变量	中介变量	中介效应				有调节的中介效应			
		效应	标准差	下限	上限	判定指数	标准差	下限	上限
高创造性	胜任感	– 1.397	0.135	– 1.670	– 1.140	– 2.488	0.190	– 2.867	– 2.117
低创造性	胜任感	1.091	0.116	0.872	1.321				
直接效应		– 0.099	0.077	– 0.251	0.052				

注：自变量为人工智能推荐，因变量为获得感，中介变量为胜任感，调节变量为产品推荐任务类型。

参考以往学者的汇报方式①，首先，根据表 3 – 1 的有调节的中介效应部分可以看出，推荐任务类型对胜任感在人工智能推荐与获得感之间的中介效应具有调节作用的判定指数（Index of moderated meditation）为 – 2.488，置信区间为 [– 2.867， – 2.117]，不包含 0，这表明有调节的中介模型成立。其次，根据表 3 – 1 的直接效应部分可知，人工智能推荐对消费者获得感的影响的直接效应大小为 – 0.099，置信区间为 [– 0.251，0.052]，包含 0，说明直接效应不显著。最后，根据表 3 – 1 中的中介效应部分可以看出，对于高创造性产品推荐任务，人工智能推荐通过胜任感影响消费者获得感的中介效应大小为 – 1.397，置信区间为 [– 1.670， – 1.140]，不包含 0，表明此时胜任感起到显著的负向中介效应；对于低创造性产品推荐任务，人工智能推荐通过胜任感影响消费者获得感的中介效应大小为 1.091，置信区间为 [0.872，1.321]，不包含 0，表明此时胜任感起到显著的正向中介效应，支持了 H3 – 2。

此外，为了更好地展示胜任感在不同推荐任务下的中介效应，本实验借鉴蒙托亚和海耶斯（Montoya and Hayes）提出的被试内中介分析方法②，参考王阳和温忠麟（2018）建议的依次分析法与路径分析程序③，

---

① 刘容，于洪彦. 在线品牌社区顾客间互动对顾客愉悦体验的影响 [J]. 管理科学，2017，30（6）：130 – 141.
② Montoya A K，Hayes A F. Two condition within-participant statistical mediation analysis：a path-analytic framework [J]. Psychological Methods，2017，22（1）：6 – 27.
③ 王阳，温忠麟. 基于两水平被试内设计的中介效应分析方法 [J]. 心理科学，2018，41（5）：1233 – 1239.

使用 SPSS 软件的 MEMORE 插件分析胜任感的中介效应，采用 5000 次重复抽样，模型相关变量设定如下：自变量默认为人工智能推荐，中介变量为胜任感，因变量为消费者获得感。胜任感的中介检验结果如图 3 - 4、图 3 - 5 所示。

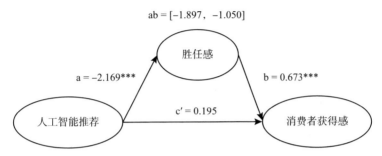

图 3 - 4 胜任感的中介效应分析结果（高创造性任务）

注：* 表示 $p < 0.050$；** 表示 $p < 0.010$；*** 表示 $p < 0.001$。

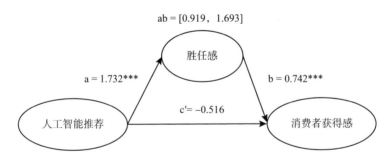

图 3 - 5 胜任感的中介效应分析结果（低创造性任务）

注：* 表示 $p < 0.050$；** 表示 $p < 0.010$；*** 表示 $p < 0.001$。

图 3 - 4 描绘了高创造性产品推荐任务情景胜任感的中介路径分析结果。从图 3 - 4 可以看出，对于高创造性产品推荐任务，首先，配对样本 t 检验结果表明，人工智能与人类推荐两种情况下胜任感的均值差异显著（即系数 $a = \Delta M = M_{人工智能推荐} - M_{人类推荐} = -2.169$，$t = -8.399$，$p < 0.001$）、消费者获得感的均值差异显著（$\Delta M = M_{人工智能推荐} -$

$M_{人类推荐} = -1.265$，$t = 6.470$，$p < 0.001$），即人工智能比人类推荐的胜任感更低（$M_{人工智能推荐} = 2.902$，$M_{人类推荐} = 5.071$）、消费者获得感更低（$M_{人工智能推荐} = 3.747$，$M_{人类推荐} = 5.012$）；其次，人工智能与人类推荐的胜任感均值差异到消费者获得感均值差异路径系数 b 显著（$b = 0.673$，$t = 18.475$，$p < 0.001$），而人工智能推荐对消费者获得感的影响不显著（$c' = 0.195$，$t = 1.671$，$p > 0.050$）。最后，采用非参数百分位 BOOTSTRAP 法直接检验胜任感的中介效应（乘积 ab 显著性），结果显示，乘积 ab 的 95% 置信区间为 $[-1.897, -1.050]$，不包含 0，这表明，在高创造性产品推荐任务情况下，胜任感在人工智能推荐与消费者获得感关系中起到负向中介效应，支持了 H3－2。

图 3－5 描绘了低创造性产品推荐任务情景胜任感的中介路径分析结果。从图 3－5 可以看出，对于低创造性产品推荐任务，首先，配对样本 t 检验结果表明，人工智能与人类推荐两种情况下胜任感的均值差异显著（即系数 $a = \Delta M = M_{人工智能推荐} - M_{人类推荐} = 1.732$，$t = 7.318$，$p < 0.001$）、消费者获得感的均值差异显著（$\Delta M = M_{人工智能推荐} - M_{人类推荐} = 0.770$，$t = 6.470$，$p < 0.001$），即人工智能比人类推荐的胜任感更高（$M_{人工智能推荐} = 4.686$，$M_{人类推荐} = 2.953$）、消费者获得感更高（$M_{人工智能推荐} = 4.833$，$M_{人类推荐} = 4.063$）；其次，人工智能与人类推荐的胜任感均值差异到消费者获得感均值差异的路径系数 b 显著（$b = 0.742$，$t = 18.514$，$p < 0.001$），人工智能推荐对消费者获得感的影响也显著（$c' = -0.516$，$t = -4.626$，$p < 0.001$）。最后，采用非参数百分位 BOOTSTRAP 法直接检验胜任感的中介效应（乘积 ab 显著性），结果显示，乘积 ab 的 95% 置信区间为 $[0.919, 1.693]$，不包含 0，这表明，在低创造性产品推荐任务情况下，胜任感在人工智能推荐与消费者获得感关系中起到正向中介效应，支持了 H3－2。

实验 2 选择将同一种产品描述成不同创造性推荐任务，验证了人工智能推荐对消费者获得感影响的中介机制，即对于高创造性产品推荐任务，相比人类推荐，人工智能推荐能够诱发消费者产生更低的胜任感，进而降低消费者对人工智能推荐的获得感；对于低创造性产品推荐任务，相比人类推荐，人工智能推荐能够诱发消费者产生更高的胜任感，进而提升消费者对人工智能推荐的获得感。在实验 1 的基础上，实验 2 通过将同一种服装产品推荐操纵成款式与尺码的推荐，鉴于款式与尺码与情感并无直接关联，因此，实验 2 有效地控制了实验 1 不同产品的推荐任务所带来的情感因素的影响。实验 3 将继续探究人工智能推荐影响消费者获得感的调节机制。

三、人工智能对消费者获得感调节影响的检验

实验 3 目的是检验人工智能推荐影响消费者获得感的调节效应（H3 – 3），即与非拟人化相比，拟人化可以有效地提升消费者对人工智能从事高创造性产品推荐任务的获得感，这是因为拟人化提升了人工智能对高创造性产品推荐任务的胜任感，进而增加消费者获得感。

（一）实验前测

预实验有两个目的：一是检验人工智能拟人化操纵方法的有效性；二是初步检验人工智能拟人化对胜任感的影响，即相比非拟人化，拟人化能够提升消费者对人工智能推荐的胜任感。蜜月旅游对于人们来说至关重要，人们往往期待自己的蜜月旅游是有创意的、难以忘怀的。因此，本实验选取蜜月旅游推荐作为高创造性产品推荐任务。本实验结合现实生活中旅游产品的推荐情形，将人工智能推荐操纵为 AI 算法；对于人工智能拟人化操纵，采用拟人化语言表达方式将人工智能操纵为 AI 蜜月设计助手（亲爱的顾客，您好！我是×××AI 蜜月设计助手）。研究人员于 2020 年 6 月 19 日至 21 日在线招募了安徽某所高校 63 名在校大学生（$M_{年龄}$ =21.984 岁，女性 36 人，男性 27 人）参加了预实验。所有被试均未参加过实验 1、实验 2 的预实验及正式实验。首先，所有被试被随机分配到人工智能（32 人）或拟人化人工智能（31 人）推荐

情景，具体实验情景如下。

想象你正在计划一次蜜月旅行，于是你到网上搜索看到了一家旅行网站，这家旅行网站提供了一种新颖的推荐方法帮助顾客制定蜜月旅行方案：（1）AI 蜜月设计算法。亲爱的顾客，您好！我们的 AI 蜜月设计算法，根据您的偏好、以往顾客蜜月体验以及当前流行趋势，为您提供蜜月之旅建议，帮助您作出更好的蜜月决策。或（2）AI 蜜月设计助手。亲爱的顾客，您好！我是您的 AI 蜜月设计助手。我会根据您的偏好、以往顾客蜜月体验以及当前流行趋势，为您提供蜜月之旅建议，帮助您做出更好地蜜月决策。

其次，被试在阅读完实验情景后，对 AI 的胜任感及拟人化进行评价。胜任感（$\alpha = 0.860$）的测量改编自麦克奈特等的研究①，包括"我觉得 AI 算法/AI 助手有能力提供蜜月方面的建议""我觉得 AI 算法/AI 助手擅长提供蜜月方面的建议""我觉得 AI 算法/AI 助手能有效地提供蜜月方面的建议"3 个题项。AI 拟人化（$\alpha = 0.895$）的测量改编自金和麦吉尔（Kim and Mcgill）的研究②，包括"我觉得 AI 算法/AI 助手看起来像人一样作决策""我觉得 AI 算法/AI 助手看起来好像有自由意志""我觉得 AI 算法/AI 助手看起来好像有自己的个性"3 个题项。此外，本实验还通过单题项"我觉得 AI 算法/AI 助手在推荐决策中具有较高的灵活性"来测量认知灵活性③。上述题项均采用李克特 7 分量表，1 分表示非常不同意，7 分表示非常同意。最后，本次预实验还测量了被试的性别、年龄等人口变量。

单因素方差分析结果表明，相比人工智能算法，人工智能设计助手诱发了被试产生更高的拟人化感知（$M_{AI助手} = 4.094 > M_{AI算法} = 2.806$，

① Mcknight D H, Choudhury V, Kacmar C. Developing and validating trust measures for e-commerce: an integrative typology [J]. Information Systems Research, 2002, 13 (3): 334 – 359.

② Kim S, Mcgill A L. Gaming with Mr. Slot or gaming the slot machine? Power, anthropomorphism, and risk perception [J]. Journal of Consumer Research, 2011, 38 (1): 94 – 107.

③ Dennis J P, Wal J S V. The cognitive flexibility inventory: instrument development and estimates of reliability and validity [J]. Cognitive Therapy & Research, 2010, 34 (3): 241 – 253.

$F = 17.773$，$p < 0.001$），且性别（$\beta = 0.320$，$t(60) = 0.909$，$p > 0.050$）和年龄（$\beta = 0.057$，$t(60) = 0.683$，$p > 0.050$）对拟人化感知没有显著影响，因此，人工智能拟人化操纵取得了成功。在蜜月旅行推荐决策中，被试认为人工智能设计助手比人工智能具有更高的胜任感（$M_{AI助手} = 4.563 > M_{AI算法} = 3.903$，$F = 5.181$，$p < 0.050$），表明拟人化能够显著地提升人工智能推荐高创造性产品的胜任感。同时，被试认为人工智能设计助手比人工智能具有更高的认知灵活性（$M_{AI助手} = 4.063 > M_{AI算法} = 2.839$，$F = 14.375$，$p < 0.001$）。而且认知灵活性正向影响胜任感（$\beta = 0.472$，$t(59) = 5.446$，$p < 0.001$），间接印证了 H3 – 3 的理论推导。因此，人工智能拟人化的操纵能够诱发被试感知到不同水平的胜任感，可用于正式实验。

（二）实验设计

本实验采用组间实验设计。研究人员于 2020 年 6 月 23 日至 25 日在线招募了安徽某所高校 149 名大学生（$M_{年龄} = 21.275$ 岁，女性 82 人，男性 67 人）参与了本次实验。所有被试均未参加过前述的预实验及实验。为了激励被试更好地完成实验，本实验给予认真参加实验的被试每人 3 元人民币奖励。人工智能拟人化的操纵同预实验。首先，被试被随机分配到下面的三个实验情景中的一个情景，其中，人工智能推荐情景 51 人、人工智能拟人化推荐情景 49 人、人类推荐情景 49 人。

想象你正在计划一次蜜月旅行，于是你到网上搜索看到了一家在线旅行网站，这家旅行网站提供了一种新颖的方法帮助顾客制定蜜月旅行方案：

（1）AI 蜜月设计算法。亲爱的顾客，您好！我们的 AI 蜜月设计算法，根据您的偏好、以往顾客蜜月体验以及当前流行趋势，为您提供蜜月之旅建议，帮助您作出更好的蜜月决策。

（2）AI 蜜月设计助手。亲爱的顾客，您好！我是您的 AI 蜜月设计助手。我会根据您的偏好、以往顾客蜜月体验以及当前流行趋势，为您提供蜜月之旅建议，帮助您作出更好的蜜月决策。

（3）蜜月设计师。亲爱的顾客，您好！我是您的蜜月设计师。我会根据您的偏好、以往顾客蜜月体验以及当前流行趋势，为您提供蜜月之旅建议，帮助您作出更好的蜜月决策。

其次，被试在阅读完实验情景后，回答消费者获得感、胜任感、产品推荐任务的创造性、客观性等属性、消费者创新性及专业知识。最后，被试填写人口统计信息。

（三）变量测量

本实验主要测量了消费者获得感、胜任感、拟人化、产品推荐任务关键属性。消费者获得感（$\alpha = 0.760$）的测量改编自弗里丁等的研究[1]，包括"在上述情景中，你多大程度上遵从人类/AI/AI 设计助手的建议？""在上述情景中，你多大程度上接受人类/AI/AI 设计助手推荐的产品"2 个题项，采用李克特 7 分量表，1 分表示一点儿也不愿意遵从、一点儿也不愿意接受，7 分表示非常愿意遵从、非常愿意接受。胜任感（$\alpha = 0.889$）、AI 拟人化（$\alpha = 0.853$）的测量同预实验，产品推荐任务属性、消费者创新性（$\alpha = 0.876$）及专业知识（$\alpha = 0.837$）的测量同实验 1。

（四）实验结果

（1）操纵检验。单因素方差分析结果表明，相比非拟人化，人工智能设计助手能够诱发被试对人工智能产生更高的拟人化感知（$M_{AI助手} = 4.082 > M_{AI} = 3.078$，$F = 17.994$，$p < 0.001$），且回归分析表明性别（$\beta = 0.204$，$t = 0.781$，$p > 0.050$）和年龄（$\beta = -0.013$，$t = -0.133$，$p > 0.050$）对拟人化感知没有显著的影响，因此，人工智能

---

① Fridin M, Belokopytov M. Acceptance of socially assistive humanoid robot by preschool and elementary school teachers [J]. Computers in Human Behavior, 2014, 33 (4): 23 - 31.

拟人化操纵取得了成功。

（2）AI 推荐对消费者获得感的影响。本实验采用单因素方差分析检验人工智能推荐对消费者获得感的影响，结果见图 3 - 6。对于高创造性的蜜月旅游推荐任务，相比人类推荐，人工智能推荐情况下消费者的获得感更低（$M_{人类推荐}$ = 4.796 > $M_{AI推荐}$ = 4.108，F = 8.518，p < 0.010），再次支持了 H3 - 1。

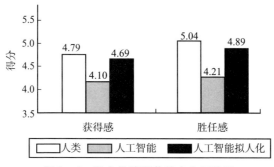

图 3 - 6　拟人化的调节效应分析结果

（3）拟人化对胜任感中介作用的调节效应。为了检验拟人化对人工智能推荐与消费者获得感之间关系的影响，本实验采用单因素方差分析，分析结果见图 3 - 6。从图 3 - 6 可以看出，相比非拟人化，人工智能设计助手能够诱发消费者产生更高的获得感（$M_{AI设计助手推荐}$ = 4.694 > $M_{AI推荐}$ = 4.108，F = 7.216，p < 0.010）和胜任感（$M_{AI设计助手推荐}$ = 4.898 > $M_{AI推荐}$ = 4.216，F = 9.679，p < 0.010），且人工智能设计助手与人类推荐对于消费者获得感（$M_{AI设计助手推荐}$ = 4.694，$M_{人类推荐}$ = 4.796，F = 0.210，p > 0.050）和胜任感（$M_{AI设计助手推荐}$ = 4.898，$M_{人类推荐}$ = 5.041，F = 0.478，p > 0.050）并没有显著差异，初步支持了 H3 - 3。

关于拟人化对胜任感中介作用的调节效应，本实验使用 SPSS 软件的 PROCESS 插件进行分析[①]，选择简单中介分析模型（模型 4），采用

[①]　Preacher K J, Hayes A F. Asymptotic and resampling strategies for assessing and comparing indirect effects in multiple mediator models [J]. Behavior Research Methods, 2008, 40 (3): 879 - 891.

5000 次重复抽样，模型相关变量设定如下：自变量为人工智能推荐（人工智能拟人化编码为 1、人工智能非拟人化编码为 0），因变量分别为消费者获得感，中介变量为胜任感，控制变量包括性别、年龄、产品推荐任务属性、消费者创新性及专业知识。分析结果表明，人工智能拟人化与非拟人化推荐对消费者获得感的直接效应不显著（置信区间为 $-0.231 \sim 0.089$，包含 0），人工智能拟人化与非拟人化推荐通过胜任感对消费者获得感的中介效应显著（置信区间为 $0.253 \sim 1.092$，不包含 0），且效应大小为 0.659，这表明相比非拟人化，拟人化能够提高消费者对人工智能的胜任感，进而提升了消费者对人工智能拟人化推荐的获得感，H3 - 3 得以验证。

实验 3 验证了拟人化能够调节人工智能推荐对消费者获得感的影响：与非拟人化人工智能相比，拟人化人工智能可以有效地提升消费者对人工智能从事高创造性产品推荐任务的获得感，这是因为拟人化提升了人工智能的胜任感，进而增加消费者的获得感。

第四节　人工智能赋能消费者获得感的研究结论

本节通过对以上 3 项实验研究结果进行回顾，主要包括人工智能推荐对消费者获得感的影响及其中介、调节机制模型，结果表明：人工智能推荐对消费者获得感具有显著的影响，这种影响受到胜任感的中介作用和拟人化的调节作用。

一、人工智能推荐对消费者获得感的影响表现出了差异效应

对于高创造性产品推荐任务，相比人类推荐，人工智能被认为缺乏灵活性及创造性，导致消费者对人工智能推荐更低的获得感；而对于低创造性产品推荐任务，相比人类推荐，人工智能推荐拥有比较完善的运

算规则，能够更好地满足消费者对产品属性的偏好及需求，从而导致消费者对人工智能推荐更高的获得感。该研究结论丰富了人工智能决策的文献研究。以往研究大多关注人工智能决策准确性[1]、成本效益及厌恶现象[2]，本书结合认知灵活性理论[3]，聚焦于不同创造性产品推荐任务，发现了人工智能推荐对消费者获得感具有显著的差异影响效应及其机制，厘清了人工智能推荐决策对消费者获得感影响的机制及边界，不仅丰富了创造性领域的人工智能决策文献研究，还扩展了认知灵活性理论的应用范围。同时，以往人工智能算法厌恶现象的研究，大多聚焦于算法主体的作用，而仅有卡斯特卢等一项研究[4]探索了决策任务客观性对算法决策信任的影响，本书识别与发现了决策任务创造性是人工智能算法厌恶的一个重要边界，丰富了人工智能算法厌恶的文献。

二、胜任感中介了人工智能推荐对消费者获得感影响的差异效应

在高创造性产品推荐任务的决策过程中，消费者能够感知到人工智能比人类推荐拥有更低的胜任感，进而导致消费者对人工智能推荐更低的获得感；反之，在低创造性产品推荐任务的决策过程中，消费者能够感知到人工智能推荐比人类推荐拥有的胜任感，进而导致消费者对人工智能推荐更高的获得感。该研究发现丰富了胜任感的理论研究。以往关

---

① Eastwood J, Snook B, Luther K. What people want from their professionals: attitudes toward decision-making strategies [J]. Journal of Behavioral Decision Making, 2012, 25 (5): 458 –468.

② Dietvorst B, Simmons J, Massey C. Algorithm aversion: people erroneously avoid algorithms after seeing them err [J]. Journal of Experimental Psychology: General, 2015, 144 (1): 114 – 126.

③ Jacobson M J, Spiro R J. Hypertext learning environments, cognitive flexibility, and the transfer of complex knowledge: an empirical investigation [J]. Journal of Educational Computing Research, 1995, 12 (4): 301 –333.

④ Castelo N, Bos M W, Lehmann D R. Task-dependent algorithm aversion [J]. Journal of Marketing Research, 2019, 56 (5): 809 –825.

于胜任感的研究，多基于人类的胜任感①，本书将胜任感延伸到日益普及的人工智能，发现了人工智能在不同创造性产品推荐任务中会诱发消费者形成不同水平的胜任感，进而影响消费者获得感，丰富了胜任感的前置因素及其胜任感的理论应用场景。

三、拟人化调节了胜任感在人工智能推荐与消费者获得感之间的中介效应

与非拟人化人工智能相比，拟人化人工智能赋予了人类相似的灵活的创造性，能够提升消费者对人工智能执行高创造性产品推荐任务的胜任感，进而增加消费者对人工智能推荐高创造性产品的获得感。该研究发现扩展了拟人化的应用范围。现有研究认为拟人化受到激活主体知识、胜任动机及社会动机三个关键心理因素的影响②，被广泛地应用到产品拟人化、品牌拟人化及沟通拟人化③，并对产品评价、品牌态度及偏好具有显著的影响。本书将拟人化扩展至人工智能领域，揭示了人工智能拟人化对消费者获得感的影响效果，丰富了拟人化理论在人工智能决策领域的应用范围。

---

① Weiner B. Intrapersonal and interpersonal theories of motivation from an attribution perspective [J]. Educational Psychology Review, 2000, 12 (1): 1 – 14.

② Epley N, Waytz A, Cacioppo J. On seeing human: a three-factor theory of anthropomorphism [J]. Psychological Review, 2007, 114 (4): 864 – 886.

③ 曾伏娥, 邹周, 陶然. 个性化营销一定会引发隐私担忧吗: 基于拟人化沟通的视角 [J]. 南开管理评论, 2018, 21 (5): 83 – 92.

第 四 章

购买阶段数字科技赋能消费者安全感的机制研究

立足顾客旅程购买阶段的美好生活需要，剖析以移动支付为代表的数字科技对消费者安全感的影响机制，在购买阶段，扫码支付、刷脸支付等多样化的移动支付科技广泛地应用于人们的支付过程。移动支付领域二维码科技应用的多样化涌现（包括商家扫码支付、顾客扫码支付、微信扫码支付、支付宝扫码支付等），极大地节约了企业的人力成本，方便了消费者的购物旅程，同时也引发了人们对于信息安全、隐私安全的担忧。

第一节 移动支付赋能消费者安全感的背景与现状

安全感是促进人们在购买阶段完成支付交易的重要前提，也是塑造现代化营商环境、现代化支付环境的必然要求。本节分别从实践现象和研究现状两个方面，对购买阶段移动支付赋能消费者安全感的研究背景与现状问题进行阐述。

一、移动支付赋能消费者安全感的研究背景

随着智能手机的普及和支付技术的进步，移动支付越来越受到消费

者的青睐。人们可以在购物中心购物、购买杂货、在地铁站买票或看医生时使用移动支付工具支付。近年来，移动支付在中国迅速发展。根据第 47 次中国互联网发展统计报告（2021 年），截至 2020 年 12 月，中国移动支付用户数已达 8.53 亿，占中国移动互联网用户的 86.5%。移动支付已经成为中国消费者的主要支付方式。二维码（QR code）科技被广泛应用于移动支付领域，包括商家扫码支付、顾客扫码支付、微信扫码支付、支付宝扫码支付等，也引发了学术界的一些关注。现有的移动支付研究主要集中在消费者采纳移动支付的影响因素①。这些研究大多借鉴了技术接受模型②和技术接受与使用统一理论③④，从个人、技术和环境角度探索影响消费者采用和使用移动支付意愿的因素⑤。首先，在个人因素方面，学者们确定了移动支付采用的一系列积极前因，如感知易用性⑥、感知有用性⑦、态度⑧、信任⑨和主观规范⑩。对采用移动

①⑤　Karsen M, Chandra Y U, Juwitasary H. Technological factors of mobile payment: a systematic literature review [J]. Procedia Computer Science, 2019, 157: 489 – 498.

②　Bailey A A, Pentina I, Mishra A S. and Mimoun, M. S. B. Mobile payments adoption by us consumers: an extended TAM [J]. International Journal of Retail and Distribution Management, 2017, 45 (6): 626 – 640.

③　Oliveira T, Thomas M, Baptista G and Campos F. Mobile payment: understanding the determinants of customer adoption and intention to recommend the technology [J]. Computers in Human Behavior, 2016, 61: 404 – 414.

④⑧　Patil P, Tamilmani K, Rana N P and Raghavan V. Understanding consumer adoption of mobile payment in India: extending meta – UTAUT model with personal innovativeness, anxiety, trust, and grievance redressal [J]. International Journal of Information Management, 2020, 54: 1 – 16.

⑥　Liébana – Cabanillas F, Sánchez – Fernández J, and Muoz – Leiva F. The moderating effect of experience in the adoption of mobile payment tools in virtual social networks: the M – payment acceptance model in virtual social networks (MPAM – VSN) [J]. International Journal of Information Management, 2014, 34 (2): 151 – 166.

⑦　Mun Y P, Khalid H and Nadarajah D. Millennials' perception on mobile payment services in Malaysia [J]. Procedia Computer Science, 2017, 124: 397 – 404.

⑨　Alkhowaiter W A. Digital payment and banking adoption research in gulf countries: a systematic literature review [J]. International Journal of Information Management, 2020, 53 (4): 1 – 17.

⑩　Liébana – Cabanillas F, Muñoz – Leiva F and Sánchez – Fernández J. A global approach to the analysis of user behavior in mobile payment systems in the new electronic environment [J]. Service Business, 2018, 12: 25 – 64.

支付产生负面影响的因素包括隐私问题①、感知风险②和新技术焦虑③。其次，推动消费者采用和使用的技术因素是感知安全性、性能期望及促进条件④。最后，影响移动支付采用的关键环境因素包括社会影响⑤和社会形象⑥等变量。事实上，目前促进移动支付的领先技术主要包括近场通信（NFC）和二维码。尽管如此，目前的研究主要集中在探索移动支付的采用和使用的前置因素⑦，并从 NFC 技术的移动支付用户中获取经验证据⑧。然而，对移动支付结果的讨论较少，尤其是对移动支付如何影响消费者安全感的研究更是凤毛麟角。因此，厘清购买阶段人工智能赋能消费者安全感的作用机理，对于提升消费者安全感、推进消费现代化具有重要的现实意义。

二、移动支付赋能消费者安全感的研究现状

支付是指消费者为了交换商家所提供的产品或服务，将自己的金钱

① Yang Y, Liu Y, Li H and Yu B. Understanding perceived risks in mobile payment acceptance [J]. Industrial Management and Data Systems, 2015, 115 (2): 253 – 269.

② Liébana – Cabanillas F, Sánchez – Fernández J and Muoz – Leiva F. The moderating effect of experience in the adoption of mobile payment tools in virtual social networks: the M – payment acceptance model in virtual social networks (MPAM – VSN) [J]. International Journal of Information Management, 2014, 34 (2): 151 – 166.

③ Bailey A A, Pentina I, Mishra A S and Mimoun M S B. Mobile payments adoption by us consumers: an extended TAM [J]. International Journal of Retail and Distribution Management, 2017, 45 (6): 626 – 640.

④ Patil P, Tamilmani K, Rana N P and Raghavan V. Understanding consumer adoption of mobile payment in India: extending meta – UTAUT model with personal innovativeness, anxiety, trust, and grievance redressal [J]. International Journal of Information Management, 2020, 54: 1 – 16.

⑤ Yang S, Lu Y, Gupta S, Cao Y and Zhang R. Mobile payment service adoption across time: an empirical study of the effects of behavioural beliefs, social influences, and personal traits [J]. Computers in Human Behaviour, 2012, 28 (1): 129 – 142.

⑥ Liébana – Cabanillas F, Muñoz – Leiva F and Sánchez – Fernández J. A global approach to the analysis of user behavior in mobile payment systems in the new electronic environment [J]. Service Business, 2018, 12: 25 – 64.

⑦ Karsen M, Chandra Y U, Juwitasary H. Technological factors of mobile payment: a systematic literature review [J]. Procedia Computer Science, 2019, 157: 489 – 498.

⑧ Liébana – Cabanillas F, Molinillo S and Ruiz – Montañez M. To use or not to use, that is the question: analysis of the determining factors for using NFC mobile payment systems in public transportation [J]. Technological Forecasting and Social Change, 2019, 139: 266 – 276.

转移给商家的行为。支付形式则是消费者将金钱转移给商家的具体形式，包括现金、支票、信用卡、借记卡、电子支付等各种形式。支付形式的发展大致可分为以下三个阶段。第一个阶段："纸类"支付，即传统的现金和支票支付，这些支付形式在 1999 年占美国店内支付（in-store payments）的比例约为 60%。第二个阶段："卡类"支付，即信用卡、借记卡和礼物卡等，随着这些支付形式成长为主导形式，传统的"纸类"支付在 2010 年所占美国店内支付的比例下降到 40%[①]。第三个阶段：移动支付，即利用移动设备与通信技术进行的支付[②]，电子商务的盛行促使移动支付近些年迅猛发展并成长为新兴的支付形式。

关于支付形式的研究由来已久，但大多聚焦于现金、支票、信用卡、借记卡等传统支付形式，并比较这些支付形式对消费者的支付体验、产品感知和购买行为的影响[③]。已有研究认为这些支付形式在消费者对花钱行为的意识度以及花费金额的记忆度上存在差别，因而具有不同的支付透明度。由于现金的支付透明度最高，现金支付时消费者对失去金钱的感受最为强烈，所以体验到的支付痛苦也最高[④]。此外，这些支付形式对其他支付结果的影响也存在差异。例如，支付形式也会影响消费者对产品的评价，即信用卡支付会让消费者更关注所购产品的利益，而现金支付则让消费者更关注所购产品的成本。"纸类"支付（现金和支票）与"卡类"支付（信用卡和借记卡）对消费者感知和购买的影响也存在差异，即相比"卡类"支付，"纸类"支付会让消费者对所购产品产生更强的心理联结，进而更可能做出重复购买[⑤]。可见，虽然以往研究对支付形式及其与支付结果的关系有着一些探讨，但这些研

①⑤　Shah A M, Eisenkraft N, Bettman J R and Chartrand T L. "Paper or plastic?": how we pay influences post-transaction connection ［J］. Journal of Consumer Research, 2016, 42 (5): 688 – 708.

②　Dahlberg T, Guo J and Ondrus J. A critical review of mobile payment research ［J］. Electronic Commerce Research and Applications, 2015, 14 (5): 265 – 284.

③　Chatterjee P and Rose R L. Do payment mechanisms change the way consumers perceive products? ［J］. Journal of Consumer Research, 2012, 38 (6): 1129 – 1139.

④　Soman D. The effect of payment transparency on consumption: quasi-experiments from the field ［J］. Marketing Letters, 2003, 14 (3): 173 – 183.

究主要关注现金和信用卡等传统支付形式，忽略了支付形式变革下新兴的移动支付。

事实上，目前常见的两种移动支付形式为顾客扫码[1]和商家扫码[2]，可分别对应于主动支付和被动支付。在这两种支付形式下，从支付历程来看，消费者的支付行为和角色存在差异，如表 4 - 1 所示。根据支付历程，顾客扫码的支付过程为：顾客拿出手机→顾客用手机扫商家二维码→顾客输入等额货币→商家确认金额→交易完成。由于顾客扫码本质上是顾客亲自将金钱转移给商家，也被称为"主动支付"。商家扫码的支付过程则为：顾客拿出手机→顾客将手机上的二维码展示给商家扫描→商家输入等额货币→顾客确认金额→交易完成。由于商家扫码本质上是商家主导控制着金钱的转移过程，也被称为"被动支付"。有学者研究表明，支付形式在流程和行为上的差别可能给顾客带来不同的感受，进而影响支付结果[3]。现有研究主要关注传统支付形式对支付结果的影响[4][5]，对新兴支付形式（主动支付 vs. 被动支付）对支付结果的影响研究几乎空白。为了弥补现有研究空白，有学者开始关注移动支付及其对支付体验的影响，通过实验研究发现，相比被动扫码支付，消费者在主动扫码支付情境下能感受到更高的快乐体验[6]。

---

[1] Lou L, Tian Z and Koh J. Tourist satisfaction enhancement using mobile QR code payment: an empirical investigation [J]. Sustainability, 2017, 9 (7): 1186 - 1199.

[2] Cheng Y, Hsu S and Lo C. Innovation and imitation: Competition between the U. S. and China on third-party payment technology [J]. Journal of Chinese Economic and Foreign Trade Studies, 2017, 10 (5): 1 - 13.

[3] Soman D. The effect of payment transparency on consumption: quasi-experiments from the field [J]. Marketing Letters, 2003, 14 (3): 173 - 183.

[4] Shah A M, Eisenkraft N, Bettman J R and Chartrand T L. "Paper or plastic?": how we pay influences post-transaction connection [J]. Journal of Consumer Research, 2016, 42 (5): 688 - 708.

[5] Chatterjee P and Rose R L. Do payment mechanisms change the way consumers perceive products? [J]. Journal of Consumer Research, 2012, 38 (6): 1129 - 1139.

[6] Liu R, Wu J and Yu - Buck G F. The influence of mobile QR code payment on payment pleasure: evidence from China [J]. International Journal of Bank Marketing, 2021, 39 (2): 337 - 356.

表 4 – 1 基于支付历程的移动支付形式比较

| 支付形式 | 阶段 1 | 阶段 2 | 阶段 3 | 阶段 4 | 阶段 5 |
	出示支付设备	操控支付工具	货币转移	交易确认	支付结束
主动支付 （顾客扫码）	顾客拿出手机	顾客用手机扫商家二维码	顾客输入等额货币	商家确认金额	交易完成
被动支付 （商家扫码）	顾客拿出手机	顾客将手机上的二维码展示给商家扫描	商家输入等额货币	顾客确认金额	交易完成

为了进一步丰富移动支付形式对支付结果的影响，本章将移动支付情境下支付快乐扩展至支付安全感，系统全面探索移动支付形式（主动支付 vs. 被动支付）对消费者安全感的影响，及其中介机制和边界条件。

第二节　移动支付赋能消费者安全感的作用机理

在购买阶段，移动支付赋能消费者安全感的作用机理既包含直接作用、间接作用，还包含调节作用。本节分别从直接作用、间接作用和调节作用三个方面，对移动支付赋能消费者安全感的作用机理进行阐释。

一、移动支付对消费者安全感的直接影响

在移动支付情境下，消费者使用主动支付还是被动支付会对支付安全感的影响会有所不同。主动支付是消费者用自己的智能手机亲自扫描商家的付款二维码，输入支付金额与密码并将自己的金钱转移给商家的过程①。而被动支付则只需要消费者展示自己手机上的付款二维码，商

---

① Lou L, Tian Z and Koh J. Tourist satisfaction enhancement using mobile QR code payment: an empirical investigation [J]. Sustainability, 2017, 9 (7): 1186 – 1199.

家扫描并将金钱进行转移的过程①。两种移动支付形式的区别在于，主动支付是消费者自己动手开展支付活动并完成支付流程，而在被动支付下消费者主要依赖收银人员行动的方式将自己的金钱转移给商家。消费者在这两种支付过程中分别扮演了自我主导和依赖他人的角色。自己动手（do-it-yourself，DIY）的相关研究表明，相比于依赖他人完成的活动，消费者能从自己动手行为中获得更多快乐体验②，进而获得更多的安全感。以往关于自助服务的研究也表明，消费者自己实施交易能带来正向情感价值，进而增加消费者对支付过程的安全感。此外，主动支付和被动支付下消费者角色的差别本质上反映了消费者在支付活动中投入度的不同，消费者的投入度在主动支付形式下要远高于被动支付，顾客在活动中的投入度越高，获得的控制感和快乐越多③④，进而提升消费者安全感。综上所述，本章提出假设 H4 - 1。

H4 - 1：在移动支付情境下，与被动支付相比，主动支付能够促进消费者感受到更高的安全感。

二、移动支付对消费者安全感的间接影响

移动支付（主动支付和被动支付）通过对消费者的控制感产生不同影响进而影响消费者安全感。控制感是指消费者对自己能影响某个活动过程与结果的程度感知⑤。移动支付情境下，消费者控制感则是他们

---

① Cheng Y，Hsu S and Lo C. Innovation and imitation：Competition between the U. S. and China on third-party payment technology [J]. Journal of Chinese Economic and Foreign Trade Studies，2017，10（5）：1 - 13.

② Collier A F and Wayment H A. Psychological benefits of the "maker" or do-it-yourself movement in young adults：a pathway towards subjective well-being [J]. Journal of Happiness Studies，2018，19（4）：1217 - 1239.

③ Diehl K，Zauberman G and Barasch A. How taking photos increases enjoyment of experiences [J]. Journal of Personality and Social Psychology，2016，111（2）：119 - 140.

④ Yim C K B，Chan K W and Lam S S K. Do customers and employees enjoy service participation? Synergistic effects of self-and other-efficacy [J]. Journal of Marketing，2012，76（6）：121 - 140.

⑤ Collier J E and Sherrell D L. Examining the influence of control and convenience in a self-service setting [J]. Journal of the Academy of Marketing Science，2010，38（4）：490 - 509.

对自己能多大程度上影响支付过程与结果的感知。人们需要控制感是因为想从环境中获得信息以理解自身与他人的行为[1]，降低对相关活动的不确定性，以更好地掌控某个活动过程并带来良好结果。由于金钱能给人们提供安全感和自信感，人们在移动支付过程中会期望自己能较好地控制金钱转移的过程和结果，从而降低支付活动中的不确定性，以顺利和公平地完成支付并获得所购产品。与被动支付不同的是，消费者在主动支付形式下扮演着自我主导的角色并投入大量精力实施支付，进而获取与支付活动相关的诸多信息。相比被动支付，消费者在主动支付形式下获得的信息更能满足他们的需要，降低对支付活动的不确定性，提升对支付过程与结果的影响力，进而获得更高的控制感。而在被动支付形式下，商家主导执行金钱的转移过程，消费者对整个支付活动的投入度较低。这会减少消费者对支付活动信息的获取[2]，增加对支付流程和所付金额的不确定感[3]，降低对支付过程与结果的影响力，进而带来较低的控制感。因此，相比被动支付，主动支付会让消费者获得更高的控制感。

在移动支付情境下，消费者的控制感会正向影响他们的安全感。心流理论（flow theory）有助于理解控制感与安全感之间的关系。心流是指人们开展某项活动所获得的沉浸和快乐的心理状态，且人们获得心流体验的必备条件之一是对环境和活动的控制感[4]。人们投入大量精力与注意力于某个活动中，有助于他们专注于当前活动并有效地完成任务，进而带来快乐的体验[5]。人们对某个活动过程和最终结果的控制感，会

① Skinner E A. A guide to constructs of control [J]. Journal of Personality and Social Psychology, 1996, 71 (3): 549 – 570.
② Baronas A K and Louis M R. Restoring a sense of control during implementation: How user involvement leads to system acceptance [J]. MIS Quarterly, 1988, 12 (1): 111 – 124.
③ Collier J E and Barnes D C. Self-service delight: exploring the hedonic aspects of self-service [J]. Journal of Business Research, 2015, 68 (5): 986 – 993.
④ Csikszentmihalyi M. Flow: The Psychology of Optimal Experience [M]. Harper and Row, New York, NY. 1990.
⑤ Diehl K, Zauberman G and Barasch A. How taking photos increases enjoyment of experiences [J]. Journal of Personality and Social Psychology, 2016, 111 (2): 119 – 140.

正向影响人们从活动中获得的快乐感受①。同理，消费者对移动支付活动的控制感也可能让他们专注于移动支付活动，降低对支付的不确定感，安全顺利地完成金钱的转移过程，获得支付快乐的同时，有助于增强消费者对移动支付过程的安全感。因此，本章提出假设 H4 - 2。

H4 - 2：移动支付对消费者安全感的影响受到控制感的中介作用。具体而言，在移动支付情境下，相比被动支付，主动支付能够诱发消费者产生更高的控制感，进而导致消费者对移动支付具有更高的安全感。

三、移动支付对消费者安全感影响的调节作用

控制感对移动支付与消费者安全感之间关系的中介作用，会受到产品涉入度的调节影响。产品涉入度是指消费者对某类产品的唤起、兴趣和重视程度②。根据消费者对产品的涉入度，可将产品分为高涉入产品和低涉入产品。相比低涉入产品，消费者对高涉入产品的重视程度和自我相关程度的感知更高，从而在购买该产品时感知的不确定性也更多③。因此，相比低涉入产品，消费者为高涉入产品支付时，会更重视此次支付并感受到更多的支付不确定性。产品涉入度所引起的这种支付不确定感的差异可能会对控制感在移动支付与消费者安全感之间的中介作用产生影响。

在高涉入产品支付情境下，移动支付会通过控制感影响消费者安全感。具体而言，当消费者为高涉入产品支付时，他们对此类支付活动的不确定感较高，从而期望较好地控制此类支付的过程与结果。此时，在主动支付形式下，消费者在支付过程中扮演自我主导的角色且具备较高

---

① Chan K W, Yim C K B and Lam S S K. Is customer participation in value creation a double-edged sword? Evidence from professional financial services across cultures [J]. Journal of Marketing, 2010, 74 (3): 48 - 64.

② Mittal B and Lee M. A causal model of consumer involvement [J]. Journal of Economic Psychology, 1989, 10 (30): 363 - 389.

③ Dholakia U M. A motivational process model of product involvement and consumer risk perception [J]. European Journal of Marketing, 2001, 35 (11/12): 1340 - 1362.

的投入度。这有助于他们获取与支付相关的大量信息[1]，降低对支付过程和结果的不确定感[2]，提升对支付的控制感，从而获得更高的安全感[3]。相反，在被动支付形式下，主要由商家主导完成金钱转移过程，而消费者在支付活动中的投入度较低。那么，消费者在被动支付过程中，所获得的支付相关信息较少，对支付的不确定感较高[4]，这就导致消费者对支付的控制感较低，最终消费者所感受的安全感也会较低。因此，在高涉入产品支付情境下，控制感中介了移动支付形式对消费者安全感的影响，即相比于被动支付，消费者在主动支付形式下能获得更高的控制感，进而产生更高的安全感。

然而，在低涉入产品支付情境下，控制感则不再对移动支付与消费者安全感之间的关系起到中介作用。当消费者为低涉入产品支付时，他们对该产品与此次支付的重视程度较低，体验到的支付不确定感较少[5]，因而对支付过程与结果的控制需要较低。此时，相比高涉入产品支付，消费者不需要在支付活动中投入大量精力并获取诸多信息以降低对支付的不确定感[6]。因此，相比被动支付，消费者在主动支付形式下也会较少关注和搜集支付活动中的相关信息[7]，从而导致两种移动支付形式对消费者体验到的支付控制感以及安全感的影响并不存在显著差异。综上所述，在低涉入产品支付情境下，主动支付和被动支付不会通过控制感影响消费者安全感。因此，本章提出假设 H4 - 3。

H4 - 3：控制感在移动支付与消费者安全感之间的中介作用受到产品涉入度的调节影响，即在高涉入产品支付情境下，控制感在移动支付

---

[1][4]　Baronas A K and Louis M R. Restoring a sense of control during implementation：How user involvement leads to system acceptance ［J］. MIS Quarterly，1988，12（1）：111 - 124.

[2]　Collier J E and Barnes D C. Self-service delight：exploring the hedonic aspects of self-service ［J］. Journal of Business Research，2015，68（5）：986 - 993.

[3]　Collier A F and Wayment H A. Psychological benefits of the "maker" or do-it-yourself movement in young adults：a pathway towards subjective well-being ［J］. Journal of Happiness Studies，2018，19（4）：1217 - 1239.

[5][7]　Dholakia U M. A motivational process model of product involvement and consumer risk perception ［J］. European Journal of Marketing，2001，35（11/12）：1340 - 1362.

[6]　Celsi R L and Olson J C. The role of involvement in attention and comprehension processes ［J］. Journal of Consumer Research，1988，15（2）：210 - 224.

与消费者安全感之间的关系中起到中介作用；而在低涉入产品支付情境下，控制感在移动支付与消费者安全感之间的关系中不存在中介作用。

综上所述，本章将 3 条假设归纳成理论模型，见图 4 - 1。从图 4 - 1 可以看出，H4 - 1 认为，消费者在不同移动支付情境下所感受到的安全感也有所不同。相比被动支付，主动支付能够让消费者感受到更高的安全感。H4 - 2 进一步揭示，控制感在移动支付与消费者安全感之间的关系中起着中介作用。H4 - 3 认为产品涉入度调节了控制感对移动支付与消费者安全感之间关系的中介作用。为此，本章通过 3 项实验研究检验移动支付对消费者安全感的影响及其中介作用和调节效应。具体而言，实验 1 通过实验室实验操控移动支付（主动支付与被动支付），考察移动支付对消费者安全感的影响以及控制感的中介作用；实验 2 为了扩大研究结论的外部效度，采用现场实验重复验证研究 2 的结论；实验 3 检验产品涉入度的调节效应。

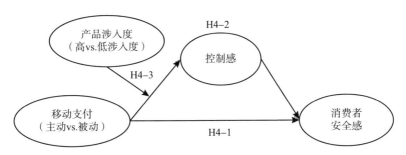

图 4 - 1　移动支付赋能消费者安全感的作用机制模型

第三节　移动支付赋能消费者安全感的实证分析

为了系统科学地检验移动支付赋能消费者安全感的作用机理，本节通过三个实验研究分别对移动支付赋能消费者安全感的直接作用、间接作用和调节作用进行实证检验。

一、移动支付对消费者安全感直接影响的检验

实验 1 主要目的在于检验移动支付对消费者安全感的影响（H4 – 1），即相比被动支付，主动支付会让消费者获得更高的安全感。为了有效操纵主动支付和被动支付，实验 1 采用沙等（Shah et al.）对现金支付和银行卡支付的操纵方式①，通过让被试阅读"图画书"的形式启动购买无线耳机并通过主动支付或被动支付的情景。

（一）实验设计与变量测量

实验 1 采用移动支付（主动支付 vs. 被动支付）的单因素组间实验设计，通过网络招募了 120 名成年被试参与了该实验（平均年龄 20.89 岁，55% 女性）。所有被试随机分配至主动支付和被动支付两个实验情景。为了激励被试认真参与实验，实验 1 给予完成实验的被试 5 元作为激励。实验 1 主要的实验流程如下。

首先，所有被试想象自己在商场购买一副无线耳机，并仔细阅读以"图画书"形式展现的启动情景。主动支付情景下"图画书"的内容依次为：①三副价格均为 300 元的耳机信息；②被试从中挑选一副耳机；③被试想象自己拿着耳机到收银台结账；④收银员出示商家的二维码；⑤被试想象自己用手机扫描商家二维码；⑥被试想象自己输入相应金额与密码完成支付。被动支付情景下"图画书"的内容依次是：①三副价格均为 300 元的耳机信息；②被试从中挑选一副耳机；③被试想象自己拿着耳机到收银台结账；④收银员要求扫描被试的付款二维码；⑤被试点开自己的付款二维码并将其展示给收银员；⑥收银员扫描被试的二维码完成支付。

---

① Shah A M, Eisenkraft N, Bettman J R and Chartrand T L. "Paper or plastic?": how we pay influences post-transaction connection [J]. Journal of Consumer Research, 2016, 42 (5): 688 – 708.

其次，所有被试填写消费者安全感量表。消费者安全感的测量改编自杨等（Yang et al.）[1] 和易等（Yim et al.）[2] 的研究，包含 4 个题项。这些题项均采用 7 点语义差异量表，包括"不放心……放心""不轻松……轻松""不安全……安全""有风险……无风险"。信度检验结果显示，消费者安全感量表的 Cronbach's α值为 0.787，说明该测量构念具有较好的信度。最后，所有被试填写性别、年龄等人口统计信息，并领取 5 元实验报酬。

（二）实验结果与假设检验

实验 1 采用单因素方差分析在不同移动支付（主动支付 vs. 被动支付）情境下消费者安全感的差异是否显著。检验结果表明，消费者在主动支付与被动支付情境下的安全感存在显著差异（$F_{(1, 118)} = 45.943$，$p < 0.001$）；如图 4 - 2 所示，与被动支付相比，主动支付下消费者获得了更高的安全感（$M_{被动支付} = 5.11$，$SD = 0.66$；$M_{主动支付} = 5.85$，$SD = 0.54$）。因此，H4 - 1 得到支持。此外，性别（$F_{(1, 118)} = 0.239$，$p > 0.050$）和年龄（$F_{(1, 118)} = 1.297$，$p > 0.050$）对消费者安全感均不存在显著影响。

实验 1 通过实验室实验的方式证实了移动支付显著影响消费者的安全感。研究结果表明，相比被动支付，主动支付能够让消费者感受到更高的安全感。然而，这些效应在现实支付时是否仍然存在呢？接下来，实验 2 将通过一项现场实验检验这些效应的外部效度。

---

① Yang S, Lu Y, Gupta S, Cao Y and Zhang R. Mobile payment service adoption across time: an empirical study of the effects of behavioural beliefs, social influences, and personal traits [J]. Computers in Human Behaviour, 2012, 28（1）: 129 - 142.

② Yim C K B, Chan K W and Lam S S. K. Do customers and employees enjoy service participation? Synergistic effects of self-and other-efficacy [J]. Journal of Marketing, 2012, 76（6）: 121 - 140.

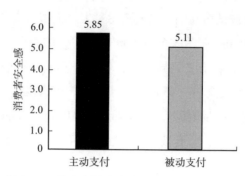

图 4 - 2　移动支付对消费者安全感的影响结果

二、移动支付对消费者安全感间接影响的检验

实验 2 主要目的在于检验移动支付对消费者安全感的影响（H4 - 1）及其中介作用机制（H4 - 2），即相比被动支付，主动支付会让消费者产生更多的控制感，进而导致更高的安全感。为了扩大研究结论的外部效度，实验 2 通过在广州某个大型家居购物中心开展的现场实验检验移动支付对消费者安全感的影响及其中介作用机制。该大型购物中心有十几家家居品牌零售店，客流量较大，且这些零售店各自支持主动支付或被动支付的付款形式，从而适合开展现场实验。

（一）实验设计与变量测量

实验 2 采用移动支付（主动支付 vs. 被动支付）的单因素组间实验设计，共招募了 126 名成年消费者参与了该现场实验（平均年龄 35. 89 岁，56% 女性）。首先，我们与一家广东的家具专卖店合作，我们获得了沙发店主和收银员的支持，选择了这家店内价格为 3000 元的一块沙发。其次，现场招募的 126 名消费者，其中，通过主动支付形式为所购沙发付款的消费者有 63 名（50% 被试），通过被动支付付款的消费者为 63 名（50% 被试）。所有消费者随机分配到主动支付或被动支付条件下，收银人员在消费者选购完沙发并通过主动支付或被动支付完成付款。最后，消费者完成移动支付后，收银员以移动支付体验改进调查的名义邀请消费者回答与安全感以及控制感相关的问题。

其中，消费者安全感的测量改编自杨等[1]和易等[2]的研究，包含 4 个题项。这些题项均采用 7 点语义差异量表，包括"不放心……放心""不轻松……轻松""不安全……安全""有风险……无风险"。信度检验结果显示，消费者安全感量表的 Cronbach's α 值为 0.811，说明该测量构念具有较好的信度。控制感的量表改编自巴罗纳斯和路易斯（Baronas and Louis）[3] 及科利尔和巴恩斯（Collier and Barnes）[4] 的研究，采用 7 点评价（1 = "非常不同意"，7 = "非常同意"），包括"我控制了此次支付的全部过程"和"我控制了此次支付的金额"两个题项，信度检验结果显示，控制感量表的 Cronbach's α 值为 0.796，说明该测量构念具有较好的信度。

（二）实验结果与假设检验

（1）移动支付对消费者安全感的影响检验。实验 2 使用单因素方差分析检验两种不同的移动支付（主动支付 vs. 被动支付）对消费者安全感的影响。分析结果表明，消费者在两种移动支付情境下的安全感存在显著差异（$F_{(1, 124)} = 44.75$，$p < 0.001$）；如图 4 - 3 所示，与被动支付相比，使用主动支付的消费者获得了更多安全感（$M_{被动支付} = 4.90$，$SD = 0.78$；$M_{主动支付} = 5.73$，$SD = 0.59$）。因此，H4 - 1 再次得到支持。

---

① Yang S, Lu Y, Gupta S, Cao Y and Zhang R. Mobile payment service adoption across time: an empirical study of the effects of behavioural beliefs, social influences, and personal traits [J]. Computers in Human Behaviour, 2012, 28 (1): 129 - 142.

② Yim C K B, Chan K W and Lam S S K. Do customers and employees enjoy service participation? Synergistic effects of self-and other-efficacy [J]. Journal of Marketing, 2012, 76 (6): 121 - 140.

③ Baronas A K and Louis M R. Restoring a sense of control during implementation: How user involvement leads to system acceptance [J]. MIS Quarterly, 1988, 12 (1): 111 - 124.

④ Collier J E and Barnes D C. Self-service delight: exploring the hedonic aspects of self-service [J]. Journal of Business Research, 2015, 68 (5): 986 - 993.

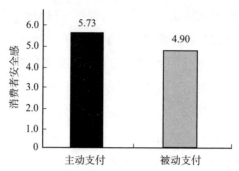

图 4 - 3　移动支付对消费者安全感的影响结果

（2）移动支付对消费者安全感的影响的中介检验。本实验根据赵等（Zhao et al.）提出的中介效应分析程序①，按照海耶斯（Hayes）提出的拔靴法（Bootstrap）分析方法检验中介效应②，选择模型 4，将移动支付、控制感和消费者安全感分别设置为自变量、中介变量和因变量，样本量选择 5000，拔靴置信区（Bootstrap CI method）选择偏差校正（Bias Corrected），置信区间为 95%。分析结果如图 4 - 4 所示，控制感在移动支付与消费者安全感之间的中介效应大小为 B = 0.3696，置信区间没有包含 0（LLCI = 0.2305，ULCI = 0.5316），中介效应显著。移动支付对消费者安全感的直接影响大小为 B = 0.4598，置信区间没有包含 0（LLCI = 0.2350，ULCI = 0.6846），直接效应也显著，表明控制感在移动支付与消费者安全感之间的关系中起到部分中介效应。因此，H4 - 2 得到验证。

实验 2 通过现场试验再次验证了移动支付形式对消费者安全感的影响，以及控制感在二者关系中所起的中介作用，确认了这些效应的外部效度。研究结果再次表明，相比被动支付，主动支付会通过提升顾客对支付的控制感而引发更多消费者安全感。

---

① Zhao X, Lynch J G, Chen Q. Reconsidering Baron and Kenny：Myths and truths about mediation analysis［J］. Journal of Consumer Research，2010，37（2）：197 - 206.

② Hayes A F. Introduction to Mediation，Moderation，and Conditional Process Analysis：A Regression - Based Approach［M］. New York：Guilford Press. 2013.

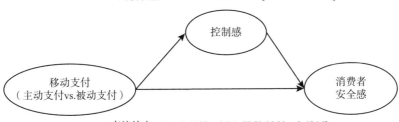

间接效应：B = 0.3696，95% CI [0.2305，0.5316]

直接效应：B = 0.4598，95% CI [0.2350，0.6846]

图 4 - 4　控制感的中介效应分析结果

三、移动支付对消费者安全感调节影响的检验

实验 3 通过实验操控的方式探索产品涉入度对控制感的中介作用的调节效应（H4 - 3）。与实验 1 相似，实验 3 采用沙等的支付形式操纵方式[①]，通过让被试阅读"图画书"的形式启动主动支付或被动支付情景。

（一）实验设计与变量测量

为了选取实验 3 的高涉入产品和低涉入产品，在正式实验之前，本实验进行了一项实验前测。实验前测调查了在校大学生对 6 种常用产品的涉入度进行评价。首先，参考以往研究中所使用的产品[②]，根据对 13 名在校大学生的焦点小组访谈结果，初步拟定了 6 种大学生常用产品，分别为运动鞋、笔记本电脑、手机、洗发水、牙膏、酸奶。其次，招募了 30 名未参加焦点小组访谈的大学生参加前测，分别对拟定的 6 种产品的涉入度进行评分。前测借鉴劳伦和卡普费勒（Laurent and Kapferer）[③] 研究中所使用的 4 个题项，通过 7 点李克特量表测量产品涉入，包括："该产品对我非常重要""如果我对购买的该产品不满意时，我

①② Shah A M, Eisenkraft N, Bettman J R and Chartrand T L. "Paper or plastic?": how we pay influences post-transaction connection [J]. Journal of Consumer Research, 2016, 42（5）：688 - 708.

③ Laurent G, Kapferer J. Measuring consumer involvement profiles [J]. Journal of Marketing Research, 1985, 22（1）：41 - 53.

会感到后悔""购买该产品时，我通常会精挑细选""我看重该产品带给我的价值"。调查结果显示，6 类产品的涉入度均值从高到低依次为笔记本电脑（6.18）、手机（6.02）、运动鞋（5.20）、洗发水（3.40）、牙膏（2.88）、酸奶（2.32）。考虑到上述产品的购买和支付频率，本实验选择中等支付频率的运动鞋作为正式实验的高涉入产品，中等支付频率的牙膏作为低涉入产品。

实验 3 采用 2（移动支付：主动支付 vs. 被动支付）×2（产品涉入度：高涉入 vs. 低涉入）的组间实验设计，招募了 240 名大学生（平均年龄 20.77 岁，63% 女性）参与了该实验研究。所有被试随机分配至四个实验情景。与实验 1 类似，被试在完成实验后获得 5 元的金钱奖励。首先，要求被试想象自己在商场购买运动鞋或牙膏（高涉入情景下购买运动鞋，低涉入情景下购买牙膏），并仔细阅读以"图画书"形式展现的启动情景。其次，移动支付（主动支付 vs. 被动支付）的操纵与实验 1 类似，但所购买与支付的产品在本研究的"图画书"中分别是高涉入情景下的运动鞋和低涉入情景下的牙膏。

最后，所有被试填写消费者安全感和控制感量表。其中，消费者安全感的测量改编自杨等[1]和易等[2]的研究，包含 4 个题项。这些题项均采用 7 点语义差异量表，包括"不放心……放心""不轻松……轻松""不安全……安全""有风险……无风险"。信度检验结果显示，消费者安全感量表的 Cronbach's α 值为 0.878，说明该测量构念具有较好的信度。控制感的量表改编自巴罗纳斯和路易斯[3]及科利尔和巴恩斯[4]的研

① Yang S, Lu Y, Gupta S, Cao Y and Zhang R. Mobile payment service adoption across time: an empirical study of the effects of behavioural beliefs, social influences, and personal traits [J]. Computers in Human Behaviour, 2012, 28 (1): 129 – 142.

② Yim C K B, Chan K W and Lam S S K. Do customers and employees enjoy service participation? Synergistic effects of self-and other-efficacy [J]. Journal of Marketing, 2012, 76 (6): 121 – 140.

③ Baronas A K and Louis M R. Restoring a sense of control during implementation: How user involvement leads to system acceptance [J]. MIS Quarterly, 1988, 12 (1): 111 – 124.

④ Collier J E and Barnes D C. Self-service delight: exploring the hedonic aspects of self-service [J]. Journal of Business Research, 2015, 68 (5): 986 – 993.

究，采用 7 点评价（1 = "非常不同意"，7 = "非常同意"），包括"我控制了此次支付的全部过程"和"我控制了此次支付的金额"两个题项，信度检验结果显示，控制感量表的 Cronbach's α 值为 0.796，说明该测量构念具有较好的信度。

（二）实验结果与假设检验

（1）移动支付对消费者安全感的影响检验。实验 3 使用单因素方差分析检验两种不同的移动支付（主动支付 vs. 被动支付）对消费者安全感的影响。分析结果表明，消费者在两种移动支付情境下的安全感存在显著差异（$F (1, 238) = 10.388$，$p < 0.001$）；如图 4 – 5 所示，与被动支付相比，使用主动支付的消费者获得了更多安全感（$M_{被动支付} = 4.98$，SD = 0.90；$M_{主动支付} = 5.36$，SD = 0.94）。因此，H4 – 1 再次得到支持。

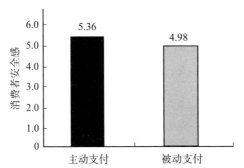

图 4 – 5　移动支付对消费者安全感的影响结果

（2）移动支付对消费者安全感的影响的中介检验。本研究根据赵等提出的中介效应分析程序[①]，按照海耶斯提出的 Bootstrap 分析方法检验中介效应[②]，选择模型 4，将移动支付、控制感和消费者安全感分别

---

① Zhao X，Lynch J G，Chen Q. Reconsidering Baron and Kenny：Myths and truths about mediation analysis［J］. Journal of Consumer Research，2010，37（2）：197 – 206.

② Hayes A F. Introduction to Mediation，Moderation，and Conditional Process Analysis：A Regression – Based Approach［M］. New York：Guilford Press，2013.

设置为自变量、中介变量和因变量，样本量选择 5000，Bootstrap CI method 选择 Bias Corrected，置信区间为 95%。分析结果如图 4 - 6 所示，控制感在移动支付与消费者安全感之间的中介效应大小为 B = 0.2387，置信区间没有包含 0（LLCI = 0.0877，ULCI = 0.3968），中介效应显著。移动支付对消费者安全感的直接影响大小为 B = 0.1446，置信区间包含 0（LLCI = -0.0374，ULCI = 0.3266），直接效应不显著，表明控制感在移动支付与消费者安全感之间的关系中起到完全中介效应。因此，H4 - 2 得到验证。

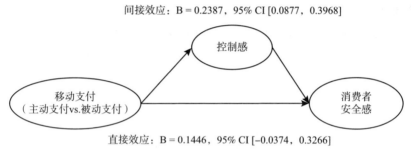

图 4 - 6　控制感的中介效应分析结果

（3）移动支付对消费者安全感的影响的调节效应检验。为验证产品涉入度对控制感中介效应的调节作用，本实验采用海耶斯提出的 Bootstrap 分析方法检验有调节的中介效应①，选择模型 7，将移动支付（主动支付 vs. 被动支付）、控制感、消费者安全感和产品涉入度分别设置为自变量、中介变量、因变量和调节变量，样本量选择 5000，Bootstrap CI method 选择 Bias Corrected，置信区间为 95%。分析结果如图 4 - 7 和图 4 - 8 所示。

图 4 - 7 反映了高涉入度产品情境下，控制感在移动支付与消费者

---

① Hayes A F. Introduction to Mediation，Moderation，and Conditional Process Analysis：A Regression - Based Approach［M］. New York：Guilford Press，2013.

安全感之间的中介效应。对于高涉入产品，控制感在移动支付与消费者安全感之间的中介效应大小为 B = 0.3793，置信区间没有包含 0（LLCI = 0.2131，ULCI = 0.5730），中介效应显著。图 4 – 8 反映了低涉入度产品情境下，控制感在移动支付与消费者安全感之间的中介效应。对于低涉入产品，控制感在移动支付与消费者安全感之间的中介效应大小为 B = 0.0982，置信区间包含 0（LLCI = – 0.1235，ULCI = 0.3158），控制感在移动支付与消费者安全感之间并不起到中介作用。综合而言，产品涉入调节了控制感在移动支付与消费者安全感之间关系的中介作用，因此 H4 – 3 得到验证。

间接效应：B= 0.1446，95% CI [–0.0374，0.3266]

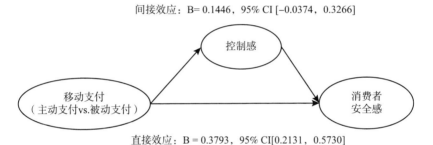

直接效应：B = 0.3793，95% CI[0.2131，0.5730]

图 4 – 7 产品涉入度对控制感的调节效应（高涉入度）

间接效应：B= 0.1446，95% CI[–0.0374，0.3266]

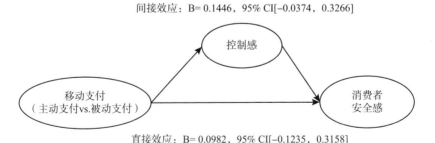

直接效应：B= 0.0982，95% CI[–0.1235，0.3158]

图 4 – 8 产品涉入度对控制感的调节效应（低涉入度）

实验 3 考察了产品涉入度对控制感在移动支付与消费者安全感之间

所起中介作用的调节效应，结果发现：在为高涉入度产品支付时，控制感中介了移动支付对消费者安全感的影响，即相比被动支付，主动支付会通过带来更高的控制感而引发消费者更高的支付安全感；在为低涉入产品支付时，控制感不再中介移动支付与消费者安全感之间的关系。

第四节　移动支付赋能消费者安全感的研究结论

本节通过对以上 3 项实验研究结果进行回顾，主要包括移动支付对消费者安全感的影响及其中介、调节机制模型，结果表明：移动支付对消费者安全感具有显著的影响，这种影响受到控制感的中介作用和产品涉入度的调节作用。

一、移动支付赋能消费者安全感具有明显的直接效应

移动支付赋能消费者安全感具有明显的直接效应，换言之，消费者可以从不同的移动支付方式中获得不同程度的安全感。与被动支付相比，主动支付更能满足消费者对信息、自主性和能力的需求①②，进而导致更高的安全感。该研究丰富了支付形式的相关文献。支付形式近些年发生了重大变革，移动支付成长为新兴的支付形式，然而支付形式的相关研究仍聚焦于传统的"纸类"支付与"卡类"支付③，忽略了对移动支付与支付结果之间关系的研究。该研究探索并验证了移动支付情境下主动支付和被动支付对消费者安全感的不同影响，弥补了支付形式研

---

① Deci E L and Ryan R M. The "what" and "why" of goal pursuits: Human needs and the self-determination of behavior [J]. Psychological Inquiry, 2000, 11 (4): 227–268.

② Engström J and Elg M. A self-determination theory perspective on customer participation in service development [J]. Journal of Services Marketing, 2015, 29 (6/7): 511–521.

③ Shah A M, Eisenkraft N, Bettman J R and Chartrand T L. "Paper or plastic?": how we pay influences post-transaction connection [J]. Journal of Consumer Research, 2016, 42 (5): 688–708.

究的不足，扩展了支付结果的相关文献。

二、控制感中介了移动支付赋能消费者安全感的直接效应

控制感中介了移动支付对消费者安全感的直接影响。在移动支付情境下，与被动支付相比，使用主动支付的消费者对支付的过程和结果有更高的控制感，从而体验到更多的自主权和能力[1][2]，带来更高的安全感。该研究的发现加深了人们对支付体验的理解。消费者能从支付活动中获得多样化的体验，然而当前研究大多探讨支付痛苦与快乐[3]。实际上，在移动支付情境下，安全感是消费者购买阶段最为关注的体验结果，更是消费者在支付阶段与企业互动所产生的关键主观感受[4]。该研究关注支付安全感，并检验了控制感的中介作用，不仅丰富了支付体验的理论研究，还揭示了移动支付赋能消费者安全感的作用机制。

三、涉入度调节了移动支付赋能消费者安全感的直接效应

产品涉入度调节了移动支付赋能消费者安全感的直接效应及其中介效应。在购买高参与度的产品时，自主支付比依赖支付更能让顾客产生更高的控制感，从而体验到更多的支付乐趣。在购买低介入产品时，控制感并没有中介支付方式对支付愉悦的影响。原因在于顾客在购买低介入产品时，减少不确定性的需求较低[5]。与依赖支付的情况一样，自主

---

[1] Ryan R M, Rigby C S and Przybylski A. The motivational pull of video games: a self-determination theory approach [J]. Motivation and Emotion, 2006, 30: 344–360.

[2] Engström J and Elg M. A self-determination theory perspective on customer participation in service development [J]. Journal of Services Marketing, 2015, 29 (6/7): 511–521.

[3] Chen C Y, Lee L and Yap A J. Control deprivation motivates acquisition of utilitarian products [J]. Journal of Consumer Research, 2017, 43 (6): 1031–1047.

[4] Lemon K N and Verhoef P C. Understanding customer experience throughout the customer journey [J]. Journal of Marketing, 2016, 80 (6): 69–96.

[5] Celsi R L and Olson J C. The role of involvement in attention and comprehension processes [J]. Journal of Consumer Research, 1988, 15 (2): 210–224.

支付的客户对支付活动的关注和信息收集也很少①，因此两种支付方式对客户控制感和支付愉悦感的影响没有显著差异。该研究发现移动支付和产品涉入度可以通过控制感影响消费者安全感，增加了移动支付服务商对移动支付赋能消费者安全感作用机制的理解②③，并为他们持续改进移动支付服务提供了一个新视角。

---

① Dholakia U M. A motivational process model of product involvement and consumer risk perception [J]. European Journal of Marketing, 2001, 35 (11/12)：1340 – 1362.

② Lemon K N and Verhoef P C. Understanding customer experience throughout the customer journey [J]. Journal of Marketing, 2016, 80 (6)：69 – 96.

③ Homburg C, Jozić D and Kuehnl C. Customer experience management：toward implementing an evolving marketing concept [J]. Journal of the Academy of Marketing Science, 2017, 45 (3)：377 – 401.

第五章

购后阶段数字科技赋能消费者幸福感的机制研究

本章立足顾客旅程购后阶段的美好生活需要，剖析以智能穿戴技术为代表的数字科技对消费者幸福感的影响机制。在购后阶段，通过使用智能穿戴技术极大地提升了社会生产效率，提高了消费者的生活品质和主观幸福感。本章在分析智能穿戴技术赋能消费者幸福感的背景与现状基础上，剖析与检验智能穿戴技术赋能消费者幸福感的作用机理。

第一节 智能穿戴技术赋能消费者幸福感的背景与现状

幸福感反映了消费者对使用智能穿戴技术的主观感受、积极情绪及生活品质的综合评估，也表征了购后阶段消费现代化水平。本节分别从实践现象和研究现状两个方面，对购后阶段智能穿戴技术赋能消费者幸福感的研究背景与现状问题进行阐述。

一、智能穿戴技术赋能消费者幸福感的研究背景

追求幸福是人类永恒不变的动机。当人类解决温饱之后，会越来越

主动追求个人福祉管理①。在数字科技蓬勃发展的时代，智能穿戴设备已成为企业支持消费者追求幸福的重要手段②。根据全球知名咨询公司预测，到2030年，智能穿戴技术市场规模将达到1861.4亿美元③。智能穿戴技术通常被视为用户可以佩戴并连接到互联网的个人计算设备，包括智能手表、智能眼镜和智能服装④。特别是智能手表，已经被广泛商业化，被认为是最受欢迎的智能穿戴技术之一。人们可以在工作、生活购物等多个场景使用智能手表来接收和响应通知、播放音乐、监测健康状况以及移动支付。智能技术是可以监测和诊断周围环境，收集实时数据并与其他连接设备进行通信的智能对象，从而促进消费者的决策并提高他们对重要生物特征信息的认知。智能穿戴技术是指可以与用户通信并为用户处理信息复杂、多功能的智能产品⑤。例如，消费者可以通过 Apple Watch 等穿戴设备收集和分析他们的身体活动、睡眠、压力、体重或情绪等行为数据。以往研究主要探讨了消费者对智能穿戴技术的采纳行为及其影响因素⑥，但对于消费者使用智能穿戴技术后如何影响幸福感知之甚少。因此，厘清购后阶段智能穿戴技术赋能消费者幸福感的作用机理，对于提升消费者幸福感、推进消费现代化具有重要

---

① Fuentes, Christian. , Niklas Sörum. Agencing Ethical Consumers: Smartphone Apps and the Socio – Material Reconfiguration of Everyday Life [J]. Consumption Markets & Culture, 2019, 22 (2): 131 – 56.

② Ostrom, Amy L. , Joy M. Field, Darima Fotheringham, Mahesh Subramony, Anders Gustafsson, Katherine N. Lemon, Ming – Hui Huang, and Janet R. McColl – Kennedy. Service Research Priorities: Managing and Delivering Service in Turbulent Times [J]. Journal of Service Research, 2021, 24 (3): 329 – 353.

③ Wearable Technology Market Size Worth $186.14 Billion By 2030 [R/OL]. Grand View Research. 2023. https: //www. grandviewresearch. com/press – release/global – wearable – technology – market.

④ Kamal Basha N, Aw C X and Chuah H W. Are we so over smartwatches? or can technology, fashion, and psychographic attributes sustain smartwatch usage? [J]. Technology in Society, 2022, 69: 101952.

⑤ Ferreira, João J, Cristina I. Fernandes, Hussain G. Rammal, and Pedro M. Veiga. Wearable Technology and Consumer Interaction: A Systematic Review and Research Agenda [J]. Computers in Human Behavior, 2021, 118 (5): 106710.

⑥ Kim, Taejung, Weisheng Chiu. Consumer Acceptance of Sports Wearable Technology: The Role of Technology Readiness [J]. International Journal of Sports Marketing and Sponsorship, 2019, 20 (1): 109 – 126.

的现实意义。

二、智能穿戴技术赋能消费者幸福感的研究现状

随着数字科技的突飞猛进与人们美好生活需要的日益增长,许多品牌纷纷在产品中嵌入芯片、传感器等智能穿戴技术,以此实现人们与产品的互联互通[1]。智能穿戴技术为消费者创造了丰富多彩的体验。如今,越来越多的消费者通过智能穿戴产品进行健康监测,借助智能家居产品获得舒适体验,使用智能语音助手提升沟通效率。智能穿戴技术已渗透到人们日常生活和消费的众多场景,对人们的生活质量和消费体验带来显著的变化[2]。鉴于智能穿戴技术的广泛应用和重要现实意义,不仅引发企业管理者对智能穿戴技术实践应用的重视,也受到学者们的广泛青睐[3]。

学者们大多从智能穿戴产品的购买和使用两个方面对智能穿戴技术进行了探讨。一方面,学者们研究了智能穿戴产品购买的前因变量[4],包括智能穿戴产品感知价值、消费者态度等变量;另一方面,学者们探讨了智能穿戴产品使用的主要动因[5],包括智能穿戴产品利益、消费创新性和品牌融入等因素。作为典型的耐用品,人们使用智能穿戴产品是一项重要的购后活动,也是创造独特体验、引发后续的行为反应的关键环节。然而,学者们对于使用智能穿戴产品后会如何影响人们的幸福体

①　Rijsdijk S A, Hultink E J, Diamantopoulos A. Product intelligence: Its conceptualization, measurement and impact on consumer satisfaction [J]. Journal of the Academy of Marketing Science, 2007, 35 (3): 340 – 356.

②　Puntoni S, Reczek R W, Giesler M, et al. Consumers and artificial intelligence: An experiential perspective [J]. Journal of Marketing, 2021, 85 (1): 131 – 151.

③　Rijsdijk S A, Hultink E J. How today's consumers perceive tomorrow's smart products [J]. Journal of Product Innovation Management, 2009, 26 (1): 24 – 42.

④　Hsiao K L, Chen C C. What drives smartwatch purchase intention? Perspectives from hardware, software, design, and value [J]. Telematics & Informatics, 2018, 35 (1): 103 – 113.

⑤　Mclean G, Osei – Frimpong K, Barhorst J. Alexa, do voice assistants influence consumer brand engagement? – Examining the role of AI powered voice assistants in influencing consumer brand engagement [J]. Journal of Business Research, 2021, 124 (1): 312 – 328.

验及其作用机制知之甚少。

作为一项重要的购后活动，智能穿戴产品使用是实现价值共创的必要途径。服务主导逻辑认为，服务是消费者与企业交换的基础，服务本身并不具有价值，为消费者提供服务的企业也不能单方面创造价值，消费者在价值创造中发挥着主导作用①。在消费者使用产品过程中，需要投入技能和知识，与企业提供的产品进行资源整合，从而与企业共创价值。概括而言，产品使用活动是价值共创的必要途径，而且价值共创需要建立在消费者长期互动基础之上②。因此，当消费者使用智能穿戴产品越频繁，消费者与企业越有可能实现价值共创。

从服务主导逻辑出发，消费者是价值共创的核心，消费者的体验也被视为评价服务价值的关键指标。尤其是对于智能穿戴产品，主要通过消费者使用过程的自我拓展体验来实现价值共创。自我拓展是指人们在人际互动中获取新资源、新知识和新认同后，心理和行为得以增强的主观感受③。消费者与智能穿戴产品的互动质量越高，越会正向影响消费者的自我拓展，进而增加消费者的幸福感。基于此，从服务主导逻辑理论视角出发，本章探究智能穿戴产品使用赋能消费者幸福感及其作用机制。

第二节　智能穿戴技术赋能消费者幸福感的作用机理

在购后阶段，通过使用可穿戴技术赋能消费者幸福感的作用机理既包含直接作用、间接作用，还包含调节作用。本节分别从直接作用、间

---

① Vargo S L, Lusch R F. Evolving to a new dominant logic for marketing [J]. Journal of Marketing, 2004, 68 (1): 1 - 17.

② Shulga L V, Busser J A, Bai B, et al. The reciprocal role of trust in customer value co-creation [J]. Journal of Hospitality & Tourism Research, 2021, 45 (4): 672 - 696.

③ Mao J, Chiu C Y, Owens B P, et al. Growing followers: Exploring the effects of leader humility on follower self-expansion, self-efficacy, and performance [J]. Journal of Management Studies, 2019, 56 (2): 343 - 371.

接作用和调节作用三个方面，对可穿戴技术赋能消费者幸福感的作用机理进行阐释。

一、智能穿戴技术对消费者幸福感的直接影响

幸福感是社会各界共同追求的目标。在数字科技日新月异的今天，人们每天可以使用智能穿戴技术设定健身目标、监测身体状况、与朋友互动等。根据服务主导逻辑，当消费者在使用智能穿戴技术过程中，需要投入技能和知识，与企业提供的产品进行资源整合，从而与企业共创价值产生幸福感。具体而言，智能穿戴技术能够收集和分析消费者身体活动、环境、生理功能及情绪状态的数据[①]。例如智能手环可以通过增加自我联系以及健康动机来提升消费者幸福感[②]。智能穿戴技术能够赋予消费者权力，并使他们能够实现个人价值的能力[③]。智能穿戴设备具有高级数据分析和行为建议的能力[④]，能够以不同方式指导和塑造消费者的决策和行为进而影响消费者幸福感[⑤]。

幸福感究竟从哪里来？自我决定理论认为，当人们的胜任、自主及关系需求得到满足时，就会感受到幸福[⑥]。在人机交互日益频繁的今

① Wittkowski, K., Jan F. Klein, Tomas Falk, Jeroen J. L. Schepers, Jaakko Aspara, and Kai N. Bergner. What gets measured gets done: Can self-tracking technologies enhance advice compliance? [J]. Journal of Service Research, 2020, 23 (3): 281 – 298.

② Ferreira, João J, Cristina I. Fernandes, Hussain G. Rammal, and Pedro M. Veiga. Wearable Technology and Consumer Interaction: A Systematic Review and Research Agenda [J]. Computers in Human Behavior, 2021, 118 (5): 106710.

③ Fuentes, Christian., Niklas Sörum. Agencing Ethical Consumers: Smartphone Apps and the Socio – Material Reconfiguration of Everyday Life [J]. Consumption Markets & Culture, 2019, 22 (2): 131 – 156.

④ Mele, Cristina, Marialuisa Marzullo, Irene Di Bernardo, Tiziana Russo – Spena, Roberta Massi, Alessandra La Salanda, and Stefania Cialabrini. A smart tech lever to augment caregivers' touch and foster vulnerable patient engagement and well – Being [J]. Journal of Service Theory and Practice, 2022, 32 (1): 52 – 74.

⑤ Tikkanen H. Characterizing well-being capabilities in services [J]. Journal of Services Marketing, 2020, 34 (6): 785 – 795.

⑥ Deci E L and Ryan R M. The "what" and "why" of goal pursuits: Human needs and the self-determination of behavior [J]. Psychological Inquiry, 2000, 11 (4): 227 – 268.

天，消费者可以通过智能穿戴设定健身目标，监控自己的进步，并通过社交网络与他人分享，因此，智能穿戴使用对消费者健康感知和健身行为有积极影响①。现有研究发现，智能穿戴技术的持续长期使用对消费者遵守卫生专业人员的建议有积极影响②。类似的研究还讨论了智能穿戴技术的日益普及与健康和幸福感的内在关系③。在使用智能穿戴技术过程中，健康感知和健康行为是满足人们胜任、自主及关系需求的基本前提，更是创造消费者幸福感的重要基础。综上所述，智能穿戴技术使用能够正向影响消费者的幸福感。因此，本章提出假设 H5 – 1。

H5 – 1：智能穿戴技术使用正向影响消费者幸福感。即消费者越使用智能穿戴技术，他们越能够感受到更高的幸福感。

二、智能穿戴技术对消费者幸福感的间接影响

智能穿戴技术通过自我拓展影响消费者幸福感。自我拓展是指人们具有获取新资源、新观念和新认同来增强自我效能以实现预期目标的能力④。研究表明，当人们与产品进行正向互动时，往往会实现自我拓展，进而诱发人们产生积极的心理感受和行为表现⑤。类似地，本书认为消费者使用智能穿戴技术也能实现自我拓展。第一，智能穿戴技术作为一种创新产品，具备许多新颖功能。因此，消费者在使用智能穿戴技

① Lunney, Abbey, Nicole R. Cunningham, and Matthew S. Eastin. Wearable fitness technology: A structural investigation into acceptance and perceived outcomes [J]. Computers in Human Behavior, 2016, 65: 114 – 120.

② Wittkowski K, Jan F Klein, Tomas Falk, Jeroen J L Schepers, Jaakko Aspara and Kai N Bergner. What gets measured gets done: Can self-tracking technologies enhance advice compliance? [J]. Journal of Service Research, 2020, 23 (3): 281 –298.

③ Zakariah, Amalina, Sameer Hosany, and Benedetta Cappellini. Subjectivities in motion: Dichotomies in consumer engagements with self-tracking technologies [J]. Computers in Human Behavior, 2021, 118: 106699.

④ Aron A, Steele J L, Kashdan T B, et al. When similars do not attract: Tests of a prediction from the self-expansion model [J]. Personal Relationships, 2006, 13 (4): 387 –396.

⑤ Giordano A P, Patient D, Passos A M, et al. Antecedents and consequences of collective psychological ownership: The validation of a conceptual model [J]. Journal of Organizational Behavior, 2020, 41 (1): 32 –49.

术时，可以从中获取新资源、新观念和新认同，实现自我扩展①。第二，参与具有创造性的体验活动是个体获得自我扩展的有效途径之一。使用智能穿戴技术本身就是一种极具新颖性和创造性的体验活动②，消费者使用智能穿戴技术，同样可以获得自我拓展。

在智能穿戴技术使用过程中，消费者的自我拓展会正向影响他们的幸福感。自我决定理论有助于理解自我拓展与幸福感之间的关系。自我决定理论认为，胜任、自主及关系被认为是人们重要的内在动机，当人们的胜任、自主及关系需求被满足时，他们会体验到幸福③。当消费者使用智能穿戴技术实现了自我拓展会直接促进他们的胜任、自主及关系需求得以满足，进而增进人们的幸福感。基于自我决定理论的动机技术模型研究发现，媒体的不同技术支持而产生的胜任、自主和关系需求的满足，能够促进人们感受到乐趣④。例如，人们可以通过网站导航和搜索功能获得对媒体内容的胜任感。这种导航功能增强了人们与技术交互的胜任能力，实现了人们对胜任需求的满足，从而在使用网站时产生一种享受的感觉。此外，自我决定理论和技术采用动机的研究表明，三种基本心理需求可能会增加消费者对活动的享受。例如，在社交媒体情境下，来自不同脸书（Facebook）功能的胜任、自主和关系需求的满足与享受具有正相关关系⑤。在娱乐休闲情境下，人们对于电子游戏中三种心理需求的满足也被证明是内在享受动机的关键变量⑥。综上所述，在

① Carpenter C J, Spottswood E L. Exploring romantic relationships on social networking sites using the self-expansion model [J]. Computers in Human Behavior, 2013, 29 (4): 1531 – 1537.

② Hoffner C A, Lee S, Park S J. "I miss my mobile phone!": Self-expansion via mobile phone and responses to phone loss [J]. New Media & Society, 2016, 18 (11): 2452 – 2468.

③ Deci E L and Ryan R M. The "what" and "why" of goal pursuits: Human needs and the self-determination of behavior [J]. Psychological Inquiry, 2000, 11 (4): 227 – 268.

④ Sundar S S, Bellur S, Jia H. Motivational Technologies: A Theoretical Framework for Designing Preventive Health Applications. In: Bang, M., Ragnemalm, E. L. (eds) Persuasive Technology. Design for Health and Safety [C]. PERSUASIVE 2012. Lecture Notes in Computer Science, vol 7284. Springer, Berlin, Heidelberg.

⑤ Jung E H and Sundar S S. Older adults' activities on Facebook: Can affordances predict intrinsic motivation and well-being? [J]. Health Communication, 2021: 1 – 11.

⑥ Tamborini R, Bowman N D, Eden A, Grizzard M and Organ A. Defining media enjoyment as the satisfaction of intrinsic needs [J]. Journal of Communication, 2010, 60 (4): 758 – 777.

智能穿戴技术情境下，消费者对智能穿戴技术使用通过自我拓展正向影响幸福感。因此，本章提出假设 H5 - 2。

H5 - 2：智能穿戴技术使用对消费者幸福感的影响受到自我拓展的中介作用。具体而言，当消费者越使用智能穿戴技术，他们越能感受到更高的自我拓展，进而提升消费者幸福感。

三、智能穿戴技术对消费者幸福感影响的调节作用

自我拓展对智能穿戴技术使用与消费者幸福感之间关系的中介作用，会受到消费者健康意识的影响。健康意识是指人们将注意力集中在健康上的倾向[1]。具有健康意识的人们更关心他们的健康，会更努力通过参与健康的行为来增强或维持他们的幸福状态[2]。健康意识有助于促进预防性保健、对健康行为的态度和购买健康相关产品[3]。实际上，人们对智能穿戴技术使用所产生的效果，取决于他们不同的健康意识水平，进而会影响自我拓展的中介作用。

健康意识很大程度上会影响人们对健康相关信息的反应。研究发现，健康意识与从事预防性健康行为的倾向之间存在正相关关系[4]。注重健康的人们往往会更重视如何监测身心健康状况、更重视如何改善身心状况以及更重视如何保持良好的人际关系。尤其是在数字科技日益普及的今天，人们每天可以使用智能穿戴技术设定健身目标、监测身体状况、与朋友互动等。健康意识不同的人们对使用智能穿戴技术的态度和

①　Iversen A C and Kraft A P. Does socio-economic status and health consciousness influence how women respond to health-related messages in media? [J]. Health Education Research. 2006, 21 (5): 601 - 610.

②　Mai R and Hoffmann S. Taste lovers versus nutrition fact seekers: How health consciousness and self-efficacy determine the way consumers choose food products [J]. Journal of Consumer Behaviour. 2012, 11 (4): 316 - 328.

③　Hughner R S, McDonagh P, Prothero A, Shultz C J and Stanton J. Who are organic food consumers? A compilation and review of why people purchase organic food [J]. Journal of Consumer Behaviour. 2007, 6 (2/3): 94 - 110.

④　Jayanti R K and Burns A C. The antecedents of preventive health care behavior: An empirical study [J]. Journal of the Academy of Marketing Science. 1998, 26 (1): 6 - 15.

行为也会有所不同。对于健康意识高的消费者，他们将更重视使用智能穿戴技术收集和分析身体活动、环境、生理功能及情绪状态的数据，通过增加自我联系以及健康动机实现自我拓展进而达到提升幸福感的目标。相比之下，对于没有健康意识的消费者来说，他们不太重视智能穿戴技术使用对身心健康的影响，进而导致智能穿戴技术使用对自我拓展的影响会降低，最终对人们幸福感的影响也会减弱。因此，我们提出假设 H5 – 3。

H5 – 3：自我拓展在智能穿戴技术使用与消费者幸福感之间的中介作用受到消费者健康意识的调节影响，即当消费者健康意识越高，自我拓展在智能穿戴技术使用与消费者幸福感之间起到的中介作用越强。

综上所述，本章将 3 条假设归纳成理论模型，见图 5 – 1。

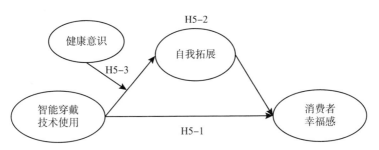

图 5 – 1　智能穿戴技术赋能消费者幸福感的作用机制模型

第三节　智能穿戴技术赋能消费者幸福感的实证分析

为了系统科学地检验智能穿戴技术赋能消费者幸福感的作用机理，本节通过一项问卷调查对智能穿戴技术赋能消费者幸福感的直接作用、间接作用和调节作用进行实证检验。

一、智能穿戴技术对消费者幸福感影响的实证方法

本实验采用问卷调查法获取数据对假设进行实证检验。本实验以智能穿戴产品（智能手表、智能手环等）的真实用户为调查对象，问卷包括热身部分、主体部分和个人信息部分。问卷的热身部分，调查对象回忆使用智能穿戴产品时的情形，并回答智能穿戴产品的类型等问题。问卷的主体部分，包括智能穿戴产品使用、自我拓展、幸福感、感知有用性、感知易用性及健康意识6个核心变量的测量。问卷的个人基本信息部分包括性别、年龄、教育水平、收入水平等。

对于问卷主体部分的核心变量的测量量表均改编自市场营销领域经典文献。在正式调查之前，本实验邀请了市场营销领域3名教授和3名博士生填写了问卷，并针对问卷的测量题项提出了反馈。根据他们的反馈，本实验对量表的题项进行修正。随后开展了一个前测，前测回收了65份有效问卷。使用因子分析检验了测量的信度和效度，进一步确保后续调查的有效性。

为了确保正式调查数据质量，本实验通过中国最大的问卷调查平台（https：//www.credamo.com/），邀请了具有使用智能穿戴产品经历的消费者，并给予认真填写问卷的消费者4元人民币作为报酬。在2024年2月至4月期间，本实验共调查了646名消费者。共有46名受访者因未通过注意力测试或用时不合理（小于2分钟）而被剔除，18名受访者因数据前后雷同而被剔除。总共有582名有效受访者被用于我们的数据分析。人口统计描述如表5-1所示。女性占比为51.4%，大多数年龄在18到39岁（占97.1%），68.8%的被访者拥有本科学历。此外，38.5%的被访者月收入在5000~100000元，24.7%的被访者月收入在10000~20000元。

表 5 - 1　　　　　　　　　人口统计信息（N = 582）

变量	值	（%）
性别	男	48.6
	女	51.4
年龄	18 ~ 24	32.8
	25 ~ 29	35.6
	30 ~ 39	28.7
	40 ~ 56	2.9
教育水平	高中及以下	6.0
	专科	11.9
	本科	68.6
	研究生	13.6
收入水平	5000 元以下	20.0
	5001 ~ 10000 元	38.8
	10001 ~ 20000 元	24.9
	20001 ~ 50000 元	11.5
	50000 元以上	5.0

本实验采用验证性因子分析（CFA）进行信度、效度检验，同时使用多元回归分析来检验研究假设。上述数据分析主要通过 SPSS 24.0 和 Amos 24.0 两个软件实现。

二、智能穿戴技术对消费者幸福感影响的变量测量

本实验测量了智能穿戴产品使用、自我拓展、幸福感、感知有用性、感知易用性及健康意识（见表 5 - 2），主要采用李克特 7 分量表，1 分表示非常不同意/一点儿也没有、7 分表示非常同意/非常大。具体

而言，智能穿戴产品使用的测量来自拉姆和荣格（Ram and Jung）[①] 的研究，包括"我经常使用智能穿戴产品""我使用智能穿戴产品的许多功能""我使用智能穿戴产品完成了许多活动"3 个题项。自我拓展的测量来自德克维勒和罗德里格斯（De Kerviler and Rodriguez）[②] 和李等（Lee et al.）[③] 的研究，包括"在使用智能穿戴产品后，我的能力得以提升""在使用智能穿戴产品后，我的知识得以增长""在使用智能穿戴产品后，我成为一个更好的人"3 个题项。幸福感的测量改编自卫海英和毛立静[④]、沈鹏熠等[⑤]的研究，包括"当使用智能穿戴产品时，我觉得自己很快乐""当使用智能穿戴产品时，我感觉自己富有活力""当使用智能穿戴产品时，我觉得时间过得很快""当使用智能穿戴产品时，我觉得生活很有意义"4 个题项。健康意识的测量来自吉内基尼（Gineikiene et al.）[⑥] 的研究，包括"我经常反思自己的健康状况""我很在意自己的健康状况""我通常很关注自己内心对健康的感受""我经常检查我的健康状况"4 个题项。此外，技术接受模型文献研究认为感知有用性和易用性也会影响人们对新技术的接受行为[⑦⑧]，因此，本实验还测量了感知有用性和感知易用性，均改编自戴维斯（Davis）[⑨] 和

---

① Ram S, Jung H S. The conceptualization and measurement of product usage [J]. Journal of the Academy of Marketing Science, 1990, 18 (1): 67 – 76.

② De Kerviler G, Rodriguez C M. Luxury brand experiences and relationship quality for millennials: The role of self-expansion [J]. Journal of Business Research, 2019, 102 (1): 250 – 262.

③ Lee S J, Bai B, Busser J A. Pop star fan tourists: An application of self-expansion theory [J]. Tourism Management, 2019, 72 (1): 270 – 280.

④ 卫海英, 毛立静. 服务仪式对消费者幸福感的影响研究——基于互动仪式链视角 [J]. 暨南学报（哲学社会科学版）, 2019, 41 (12): 79 – 90.

⑤ 沈鹏熠, 万德敏, 许基南. 在线零售情境下人机交互感知如何影响消费者幸福感——基于自主性的视角 [J]. 南开管理评论, 2021, 24 (6): 26 – 40.

⑥ Gineikiene J, Kiudyte J, Degutis M. Functional, organic or conventional? Food choices of health conscious and skeptical consumers [J]. Baltic Journal of Management, 2017, 12 (2): 139 – 152.

⑦ Venkatesh V, Morris M G, Davis G B and Davis F D. User acceptance of information technology: Toward a unified view [J]. MIS Quarterly, 2003, 27 (3): 425 – 478.

⑧ Holzmann P, Schwarz E J, Audretsch D B. Understanding the determinants of novel technology adoption among teachers: The case of 3D printing [J]. Journal of Technology Transfer, 2020, 45 (1): 259 – 275.

⑨ Davis F D. Perceived usefulness, perceived ease of use, and user acceptance of information technology [J]. MIS Quarterly, 1989, 13 (3): 319 – 340.

阿加瓦尔和卡拉汉娜（Agarwal and Karahanna）[1] 的研究。感知有用性的测量包括"智能穿戴产品能提高服务效率""智能穿戴产品可以提高服务效果""我觉得智能穿戴产品很有用""智能穿戴产品可以提升服务绩效"4 个题项。感知易用性的测量包括"学习使用智能穿戴产品对我来说很容易""我能够让智能穿戴产品来完成我的想法""对我来说，熟练使用智能穿戴产品是很容易的""我觉得机器人很容易使用"4 个题项。

三、智能穿戴技术对消费者幸福感影响的假设检验

表 5-2 展示了验证性因子分析结果。其中，GFI = 0.873，NFI = 0.878，CFI = 0.891，RMR = 0.073，表明验证性因子分析拟合良好。各变量的组合信度得分 0.845 到 0.984，均超过了阈值 0.70，所有因子载荷大于 0.50，AVE 大于 0.50，各指标符合福内尔和拉切尔（Fornell and Larcher）学者建议的标准[2]，表明该研究具有较好的信度和聚合效度。

表 5-2　　　　　变量测量和验证性因子分析结果

变量和题项	因子载荷	α	CR	AVE
智能穿戴技术使用	—	0.885	0.906	0.769
我经常使用智能穿戴产品	0.990			
我使用智能穿戴产品的许多功能	0.614			
我使用智能穿戴产品完成了许多活动	0.975			
自我拓展	—	0.976	0.984	0.954
在使用智能穿戴产品后，我的能力得以提升	0.966			

① Agarwal R, Karahanna E. Time flies when you're having fun: Cognitive absorption and beliefs about information technology usage [J]. MIS quarterly, 2000, 24 (4): 665-694.
② Fornell C and Larcker D F. Evaluating structural equation models with unobservable variables and measurement error [J]. Journal of Marketing Research, 1981, 18 (1): 39-50.

续表

变量和题项	因子载荷	α	CR	AVE
在使用智能穿戴产品后，我的知识得以增长	0.964			
在使用智能穿戴产品后，我成为了一个更好的人	0.990			
幸福感	—	0.866	0.869	0.625
当使用智能穿戴产品时，我觉得自己很快乐	0.836			
当使用智能穿戴产品时，我感觉自己富有活力	0.811			
当使用智能穿戴产品时，我觉得时间过得很快	0.782			
当使用智能穿戴产品时，我觉得生活很有意义	0.727			
感知易用性	—	0.894	0.845	0.577
学习使用智能穿戴产品对我来说很容易	0.728			
我能够让智能穿戴产品来完成我的想法	0.774			
对我来说，熟练使用智能穿戴产品是很容易的	0.774			
我觉得机器人很容易使用	0.760			
感知有用性	—	0.843	0.897	0.686
智能穿戴产品能提高服务效率	0.802			
智能穿戴产品可以提高服务效果	0.754			
我觉得智能穿戴产品很有用	0.891			
智能穿戴产品可以提升服务绩效	0.859			
健康意识	—	0.888	0.894	0.680
我经常反思自己的健康状况	0.767			
我很在意自己的健康状况	0.879			
我通常很关注自己内心对健康的感受	0.887			
我经常检查我的健康状况	0.755			

注：α，Cronbach's α；CR，组合信度；AVE，平均变异萃取量

表 5 – 3 的结果显示了较强的判别效度，因为 AVEs 的平方根大于变量相应的相关系数[①]。

---

① Bagozzi R P and Yi Y. On the evaluation of structural equation models ［J］. Journal of the Academy of Marketing Science，1998，16（1）：74 – 94.

表 5 - 3   变量的描述性统计和相关系数

变量	1	2	3	4	5	6
1. 智能穿戴技术使用	**0.877**					
2. 自我拓展	0.473 **	**0.977**				
3. 幸福感	0.541 **	0.581 **	**0.790**			
4. 感知有用性	0.307 **	0.340 **	0.529 **	**0.760**		
5. 感知有用性	0.267 **	0.350 **	0.459 **	0.449 **	**0.828**	
6. 健康意识	0.213	0.319 **	0.369 **	0.213 **	0.253 **	**0.824**
均值 (Mean)	5.627	5.528	5.638	6.042	5.514	5.512
标准差 (SD)	1.059	1.269	1.035	0.803	1.104	1.188

注：对角线上数值为 AVE 的平方根；$N = 582$；** $p < 0.01$.

（一）智能穿戴技术对消费者幸福感直接影响的检验

本实验采用层次回归分析方法检验假设 H5 - 1。假设 H5 - 1 描述了智能穿戴技术使用对消费者幸福感的正向影响，因此，将层次回归模型的因变量设为消费者幸福感。层次回归模型的其他变量设置如下：首先，将人口统计变量（性别、年龄、教育水平、收入水平）作为第一层变量置入回归方程（模型 1）；其次，将智能穿戴技术使用作为自变量放入回归方程（模型 2）；最后，通过统计分析软件 SPSS24.0 运行层次回归分析程序（结果见表 5 - 4）。从表 5 - 4 不难看出，模型 1 和模型 2 都通过了 F 检验，同时，根据方差膨胀因子（variance inflation factors，VIF）都小于 2，这表明这两个回归模型均不存在严重的多重共线性问题。模型 1 结果表明，控制变量年龄（$\beta = 0.153$，$p < 0.001$）和收入水平（$\beta = 0.230$，$p < 0.001$）对消费者幸福感具有显著影响；而其他控制变量性别（$\beta = -0.006$，$p > 0.05$）和教育水平（$\beta = 0.014$，$p > 0.05$）对消费者幸福感没有显著的影响。模型 2 加入自变量（智能穿戴技术使用）后，年龄（$\beta = 0.122$，$p < 0.001$）和收入水平（$\beta = 0.159$，$p < 0.001$）对消费者幸福感的影响仍显著，同时，智能穿戴技

术使用（β = 0.504，p < 0.001）对消费者幸福感呈现出显著的正向影响。因此，假设 H5 - 1 得到验证。

表 5 - 4　　　　　智能穿戴技术使用对幸福感直接影响检验结果

变量	模型 1		模型 2	
	回归系数	VIF	回归系数	VIF
性别	− 0.006	1.058	− 0.019	1.059
年龄	0.153 ***	1.204	0.122 ***	1.208
教育水平	0.014	1.035	0.043	1.038
收入水平	0.230 ***	1.246	0.159 ***	1.266
智能穿戴技术使用			0.504 ***	1.033
R^2	0.106		0.351	
Adjusted R^2	0.099		0.345	
ΔR^2	0.106 ***		0.245 ***	
F - value	17.043 ***		62.326 ***	
df1，df2	4577		1576	

注：①模型 1 和模型 2 的因变量为消费者幸福感；②回归系数为标准化系数；③ * 表示 p < 0.05，** 表示 p < 0.01，*** 表示 p < 0.001。

（二）智能穿戴技术对消费者幸福感间接影响的检验

为了自我拓展在智能穿戴技术使用与消费者幸福感之间的中介效应，本实验根据赵等（Zhao et al.）提出的中介效应分析程序[1]，按照海耶斯提出的 Bootstrap 分析方法检验中介效应[2]，选择模型 4，将智能穿戴技术使用、自我拓展和消费者幸福感分别设置为自变量、中介变量和因变量，同时将性别、年龄、教育水平和收入水平等设置为控制变

---

① Zhao X，Lynch J G，Chen Q. Reconsidering Baron and Kenny：Myths and truths about mediation analysis ［J］. Journal of Consumer Research，2010，37（2）：197 - 206.

② Hayes A F. Introduction to Mediation，Moderation，and Conditional Process Analysis：A Regression - Based Approach ［M］. New York：Guilford Press，2013.

量。此外，样本量选择 5000，Bootstrap CI method 选择 Bias Corrected，置信区间为 95%。分析结果如图 5 - 2 所示，自我拓展在智能穿戴技术使用与消费者幸福感之间的中介效应大小为 B = 0.1652，置信区间没有包含 0（LLCI = 0.1112，ULCI = 0.2368），中介效应显著。智能穿戴技术使用对消费者幸福感的直接影响大小为 B = 0.3272，置信区间没有包含 0（LLCI = 0.2600，ULCI = 0.3944），直接效应也显著，表明自我拓展在智能穿戴技术使用与消费者幸福感之间的关系中起到部分中介效应。因此，假设 H5 - 2 得到验证。

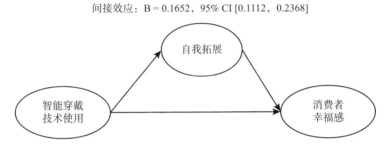

间接效应：B = 0.1652，95% CI [0.1112，0.2368]

直接效应：B = 0.3272，95% CI [0.2600，0.3944]

图 5 - 2　自我拓展的中介效应分析结果

（三）智能穿戴技术对消费者幸福感调节影响的检验

为了验证消费者健康意识对自我拓展中介效应的调节作用，本实验采用海耶斯提出的拔靴分析方法检验有调节的中介效应①，选择模型 7，将智能穿戴技术使用、自我拓展、消费者幸福感和健康意识分别设置为自变量、中介变量、因变量和调节变量，同时将性别、年龄、教育水平、收入水平、感知有用性和感知易用性设置为控制变量。此外，样本量选择 5000，拔靴置信区选择偏差校正，置信区间为 95%。分析结果

---

① Hayes A F. Introduction to Mediation，Moderation，and Conditional Process Analysis：A Regression - Based Approach [M]. New York：Guilford Press，2013.

表明，对于健康意识高的消费者，自我拓展在智能穿戴技术使用与消费者幸福感之间的中介效应大小为 B = 0.1246，置信区间没有包含 0（LL-CI = 0.0789，ULCI = 0.1874），中介效应显著。对于健康意识低的消费者，自我拓展在智能穿戴技术使用与消费者幸福感之间的中介效应大小为 B = 0.0848，置信区间没有包含 0（LLCI = 0.0471，ULCI = 0.1419），中介效应也显著。综合对比可以发现，相比健康意识低的消费者，健康意识高的消费者自我拓展在智能穿戴技术使用与消费者幸福感之间起到的中介作用更强，有调节的中介效应指数为 0.0168，对应的置信区间没有包含 0（LLCI = 0.0009，ULCI = 0.0330）。自我拓展在智能穿戴技术使用与消费者幸福感之间的中介作用受到消费者健康意识的调节影响，因此假设 H5 - 3 得到验证。

第四节　智能穿戴技术赋能消费者幸福感的研究结论

一、智能穿戴技术赋能消费者幸福感具有明显的直接效应

在数字经济时代背景下，智能穿戴技术赋能消费者幸福感具有明显的直接效应，换言之，消费者可以从智能穿戴技术使用中获得不同程度的幸福感。当人们对于智能穿戴技术使用越频繁，越能满足消费者对信息、自主性和能力的需求[1][2]，进而导致更高的幸福感。该研究丰富了智能穿戴技术的相关文献。智能穿戴技术近些年发生了重大变革，逐步成为人们追求幸福的重要途径，然而智能穿戴技术的相关研究仍聚焦于

---

[1]　Deci E L and Ryan R M. The "what" and "why" of goal pursuits: Human needs and the self-determination of behavior [J]. Psychological Inquiry, 2000, 11 (4): 227 –268.

[2]　Engström J and Elg M. A self-determination theory perspective on customer participation in service development [J]. Journal of Services Marketing, 2015, 29 (6/7): 511 –521.

新技术的开发及其使用前因变量，忽略了对智能穿戴技术与使用结果之间关系的研究。该研究探索并验证了智能穿戴技术使用对消费者幸福感的不同影响，弥补了智能穿戴技术研究的不足，扩展了智能穿戴技术使用结果的相关文献。

二、自我拓展中介了智能穿戴技术赋能消费者幸福感的直接效应

自我拓展中介了智能穿戴技术使用对消费者幸福感的直接影响。当消费者越使用智能穿戴技术，他们越能感受到更高的自我拓展，从而体验到更多的自主权和能力[1][2]，进而提升消费者幸福感。该研究的发现加深了人们对智能穿戴技术使用的理解。消费者能从智能穿戴技术使用中获得幸福体验，然而当前研究大多探讨智能穿戴技术使用驱动因素。实际上，在智能穿戴技术使用情境下，幸福感是消费者关注的重要结果，更是消费者在购后阶段与智能穿戴技术互动所产生的关键主观感受[3]。该研究关注智能穿戴技术幸福感，并检验了自我拓展的中介作用，不仅丰富了智能穿戴技术使用体验的理论研究，还揭示了智能穿戴技术赋能消费者幸福感的作用机制。

三、健康意识调节了智能穿戴技术赋能消费者幸福感的中介效应

健康意识调节了智能穿戴技术赋能消费者幸福感的中介效应。在数

① Ryan R M, Rigby C S and Przybylski A. The motivational pull of video games: a self-determination theory approach [J]. Motivation and Emotion, 2006, 30, 344 – 360.
② Engström J and Elg M. A self-determination theory perspective on customer participation in service development [J]. Journal of Services Marketing, 2015, 29 (6/7): 511 – 521.
③ Lemon K N and Verhoef P C. Understanding customer experience throughout the customer journey [J]. Journal of Marketing, 2016, 80 (6): 69 – 96.

字科技日益普及的今天，健康意识高的人们往往会更重视监测身心健康状况、改善身心状况以及保持良好的人际关系，每天可以使用智能穿戴技术设定健身目标、监测身体状况、与朋友互动等方式实现自我拓展进而达到提升幸福感的目标。对于健康意识低的消费者，往往不太重视智能穿戴技术使用对身心健康的影响，进而导致智能穿戴技术使用通过自我拓展对人们幸福感的影响也会减弱。因此，该研究发现自我拓展在智能穿戴技术使用与消费者幸福感之间的中介作用受到消费者健康意识的调节影响，即当消费者健康意识越高，自我拓展在智能穿戴技术使用与消费者幸福感之间起到的中介作用越强。该研究增加了企业和社会公众对智能穿戴技术赋能消费者幸福感作用机制的理解[1][2]，并为持续改进智能穿戴技术使用体验提供了一个新视角。

---

① Lemon K N and Verhoef P C. Understanding customer experience throughout the customer journey [J]. Journal of Marketing, 2016, 80 (6): 69 – 96.

② Homburg C, Jozić D and Kuehnl C. Customer experience management: toward implementing an evolving marketing concept [J]. Journal of the Academy of Marketing Science, 2017, 45 (3): 377 – 401.

第六章

数字科技推动消费主体现代化的战略路径

消费主体现代化不仅是我国消费现代化的核心要素，更是推进中国式现代化进程的重要抓手。立足消费经济学三要素之一的消费主体现代化，从运用数字科技增强消费者主体的主导权、运用数字科技释放消费主体的多元需求、运用数字科技提升消费主体的消费能力三个层面提出实践路径。

第一节　运用数字科技增强消费主体的主导权

消费主体（消费者）的主导权是消费主体现代化的核心内容。在数字经济蓬勃发展的今天，必须运用数字科技不断提升消费者主导权赋能消费主体现代化建设，包含数字科技促进以人为本的消费理念、数字科技引领现代化消费文化观念，以及数字科技增强消费主体的市场影响。

一、数字科技促进以人为本的消费理念

相比西方现代化，人口规模巨大的现代化是中国式现代化的特色之

一，也是我国消费现代化的主要特色。因此，中国式现代化消费必须贯彻以人为本的消费理念，始终以实现人的全面自由发展为本质目标，通过人工智能、云计算、大数据、区块链及机器学习等数字科技提升人们的幸福感、获得感和安全感，更好地满足人们的美好生活需要。我国消费现代化不仅推动了经济的高质量增长，也促进了社会的和谐与稳定，真正做到了属于人民、为了人民、依靠人民的现代化消费。通过数字科技促进形成以人为本的消费理念，是增强消费主体主导权的首要任务，也是推动消费主体现代化的着力点。

一方面，运用数字科技捕捉人们的美好生活需要，推动生产和消费的畅通循环和有机融合。数字技术的广泛应用正深刻地改变着生产和消费的传统模式，从而推动着以人为本的消费理念成为可能。通过云计算、互联网等技术的应用，数字技术已经从需求端贯通到供给端，实现了整个生产消费链的优化与提升。数字技术使得生产端能够更精准地捕捉到消费者的需求。通过机器学习和数据挖掘，企业可以了解到消费者的个性化需求，从而在产品设计和生产过程中更加精细地调整。例如，基于大数据的消费趋势分析可以指导生产企业调整生产线，优化存货管理，减少资源浪费，同时提高产品的市场响应速度和消费者满意度。数字技术的应用不仅仅局限于商品的生产，更扩展到了服务的提供。电子商务平台的发展极大地拓宽了商家的服务半径，使得消费者能够在任何时间、任何地点获得所需服务。这种服务方式的变革，不仅为消费者提供了极大的便利，也为商家带来了更广阔的市场空间和更高效的运营模式。数字技术的应用促进了商品的多样化和个性化。随着数字技术的革新，从定制化产品到个性化推荐，消费者可以享受到越来越符合个人需求和喜好的商品和服务。这不仅提升了消费者的购物体验，也推动了商品品质的持续提升和品牌价值的增加。在推动消费升级的同时，数字经济也在强化以人为本的消费价值观。通过更好地满足人民日益增长的美好生活需要，数字技术实现了消费活动的社会价值和经济价值的双重提升。消费者在享受到更便捷、更优质服务的同时，也体现了消费活动中的人的主体地位。

另一方面，通过数字科技改善人们的线上和线下消费体验，不断提高人们的获得感、幸福感和满足感。在数字经济和数字社会下，平台经济经营者需要通过技术创新和商业模式创新，借助数字化、智能化、全渠道等方式与消费者建立更直接、更全面、更丰富的接触，与消费者构建新型的服务关系，形成全面链接、深度互信、价值共创、双向共赢的关系。例如，多点（Dmall）通过数字化技术来重构本地零售通路，帮助本地零售企业全面在线化、数字化、智能化，继而帮助零售企业更加全面、直接地连接消费者，把消费者的体验和反馈更直接地提供给零售企业，帮助他们完善和提升服务水平，最终使消费者获得更好的消费体验。① 另外，数字科技与文旅产业的结合，极大地改变了传统文旅产业消费过程中"走马观花"式体验，有效地解决了传统文旅产品单一性、体验范围有限性等问题。"数字文旅"通过数字技术对文旅产业深度赋能，开发出更丰富、更新颖的文旅产品和服务，进而优化用户的文旅消费体验。譬如，杭州灵伴科技以其所研发的智能 AR 眼镜系列产品，使消费者不仅可以体验到 1500 多年前古人赶集的热闹场景，还可以体验到"革命烈士牺牲前振聋发聩的演讲"的感人场景，极大地增强了文旅消费的趣味性，打造了线上线下融合的智慧景点，有效地提升了消费者的沉浸体验。②

二、数字科技引领现代化消费文化观念

我国的经济增长正在从投资驱动型向消费驱动型转变，应着力推动中国式现代化消费文化的发展，以社会主义核心价值观为引领，结合消

---

① 任中伟. 用数字化技术提升消费者消费体验［N/OL］. 人民网，2021 - 03 - 15. http：//finance. people. com. cn/n1/2021/0315/c1004 - 32051549. html.

② 一副 AR 眼镜如何改变世界？ 灵伴科技打造传统空间"新玩法"［N/OL］. 余杭时报，2023 - 04 - 15. https：//baijiahao. baidu. com/s？ id = 1763212085650874540&wfr = spider&for = pc.

费现代化发展模式不断发展传统的消费文化，解放传统文化的消费批判给消费者带来的"自我束缚"，培育有意识的、理性消费的现代化消费主体。我国消费现代化是立足于数字经济时代国内国际双循环新发展格局的消费，数字科技是引领现代化消费文化观念，培育现代化理性消费主体的重要引擎，对现代化消费理念、消费方式、消费行为的形成与发展起到了巨大的推动作用。

第一，充分发挥数字科技对消费者的现代化消费理念的引领作用。互联网的普及和数字科技应用的大量涌现，成为消费升级的新动力，在不断创造出更好的数字化生活的同时，也逐步改变了人们的消费习惯、消费内容、消费模式，甚至是消费理念。在数字经济蓬勃发展的时代，消费现代化呈现出生产消费平台化的发展态势。平台集合了生产、分发、流通及消费四个关键环节，具备融合、升级、创新效应的数字产业生态综合体，不仅对数字经济发展起着重要的支撑力，还对消费理念现代化提供了推动力。通过平台构建的生产和消费一体化格局，为现代化消费者理念、消费内容高效地触达消费者提供了新的渠道。同时，各类各层级数字化产业平台为产业数字化运营提供的基础架构，支撑了多元主体之间跨区域大规模协作的形成，多元主体依据各自优势，通过数字化平台整合分解产品需求信息、共享产品数据、有效调配相关资源，极大地降低了协作成本，兼顾了规模经济和范围经济的发展。

第二，充分发挥数字媒介推动企业发挥社会责任功能。数字媒介的广泛应用推动了消费观念的快速传播，增加了消费者权利。近些年，许多火遍大江南北的消费热潮都离不开抖音、小红书、哔哩哔哩等自媒体平台的推动。越来越多的消费热潮逐渐趋向选择有道德的、环境友好的和区域特色的产品。承担社会责任被认为是品牌最应该采取的行动和角色，广大消费者认为企业应该发挥核心能力解决社会问题。消费者对品牌的诉求也逐步从"提供人们所需要的产品"扩展成"支持人们的共同理想"。譬如，2021年7月，当河南暴发暴雨灾情时，鸿星尔克第一时间向灾区捐赠5000万元，人们纷纷"热情消费"支持该品牌，不仅推动鸿星尔克线上销售额达到 3 亿多元，线下门店商品也被一抢而空，3 天销售额超过 1 亿元。① 广大消费者一举帮助知名度低迷的国产运动服饰品牌重新回到大众的视野。2023 年淄博烧烤的爆火也是源于疫情期间的感人故事，疫情期间当地政府不仅为多名青年大学生提供了隔离场所，还在临走时特意安排烧烤为青年大学生饯行。青年大学生深怀感激约定来年春天一起到淄博吃烧烤，于是 2023 年 3 月"淄博烧烤"话题热度在小红书及抖音平台出现了小高潮，淄博市政府为烧烤专门开了一场新闻发布会。2023 年 4 月，抖音大 V 博主摸底淄博的多家烧烤摊位，发现没有一家店铺缺斤少两，淄博当地人诚信的品质再次把"淄博烧烤"推上热搜。② "淄博烧烤"受到全网热议，离不开数字媒介的迅速传播，也离不开当地政府的交通服务保障。

第三，充分利用数字科技推动形成可持续消费观念。绿色可持续消费理念日益成为人们追求的生活方式。2023 年 6 月，生态环境部环境与经济政策研究中心公开发布的《公民生态环境行为调查报告（2022年)》显示，相比往年调查结果，公众绿色生活行为等方面均有所提升。在关注环境信息方面，2022 年主动关注或传播交流过环境信息的受访者人数占比接近八成，比 2019 年（约六成）增长了近两成。在践行绿色消费方面，2022 年能经常做到购买绿色产品的人数占比已超过六成，比 2020 年（约三到四成）增加了两至三成。③ 践行绿色可持续消费理念，保护生态环境已成为社会各界的共识。尤其是数字科技蓬勃发展的今天，人们的衣食住行等消费领域，正在广泛地形成多元化的绿色消费需求。如今，人们更倾向于选择环境友好型产品，减少购买过度包装的产品；线上外卖更多选择"无需餐具"服务，尽可能降低一次

① 张明敏."网红"企业鸿星尔克河南水灾捐赠到位超 3000 万元　多方探寻还原捐赠走红的背后逻辑［N］.公益时报.2021－11－03.
② 山东淄博.探寻中国新兴旅游城市的爆火密码［N/OL］.中国报道，2023－09－26.http：//www.chinareports.org.cn/tytxy/2023/0926/39863.html.
③ 生态环境部环境与经济政策研究中心.公民生态环境行为调查报告（2022 年）［EB/OL］.2023.http：//www.prcee.org/zyhd/202306/t20230629_1034892.html.

性餐具的使用。① 地方也纷纷出台政策鼓励绿色消费，包括节能家电价格补贴、发放绿色节能消费券等。实体零售企业和网络电商平台也通过提供价格折扣等来促进节能家电消费。移动互联网等数字科技通过搭建绿色可持续消费平台，推动人们形成绿色低碳的生活方式。例如，天猫商城在 2021 年 "双 11" 期间，搭建了涵盖食品、家装、消电、母婴 4 大行业 50 万款商品的 "绿色会场"，吸引了 2000 多个商家参与。2022 年 7 月，普华永道发布的《可持续城市发展助力消费升级》报告表明，衣食住行等消费领域的绿色消费方式受到了广大消费者的普遍认可，绿色消费市场规模也表现出快速增长的态势。随着网络直播等数字科技应用的迅速扩散，绿色可持续消费理念快速普及至千家万户，绿色商品在二、三线城市及以下市场的销量保持较快增长，下沉市场的绿色消费渗透率快速提升。

第四，充分利用数字科技赋能中华优秀传统文化新活力。随着社会经济水平的提升和文化产业的崛起，人们更加热衷于优秀本土品牌、中国文化产品。尤其是从近年 "国潮" 在各个领域引发的热度来看，相比单一文化产品，本土品牌与文化的深度融合在疫情后受到了越来越多的消费者追捧，推动了中华优秀传统文化的创造性转化和创新性发展。消费者之所以支持国货的发展，一方面源于近几年国货产品的创新设计取得了长足进步，越来越多的年轻群体讨论国潮文化产品，很多中华优秀传统文化元素及非遗文化等都受到关注。例如，在抖音数字平台，非物质文化遗产的内容创作者在迅速增加；在得物 App 上，敦煌感配色、三星堆联名、苗族蜡染、传统神兽、麻将图案、墨竹印花等成为消费者关注的潮流元素。非遗文化的生活化、创意化和时尚化也将成为国潮深度挖掘的重要方向。另一方面，国潮不光只是文化潮，还蕴含着科技感。很多国货都在进行研发投入和科技创新，为国潮注入了科技力量，

---

① 王蕴. 当前我国居民消费变化的新特征与新趋势 [J]. 人民论坛，2022（24）：30 – 35.

创造了新的品类。在这些产品品类的背后，都有着硬核技术的支撑。例如，故宫博物院的一些文创品牌通过技术升级和产品迭代，在市场上不断赢得了越来越多的消费者青睐。

三、数字科技增强消费主体的市场影响

消费是最终需求，既是生产的最终目的和动力，也是人民对美好生活向往的直接体现。社会经济的发展离不开消费主体的需求，从需求的角度出发全面提升国产商品和服务竞争力。充分利用数字科技加快完善促进消费主体参与市场活动机制，增强消费对经济发展的基础性作用，有利于优化生产和消费等国民经济重大比例关系，构建符合我国长远战略利益的经济发展方式，促进经济平稳健康发展。实现需求引领和供给侧结构性改革相互促进，推动经济转型升级和高质量发展，加快构建现代化消费体系，更好满足人民日益增长的美好生活需要。

第一，积极利用数字科技推进消费品牌质量提升行动，引导企业加强全面质量管理。充分利用当前数字科技蓬勃发展的优势，深入开展国家质量基础设施协同服务及应用，推进"一站式"服务试点。尽快完善服务业标准体系，推动养老、家政、托育、文化和旅游、体育、健康等领域服务标准制订与试点示范。在消费品领域积极开展国家质量奖评选，全面实施内外销产品"同线同标同质"工程。开展质量分级试点，倡导优质优价，促进品牌消费、品质消费。利用数字科技推进文化创意和设计服务与制造业融合发展，支持企业建立工业设计中心、创意设计园等平台，培养引进创意设计人才，提高产品文化内涵。鼓励外贸加工制造企业充分利用数字科技创新商业模式，通过自营、合作等方式增加面向国内市场的优质商品供给。① 充分利用数字科技规范检测行业资质

① 中华人民共和国中央人民政府. 关于促进消费扩容提质加快形成强大国内市场的实施意见. 2020. https：//www. gov. cn/zhengce/zhengceku/2020 – 03/13/content_5490797. htm.

许可，提升消费品领域的认证认可检测技术服务能力，进而发挥消费者在市场中的作用。

第二，着力提升消费主体的参与意识，增强消费主体的市场影响。随着新型数字化基础设施和大数据等数字科技的发展，消费者在市场中的角色和影响力日益凸显。首先，通过建立互动性强的在线平台，消费者可以随时随地参与市场调研、产品评测和意见反馈，打破了传统的时间和空间限制。这种互动不仅有助于企业快速了解消费者的真实需求和偏好，还能促使企业在产品研发和服务改进上做出更加精准的决策。其次，数字科技的发展使得消费者能够更方便地获取信息和进行比较，从而提升其市场影响力。例如，通过智能推荐系统和个性化服务，消费者可以轻松找到最适合自己的产品和服务。这不仅提升了消费者的满意度和忠诚度，也推动了市场的良性竞争和优胜劣汰。此外，消费者在社交媒体平台上分享购物体验和产品评价，形成了强大的口碑效应，对其他消费者的购买决策产生了重要影响。同时，京东商城、天猫超市及拼多多等大型电商平台的产品评论、评分已成为影响商家和消费者决策的重要参考。大众点评、豆瓣及马蜂窝等独立点评平台的餐饮评论、电影图书评论、旅游目的地评价也成为商家收集消费者反馈提升产品品质的重要依据。再次，依托大数据分析和人工智能技术，企业可以对海量的消费者数据进行深度挖掘，识别出潜在的消费趋势和市场需求。这不仅有助于企业优化产品供应链和营销策略，还能实现产品供给与消费者需求的高度匹配，促进优质产品的供给与人民对美好生活的需要高度适配。同时，通过数据驱动的精准营销，企业可以在合适的时间和地点向合适的消费者推送合适的产品，提高营销效率和转化率。最后，政府和相关机构应积极推动数字化消费基础设施的建设，提供更多的政策支持和资金投入，保障消费者的合法权益，增强消费者在市场中的话语权和影响力。通过完善的法律法规和政策措施，保障消费者在数字化消费中的隐私和数据安全，建立健全的消费者投诉和维权机制，确保消费者的意见和诉求能够得到及时有效的回应。概括而言，不仅要加快提升消费主体的参与意识和市场影响力，还要推动我国消费现代化的普惠发展，实现经济的高质量发展和人民生活水平的不断提升。

第三，通过大数据的力量聚焦年轻人的消费趋势，能够有效地打造更符合年轻人需求的消费新场景。在大数据分析下，以"95后"和"00后"为代表的"互联网主力军"Z世代群体，已逐渐发展成为新的主流消费群体。他们更加注重体验、追求自我、热衷互动，追求以"我"为中心的个性化定制服务。因此，充分发挥数字科技和大数据的优势，打造个性化定制的新场景和新模式，满足年轻人日益增长的多样化需求，成为推动消费市场的重要策略。首先，大数据可以通过分析Z世代的消费行为和偏好，准确捕捉其需求变化。通过对社交媒体、电子商务平台和移动应用等渠道的数据进行挖掘和分析，企业可以全面了解年轻消费者的兴趣爱好、购买习惯和消费偏好。这不仅有助于企业精准定位目标市场，还能为产品开发和营销策略提供有力支持。例如，通过大数据分析，可以发现Z世代更加倾向于购买环保产品和参与公益活动，这就为企业在产品设计和品牌塑造方面提供了重要参考。其次，利用大数据可以实现消费场景的个性化定制，增强用户体验。Z世代消费者注重个性化体验，追求独特和与众不同的消费感受。企业可以通过大数据分析，了解消费者的具体需求和偏好，提供量身定制的产品和服务。例如，电商平台可以根据消费者的浏览记录和购买历史，推荐个性化的商品；线下零售店可以通过智能设备和大数据技术，提供个性化的购物建议和体验。这种个性化服务不仅提升了消费者的满意度，也增加了用户的忠诚度和黏性。最后，通过大数据和数字科技的应用，可以推动整个消费市场的创新和发展。企业不仅可以通过大数据分析，了解市场趋势和竞争态势，还可以利用数字科技，创新商业模式和服务方式。例如，利用人工智能和大数据技术，企业可以开发智能推荐系统、虚拟试衣间等创新应用，提升用户的购物体验。同时，企业还可以通过大数据分析，优化供应链管理和库存控制，提高运营效率和响应速度。这些创新和改进，将为企业带来新的增长点，也将推动整个消费市场的繁荣发展。

第二节 运用数字科技释放消费主体的多元需求

消费主体（消费者）的多元化需求是消费主体现代化的内在驱动力。在数字经济飞速发展的时代，必须运用数字科技释放消费者多元化需求赋能消费主体现代化建设，包含加强数字科技基础设施建设激活多元消费需求、运用数字科技捕捉消费主体个性化、多元化需求，以及运用数字科技引导消费主体升级化、绿色化需求。

一、加强数字科技设施建设激活多元化需求

数字科技基础设施的建设是推动现代消费的基石，加强数字科技基础设施建设，激活多元消费需求，是推动消费主体现代化的重要举措。通过加强农村地区、健康养老领域和教育领域的数字科技基础设施建设，提升消费环境的整体水平，可以更好地满足人民群众日益增长的美好生活需要，推动经济社会的高质量发展。政府、企业和社会各界应共同努力，推动数字科技基础设施的建设和发展，为实现消费主体现代化提供有力支持。

第一，加强农村地区的数字科技基础设施建设，是激活农村市场多元化消费需求的关键。随着互联网的普及，数字科技在推动农村经济发展中发挥了越来越重要的作用。然而，许多农村地区的数字科技基础设施依然相对薄弱，制约了农村居民的消费潜力。因此，加大对农村地区数字科技基础设施的投资，提升农村互联网普及率和网速，建设覆盖广泛的无线网络，将为农村市场的多元化消费需求提供坚实的基础。通过加强农村地区的数字科技基础设施建设，农村居民能够更加便捷地接触和使用各种数字化服务和产品。例如，农村居民可以通过电商平台购买到更多种类和更高质量的商品，满足他们日益增长的消费需求。电子商

务的快速发展使得农村居民不再局限于本地市场，他们可以直接从全国甚至全球范围内采购商品，大大扩展了消费选择。这不仅提升了他们的生活质量，也促进了农村消费市场的活跃。数字科技基础设施的建设不仅仅是技术和硬件的投入，更需要配套的服务和支持。例如，在推进农村互联网基础设施建设的同时，政府和企业应共同努力，提供多样化的数字服务，满足农村居民的实际需求。例如，可以建立农村电商服务中心，提供电商培训、物流配送、售后服务等一站式服务，帮助农村居民更好地利用电商平台进行购物和销售。总之，加强农村地区的数字科技基础设施建设，是激活农村市场多元化消费需求的重要举措。通过完善基础设施，提升互联网普及率和网速，农村居民能够更加便捷地接触和使用各种数字化服务和产品，满足日益增长的消费需求。同时，数字科技基础设施的改善也为农村创业者提供了更多的发展机会，推动农村经济的整体发展。政府应通过政策支持和资金投入，推动农村数字科技基础设施的建设和完善，为农村经济的可持续发展提供坚实保障。

第二，加快康养数字科技基础设施的建设，激活康养领域多元化需求。随着人口老龄化问题的日益凸显，老年人的多元化需求逐渐成为市场的重要组成部分。加强健康养老领域的数字科技基础设施建设，推动老年人市场多元化消费需求的释放。例如，通过建设智慧健康养老平台，老年人可以更加便捷地获得健康管理、医疗咨询、生活照料等服务，提升他们的生活质量和幸福感。此外，数字科技的应用还可以推动适老化产品的研发和推广，如智能健康监测设备、远程医疗设备等，为老年人提供更为全面的健康保障。数字科技基础设施的建设需要政府、企业和社会各界的共同努力。政府可以通过政策引导和资金支持，鼓励企业加大对健康养老领域的投资。例如，政府可以设立专项基金，支持智慧健康养老平台的建设和运营。同时，可以通过税收优惠政策，减轻企业在研发和推广适老化产品过程中的负担，激励更多企业参与到这一领域的创新和发展中来。在推动数字科技基础设施建设的过程中，政府还应注重加强监管，确保项目的质量和安全。例如，可以建立健全的监管机制，定期对建设项目进行检查和评估，确保各项技术和设备的安全性和可靠性。此外，政府还应制定相关法规，规范数字科技基础设施的建设和运营，保护消费者的权益和隐私。数字科技的应用不仅可以提升老年人的生活质量，还可以促进健康养老产业的发展。例如，通过智慧健康养老平台，企业可以获取大量的健康数据和消费数据，分析老年人的健康状况和消费偏好，研发和推广更多符合老年人需求的产品和服务。这不仅有助于提升老年人的健康和生活质量，也为企业带来了新的商机和市场。总之，加快数字科技基础设施的建设，激活健康养老领域多元化需求，是应对人口老龄化问题的重要举措。政府应通过政策支持和资金投入，鼓励企业加大对健康养老领域的投资和创新。同时，应加强监管，确保数字科技基础设施建设的质量和安全，保护消费者的权益和隐私。通过建设智慧健康养老平台，推动适老化产品的研发和推广，为老年人提供更加便捷和全面的健康管理和生活服务，提升他们的生活质量和幸福感，促进健康养老产业的发展，实现社会和经济的双赢。

第三，加快建设教育的数字化基础设施，激活教育多元化需求。随着社会发展和教育观念的跃迁，人们获取知识的渠道越来越多元化，不再局限于传统线下讲授。尤其是全球疫情以来，数字科技为学生提供更加丰富的学习资源和更加灵活的学习方式。例如，通过建设在线教育平台，学生可以随时随地进行学习，获得更为多元化的教育体验。此外，数字科技还可以推动教育公平，缩小城乡教育差距，使更多的学生能够享受到优质的教育资源。在推动教育领域数字化基础设施建设的过程中，首先要加大对教育信息化的投入，提升学校的网络设施和硬件设备水平。学校应配备高速、稳定的互联网连接，确保学生和教师可以无障碍地访问在线学习资源和平台。同时，还应配备足够的数字设备，如计算机、平板电脑等，供学生和教师使用，满足日常教学和学习的需求。其次，要加强教育资源的数字化建设，推动优质教育资源的共享和普及。例如，可以通过建设国家级教育资源共享平台，汇聚和整合各类优质教育资源，为广大师生提供丰富的学习资料和教学工具。偏远地区的学生也能获得与大城市学生同等的教育资源，从而有效缩小教育资源分配的不均衡。同时，数字教育平台还应提供多种形式的学习内容，如视频课程、电子书、互动练习等，以满足不同学生的学习需求和偏好。最后，政府和教育部门应制定相关政策和制度，鼓励和支持教育领域的数字化转型。例如，可以通过财政补贴、税收优惠等措施，支持学校和教育机构加大对数字化基础设施的投入和建设。还可以制定教育信息化的标准和规范，确保数字化教育资源的质量和安全，保护学生和教师的权益和隐私。总之，加快建设教育领域的数字化基础设施是满足人们对教育多元化需求的重要举措。通过加强教育信息化投入、推动优质教育资源共享、提升教师信息化素养，为学生提供更加丰富和灵活的学习资源和方式，推动教育公平，缩小城乡教育差距，提升教育质量和效率。政府和教育部门应积极制定和实施相关政策，鼓励和支持教育领域的数字化转型，为实现教育现代化和高质量发展提供坚实的基础。

二、运用数字科技捕捉消费主体个性化需求

进入数字经济时代，消费者需求越来越呈现出个性化和小众化特征。传统的消费模式和市场细分方法已不能完全满足现代化消费主体的个性化需求。为此，充分利用人工智能、大数据及机器学习等数字科技，精准捕捉和分析消费者画像，实现千人千面的个性化服务，成为企业提升竞争力的重要手段。

第一，加大数字科技的研发和投入，准确捕捉消费者个性化需求。消费者个性化需求的捕捉离不开对数字科技的研发和投入。随着互联网和智能设备的普及，消费者在不同平台上的行为数据成了宝贵的资源。企业应投入更多资源在数字科技领域，利用先进的数据分析工具和技术，深度挖掘消费者的消费行为和个性化偏好。这不仅有助于了解消费者的显性需求，还可以发现潜在的消费需求，从而为企业提供更多的市场机会。通过对消费者线上线下行为数据的收集和分析，企业可以构建

详细的消费者画像。消费者画像是企业了解消费者兴趣爱好、消费习惯和购买力水平的重要手段。比如，通过分析消费者在电商平台上的浏览和购买记录，可以了解他们喜欢的产品类型和品牌偏好；通过社交媒体上的互动行为，可以了解他们的兴趣和关注点；通过线下消费数据，可以了解他们的实际购买行为和消费习惯。这些数据的综合分析可以帮助企业更准确地定位目标消费者，从而制定更加精准的市场营销策略。大数据分析的强大之处在于它不仅能够帮助企业了解消费者过往的个性化需求，还可以挖掘出潜在的个性化需求。通过对大量消费者数据的分析，企业可以发现一些隐藏的消费趋势和需求。例如，通过分析消费者在特定时间段内的搜索和购买行为，可以预测某些产品的季节性需求；通过分析消费者的评价和反馈，可以发现产品改进的方向和潜在的市场需求。这些数据的洞察可以帮助企业提前布局，开发新的产品和服务，满足消费者的潜在需求，从而获得市场先机。

第二，加快企业数字化转型，积极探索个性化定制新模式新业态。数字科技的蓬勃发展使得个性化定制化新模式成为现实，企业可以根据消费者的个性化需求进行小批量甚至单件生产，从而更好地满足了消费者个性化和小众化需求。在服装行业，个性化定制已成为一种时尚潮流。消费者通过在线平台可以选择自己喜欢的款式、颜色和尺寸，甚至参与设计过程，享受到独特的购物体验。这不仅让消费者体验到个性化定制的乐趣，也大大提升了消费者的满意度和忠诚度。服装企业通过利用数字科技进行灵活生产、减少库存压力，能够快速响应消费者的个性化需求。数字科技在家居行业同样发挥着重要作用。消费者可以根据自己的喜好和家居风格，通过数字平台定制家具的设计和材质，打造专属于自己的家居空间。通过 3D 建模和虚拟现实技术，消费者可以提前预览家具的摆放效果，确保最终的设计符合预期。个性化家居定制服务不仅提升了消费者的满意度，也为家居企业带来了更多的商机和利润。通过数字化手段，家居企业能够更加精准地把握市场需求，推出更符合消费者期待的产品。不仅仅是服装和家居行业，个性化定制的新模式在珠宝、食品和汽车等领域也有广阔的市场前景。例如消费者可以根据个人喜好和预算定制独一无二的首饰、可以选择自己喜欢的口味和配料定制个性化的食品、可以根据个人需求定制汽车的外观和配置。企业在开展个性化定制服务时，需要充分利用大数据和人工智能技术。通过对消费者行为和偏好的数据分析，企业可以更好地了解消费者需求，提供更加精准的定制服务。例如，电商平台可以通过消费者的浏览和购买记录推荐个性化的产品，智能制造企业可以通过数据分析优化生产流程提高生产效率和产品质量，进而能够更好地满足消费者的个性化需求。

第三，充分利用人工智能算法，为消费者提供个性化推荐服务。人工智能算法的应用，使得个性化推荐服务成为可能。通过对消费者历史行为数据的分析，人工智能算法可以预测消费者的偏好，推荐符合其需求的产品和服务。例如，电子商务平台可以根据消费者的浏览记录和购买历史，推荐相关产品，提高购买转化率。流媒体平台可以根据用户的观看习惯，推荐符合其兴趣的影片和节目，提升用户体验。个性化推荐不仅可以提高用户的满意度，还可以增加用户的黏性和活跃度，为企业带来更多的商业价值。为了更好地捕捉和满足消费者的个性化需求，企业还需要建立完善的数据治理和隐私保护机制。随着数据技术的发展，消费者的数据隐私和安全问题也日益突出。企业在采集和使用消费者数据时，必须遵循相关法律法规，尊重消费者的隐私权和知情权。建立透明的数据使用政策，确保数据使用的合法性和安全性，是企业赢得消费者信任的重要保障。同时，企业应积极采用先进的数据加密和安全防护技术，防止数据泄露和滥用，保护消费者的权益。在个性化推荐服务过程中，政府和监管机构也应发挥积极作用。政府可以通过制定和完善相关政策法规，鼓励企业加大对数字科技的研发投入，促进个性化消费模式的发展。例如，可以通过税收优惠、财政补贴等措施，支持企业在个性化服务和人工智能领域的创新和应用。同时，政府还应加强对市场的监管，确保个性化消费模式的健康发展，保护消费者的合法权益。

在数字化和智能化的推动下，个性化消费已成为重要发展趋势。企业只有不断加大对数字科技的研发投入，积极应用大数据和人工智能技术，捕捉和满足消费者的个性化需求，才能在激烈的市场竞争中立于不败之地。个性化定制新模式新业态不仅有助于提升消费者的满意度和忠诚度，还可以推动企业的创新和发展，促进市场的繁荣和进步。综上所述，运用数字科技捕捉消费主体的个性化需求，是现代化消费市场的重要发展方向。通过加大对数字科技的研发投入，推动个性化定制新模式和新业态的形成，利用人工智能算法实现个性化推荐，建立完善的数据治理和隐私保护机制，政府和企业共同努力，可以更好地满足消费者多样化的需求，推动消费市场的健康发展。数字科技为满足消费者个性化消费需求提供了无限可能，也为企业和消费者带来了更多的机遇和挑战。企业应抓住数字经济蓬勃发展的机遇，积极创新，勇于实践，为消费者提供更加个性化和多样化的产品和服务，实现共赢发展。

三、运用数字科技引导消费主体升级化需求

在数字科技日益普及的今天，人们的消费需求已经从"有没有"向实现"好不好"转化，人们对品质化、升级化的追求日益凸显，因此，充分运用数字科技推动构建绿色低碳循环发展经济体系，促进经济社会发展全面绿色转型和消费需求升级化跃迁，是推动消费主体现代化发展的重要举措，也是满足人民日益增长的美好生活需要的关键方法。

第一，充分运用数字科技，引导消费主体的消费观念向绿色可持续方向转变。随着我国居民消费从主要解决"有没有"向实现"好不好"转化，消费品质化、升级化特征日益凸显，充分发挥数字科技引导消费主体的消费观念向绿色、健康、智能、安全的方向转变，加速形成升级化、品质化的消费方式。加强绿色可持续消费中数字化应用的专项规划和体系设计，以统筹推进绿色消费。借助大数据分析、人工智能等数字科技剖析全国各地区绿色消费的整体水平与发展趋势，制定推进绿色消费数字化应用的专项规划、行动计划和实施导引。首先，加大对绿色消

费中数字化应用的资金投入力度，将数字化应用纳入绿色制造体系、绿色营销体系、绿色金融支持体系建设中。开发绿色消费信息服务平台，做好绿色消费交易统计、绿色信息服务、绿色消费安全监管和绿色产品智慧维权等管理服务。普及绿色产品数字化溯源系统，实现绿色产品一码辨别、查询和维权等，加大"智慧315平台"等应用在绿色消费领域的智慧监管和智慧维权建设。其次，加强绿色消费供给侧的数字化应用，以有效扩大绿色产品供给。支持各地区根据绿色产品市场的大数据分析，确定一批绿色产品重点扶持企业，扩大绿色产品供给、丰富绿色产品种类。鼓励和支持企业进一步将大数据、人工智能等技术与绿色产品设计深度融合。积极推动数字化技术在绿色产品认证中的应用，提升绿色产品辨识度。鼓励具备条件的企业积极融入数字化绿色供应链体系，如设立绿色供应商红黑榜，推动全供应链节能减碳。鼓励各地区进一步完善和推广数字化绿色出行方式，实现智能调度、定制公交、数字安防等多功能融合。基于数字化应用推进废旧产品回收。最后，基于数字化应用加大绿色消费的精准化、个性化传播，营造绿色消费氛围。借助数字化应用精准匹配绿色产品的消费群体，利用短视频、自媒体等平台加大绿色消费的精准化、个性化传播推广。相关管理部门与行业协会、企业等联合推出"数字＋"绿色消费体验展等推介项目。鼓励有条件的地区建立一批布局合理、各具特色、功能完善的绿色消费地标、商圈、标杆街区。鼓励电商平台成立"绿色商家联盟"，在满减优惠、折扣力度等方面给予绿色消费支持，打造线上绿色消费新热点。

第二，完善新能源科技研发的激励机制，促进新能源汽车消费。在推动消费主体现代化的过程中，完善新能源科技激励机制，促进新能源汽车消费，是释放消费主体多元需求的重要途径。首先，加强新能源汽车充电基础设施建设，是提升用户体验的基础。政府和汽车企业应加大对公共充电桩、专用充电桩和家用充电桩的投资，构建便捷覆盖面广的充电网络，提高充电设施的可用性和充电效率。通过推广智能充电网络，利用大数据和智能算法等数字科技，实现充电资源的高效管理和智能调度，进一步提升用户体验和满意度。其次，健全售后服务体系，提升售后服务水平，是增强消费者信心的关键。建立完善的售后服务体系，包括广泛的维修服务网络、充足的备件供应和高效的售后服务流程，可以有效提高消费者的满意度和信任度。加强对售后服务人员的培训，提高其专业技能和服务意识，确保售后服务质量，可以为消费者提供全方位的支持和保障，减少消费者对新能源汽车售后服务的顾虑。此外，提供优惠的财政激励政策，是促进新能源汽车消费的重要手段。政府可以通过购置税减免、购车补贴和贷款优惠等措施，降低消费者购买新能源汽车的成本，增强其购买意愿。同时，对新能源汽车生产企业提供税收优惠和研发补助，鼓励企业加大技术研发投入，提升产品质量和竞争力。政府还应设立专项基金，支持新能源汽车核心技术的研发和创新，加快技术转化和产业化进程，确保新能源汽车技术的不断提升和更新。为了实现绿色可持续发展，政府还应制定和实施配套的政策和制度，保障新能源科技激励机制的有效执行。通过政策透明度和持续性，增强消费者和企业的信心，避免市场波动。加强各级政府部门之间的政策协调，形成政策合力，确保政策的落地和有效执行。同时，加强对新能源汽车市场的监管，防止不正当竞争和市场乱象，维护公平公正的市场环境，为新能源汽车消费创造良好的发展条件。

第三，加快数字科技研发投入，满足消费者升级化需求。在消费升级的时代背景下，加快数字科技研发投入，对于满足日益多样化和升级化的消费需求具有重要意义。首先，企业通过增加研发投入，开发具有设计感和科技感的产品，提升品牌形象和市场竞争力，满足消费者升级化需求。随着人们生活水平的大幅提高，消费者对产品的设计和科技含量有了更高的要求，他们希望购买的产品不仅实用，而且能够体现个人品位和科技前沿。其次，加快数字科技研发投入，有助于推动绿色消费和可持续发展。随着环保意识的增强，消费者越来越关注产品的环保性能和生产过程的可持续性。通过研发绿色科技，企业可以开发出低能耗、低污染的产品，满足消费者的绿色化需求。例如，新能源汽车的研发不仅减少了对传统能源的依赖，还降低了碳排放，对环境保护具有积极意义。通过加大对绿色科技的投入，企业不仅能够满足消费者的环保需求，还能为实现可持续发展目标作出贡献。此外，数字科技的研发投入还能提升产品的品质，满足消费者对高品质生活的追求。品质化需求不仅体现在产品的耐用性和安全性上，还包括产品的智能化和便捷性。企业通过数字科技的应用，可以在产品中融入智能技术，提高产品的功能性和用户体验。例如，智能家居产品通过物联网技术，实现了家电设备的互联互通，使消费者的生活更加便利和舒适。企业通过持续的数字科技研发，不断提升产品的品质，增强市场竞争力，满足消费者对高品质生活的需求。概括而言，加快数字科技研发投入，开发设计感强、科技感高的产品，推动绿色消费，实现广大人民群众的品质化生活。企业通过不断增加研发投入，引领市场潮流，满足消费者的升级化需求，推动消费主体现代化进程。政府应积极支持和引导企业加大研发投入，通过政策优惠、资金支持等方式，鼓励企业在数字科技领域进行创新，提升整体科技水平和市场竞争力，更好地满足消费者多样化、升级化的需求，推动消费现代化发展。

第三节　运用数字科技提升消费主体的消费能力

消费主体（消费者）的消费能力是消费主体现代化的关键保障。在数字经济蓬勃发展的今天，必须运用数字科技提升消费者的消费能力赋能消费主体现代化建设，包含运用数字科技扩大中等收入群体规模、运用数字科技弥合城乡收入消费差距及运用数字科技扭转弱势群体消费水平。

一、运用数字科技扩大中等收入群体规模

共同富裕既是中国式现代化的本质特征之一，也是我国消费现代化

的基础保障，更是广大人民群众对美好生活的殷切期盼。中等收入群体描绘了一个国家或地区收入达到中等水平、生活较为宽裕的群体。因此，充分运用数字科技扩大中等收入群体，对于维护社会和谐稳定、推动共同富裕，扩大内需、实现消费现代化至关重要。尤其是进入新发展阶段，扩大中等收入群体要毫不犹豫地坚持发展数字产业，不断增加就业数量和质量，提高人民群众收入水平。

第一，加快扩大数字产业化规模，创造大量新增就业。当前，加快发展数字经济已经成为世界各国抢占新一轮科技革命和产业变革的重要战略。《数字中国发展报告（2022年）》表明，我国数字经济规模达到50.2万亿元，数字经济总量稳居全球第二位，占GDP比重达到41.5%。[①] 数字产业化规模持续扩大，软件业务收入、大数据产业规模均保持快速增长，新增了大量数字产业就业岗位，持续吸纳着新增的社会劳动力。中国信通院的测算数据表明，数字产业化领域中的招聘岗位数占所有招聘岗位数的1/3左右，所招聘人数占招聘总人数的1/4左右。相比传统产业，数字产业具有更高附加值，进而也提升了从业人员的收入水平。不仅如此，数字科技也催生出互联网经济领域的创新创业新模式，衍生出诸多新就业岗位新形态。在数据驱动、平台支撑、网络协同支持下催生了"个体即主体、个体即组织"的新型个体经济，工作的时间、地点、方式更加灵活多样。零工经济的蓬勃发展，推动了灵活就业市场的突飞猛进，满足了劳动者追求自主劳动的社会需求，使生产与消费的良性互动成为新时代的新气象。

第二，持续推进产业数字化进程，提升人们收入水平。产业数字化转型是提升人们收入水平的重要举措。首先，产业数字化能够显著提高劳动生产率。企业通过引入人工智能、物联网和大数据分析等数字科技优化生产流程，提高生产效率、降低生产成本。例如，制造业的数字化

---

① 中华人民共和国中央人民政府. 2022年我国数字经济规模达50.2万亿元［N/OL］. 中华人民共和国中央人民政府网. 2023 – 04 – 28. https：//www. gov. cn/yaowen/2023 – 04/28/content_5753561. htm.

转型能够实现生产的自动化和智能化，提高产品的生产速度和质量，进而增加了企业的利润和提高员工的薪酬水平。其次，产业数字化要求劳动者具备更高的知识技能。数字科技的广泛应用需要劳动者掌握数字化知识技能，倒逼劳动者进行职业技能学习和培训，从普通工人转向数字科技工人。例如，传统的机械操作工人需要学习如何操作智能设备和维护自动化生产线，销售人员需要掌握数字营销和数据分析技能。通过职业技能的提升，劳动者能够从事技术含量更高、附加值更大的工作，从而有效提高收入水平。此外，产业数字化还为新兴产业的发展提供了土壤，创造了大量新的就业机会。在数字化浪潮的推动下，涌现出了诸如数字金融、在线教育和智慧医疗等新兴产业，为劳动者提供了大量的就业岗位，提升了人们的总体收入水平。最后，政府还应积极支持和引导完善产业数字化转型政策，促进数字科技在各领域的应用和推广。例如，政府通过提供资金支持、税收优惠等方式，鼓励企业进行数字化转型和数字科技创新。同时，加强职业技能培训体系的建设，为劳动者提供丰富的培训资源和机会，帮助劳动者掌握数字科技，提升职业技能。通过政府、企业和劳动者的共同努力，推动产业数字化进程，提升人们的收入水平，为消费现代化奠定重要的物质基础。

第三，加大数字科技推动产业结构升级，扩大中等收入群体规模。以数字科技促进产业结构升级是扩大中等收入群体规模的关键策略。以人工智能为代表的数字科技正深刻地改变着产业结构，促进传统产业向高端化、智能化方向发展。首先，数字科技的广泛应用提高了生产效率和产品质量，使得企业在激烈的市场竞争中占据有利地位，从而提升企业经济收益，为劳动者提供更多的高薪就业机会，进而扩大中等收入群体规模。其次，随着人工智能科技的蓬勃发展，市场对高端服务产业的需求不断增加。例如，智能金融服务的兴起，促使金融分析师和数据科学家的需求大幅增加，从业人员也凭借高水平的专业技能获得丰厚的薪酬，从而扩大了中等收入群体的规模。此外，数字科技推动产业结构升级还促进了创新创业环境的优化，有助于激发大众创业和万众创新的热情。数字科技为中小企业和创业者提供了更多的工具和平台，使得他们能够更容易地获取市场信息、降低运营成本、提高经营效率。例如，数字平台的普及推动小微企业能够以更低的成本地进入市场，人工智能的应用则使得创业者能够通过智能分析和决策工具精准把握市场动态。这些创新创业活动推动了经济的多元化发展，为扩大中等收入群体注入了新的动力。同时，政府还要大力支持数字科技在各行业的应用和推广，推动产业结构升级。例如，可以通过财政补贴、税收优惠等方式，鼓励企业进行数字化转型，加大对中小企业的支持力度。此外，政府还应注重人才培养，完善教育和培训体系，提高劳动者的数字技能水平，确保他们能够适应数字经济的发展要求，获得更高的收入水平。

二、运用数字科技弥合城乡收入消费差距

城乡收入差距是制约我国消费现代化的重要因素。充分运用数字科技赋能农业、农产品土特产和乡村旅游，提高农村居民收入水平、缩小城乡收入差距，对于解决我国社会不平衡、不充分发展问题，促进乡村振兴推动共同富裕具有重大意义。

第一，充分运用数字科技赋能农村产业振兴，提高农村居民收入水平。首先，加快运用数字科技提升农业生产效率。通过数字科技监测农作物的生长环境和状况，科学灌溉、施肥、防治病虫害，实现农业精准种植，从而提高农产品的产量和质量，有效降低生产成本，提升农村地区居民的收入水平。其次，数字科技为农产品土特产的销售提供了广阔的渠道。利用数字直播平台，农民可以通过视频的形式向受众展示介绍土特产，吸引更多的消费者购买。例如，通过短视频平台，农民可以分享农产品的生产过程、烹饪方法等，拉近与消费者的距离，增加产品的销售额。此外，数字科技也为乡村旅游的蓬勃发展注入了新动力。加快建设智慧乡村旅游平台，赋能游客在线预订住宿、购买门票、了解乡村景点信息等，提升游客出行体验。例如，利用虚拟现实（VR）技术，

游客可以在网上体验乡村的美景和风土人情，吸引更多的游客前来旅游。同时，鼓励农村居民通过数字平台展示和推广本地的特色旅游资源，如农家乐、民宿、采摘园等，吸引城市居民到乡村旅游消费，促进乡村旅游业的发展，提升农村居民的整体水平。最后，数字科技还为农民提供了更多的增收机会。例如，农民通过在线教育平台一方面可以学习到先进的农业技术和经营管理知识，提高自身的素质和能力；另一方面可以参与各类技能培训和就业机会，拓宽就业渠道，增加收入水平。

第二，加快完善农村地区物流基础设施建设，打通农产品上行的"第一公里"和消费品下行的"最后一公里"，为农村产业振兴添砖加瓦，推动国内大循环，拉动农村地区消费需求。首先，打通农产品上行的"第一公里"，解决农产品从生产地到集散地的运输难题。建设现代化的冷链物流系统、提高乡村公路的通达性以及加强仓储设施的布局，保障农产品的新鲜度和品质，缩短农产品进入市场的时间。农民不仅可以通过更广泛的市场渠道销售农产品，还能获得更高的收益。在数字平台的助力下，农产品可以实现快速达，满足消费者对农产品的新鲜需求，从而促进农民增收。其次，打通消费品下行的"最后一公里"，解决消费品从城市到乡村的配送问题。加快建设与完善农村物流配送中心、优化配送路线以及智能快递柜，加大现代物流科技的普及应用，提升农村地区的物流效率，让更多优质消费品能够快速、便捷地送达农村地区广大家庭，进而提升农村居民的选择丰富性及消费水平。最后，加大物流基础设施建设投资力度，为农村产业振兴添砖加瓦。政府和企业应共同发力，通过财政补贴、税收优惠等政策鼓励物流企业完善农村地区物流网络。与此同时，加强物流人才的培养，提升农村地区物流从业人员的专业素养，确保物流服务的高效和稳定，将更多农产品输送到城市市场以及更多城市消费品进入农村市场，实现城乡资源的双向流动，推动形成国内大循环。概括而言，加快完善农村地区物流基础设施建设，是实现乡村振兴和推动国内大循环的重要手段。通过打通农产品上行的"第一公里"和消费品下行的"最后一公里"，为农村产业振兴添砖加瓦，拉动农村居民的消费需求，助力实现城乡经济的协调发展。

第三，政府大力支持数字科技、数字人才等资源向农村流动，探索农业数字化新模式新业态，推动农村地区的第一产业、第二产业和第三产业有机融合，优化农村居民的就业结构和创业水平，提高农村居民收入，带动农民消费水平，缩小城乡居民消费差距。首先，政府大力支持数字科技、数字人才和数字化产业等资源由城镇向农村流动，缩小城乡数字鸿沟、促进农村产业振兴的重要举措。完善数字科技企业在农村地区布局的激励机制，推动乡村产业数字化进程。例如，大力支持数字科技人才返乡宣讲和创业，推广农业物联网、智能装备、数据分析等数字科技，提高农业生产的数字化、智能化水平。同时，通过组织培训和科技指导，提高农村居民的数字技能和应用能力，帮助农村居民更好地利用数字科技提升生产效率和收入水平。此外，政府还应加大对农村教育、医疗等公共服务的投入，提升农村居民的生活质量，增强其消费能力。其次，充分利用数字科技的溢出效应，积极探索农村地区的第一产业、第二产业和第三产业有机融合，提升农村经济活力、优化农村居民就业结构。在推动农村地区产业振兴过程中，充分发挥数字科技的作用，通过发展农业产业链，延伸农业价值链，提升农产品附加值。例如，可以发展农产品加工、储藏、运输等环节，促进农村第一产业、第二产业和第三产业融合发展，创造更多就业机会，提高农民收入水平。此外，通过发展乡村旅游、休闲农业、生态农业等新业态，吸引更多资金和人力资源进入农村，提升农村经济的综合竞争力。最后，优化农村居民的就业结构和创业水平，提高农村居民收入、拉动农村居民消费需求。通过加强数字技能培训、创业指导、就业服务等措施，提高农村居民的数字科技素养和从业技能。例如，可以通过设立农村创业孵化基地、提供创业资金支持、组织创业大赛等形式，吸引大学生返乡创业激情、激发农民的创业热情，孵化一批具有数字技能的农村创业者。此外，通过加强职业教育，提供更多的技能培训和职业认证机会，提升农民的职业素养和就业能力，帮助他们找到更好的就业机会，弥合城乡收入消费差距，提升农村居民的消费能力，实现城乡共同富裕，推动我国经济社会的高质量发展。

三、运用数字科技扭转弱势群体消费水平

弱势群体是实现共同富裕的重点，也是制约消费现代化的关键。尤其是进入蓬勃发展的数字时代，弱势群体主要包含老龄群体、贫困人口、网络发展落后的边远地区人群及残疾人①。由于年龄、经济、基础设施或身体障碍等原因，导致弱势群体产生数字鸿沟，进而制约了他们对美好生活的向往。因此，积极推动数字科技向弱势群体普及，更加平等广泛地共享数字中国发展成果，增强弱势群体在数字时代的获得感、安全感和幸福感。

第一，利用数字科技提升弱势群体的劳动技能，拉动弱势群体的消费水平，实现弱势群体的日益增长的美好生活需要。首先，加快建设数字科技平台，为弱势群体提供丰富的职业技能学习资源，包括视频课程、互动学习、在线测试等，方便弱势群体随时随地学习。比如，政府大力支持网络教育平台推出专门针对弱势群体的免费课程，包含简单的智能手机、电子商务使用以及高阶的计算机技能。其次，充分利用数字科技为弱势群体提供远程就业机会。尤其是进入数字化时代，远程办公和在线兼职成为越来越多人的选择，大力支持弱势群体通过数字平台寻找适合自己的工作，开展短视频、手工艺、农产品传播等灵活就业形式，增加收入来源。比如，加快完善电商平台为农村弱势女性提供手工艺品的销售渠道，让她们通过自己的劳动获得稳定收入。再次，利用数字科技为弱势群体提供精准的就业匹配服务。政府应当开发针对弱势群体求职网站，利用人工智能科技，为弱势群体提供从业求职技能培训，并推送合适的岗位信息，提升弱势群体就业匹配的效率和成功率。此

---

① 朱巍. 弥合弱势群体数字鸿沟，共享数字红利［N］. 光明日报，2022－08－03.

外，政府和社会各界也应积极参与，提供政策支持和资金投入，推动数字技能培训的普及。还可以通过税收优惠、补贴等措施，鼓励企业和机构为弱势群体提供更多培训机会。与此同时，还应建立完善的法律和政策框架，保障弱势群体在数字经济中的权益，消除数字鸿沟，让每个人都能平等享受数字科技带来的便利和机会。最后，提升弱势群体的消费水平也有助于拉动整体经济增长。当弱势群体的收入增加后，将有更多的消费能力，购买更好的商品和服务，进而推动市场需求，促进经济高质量发展。比如，弱势群体通过电商平台可以购买到更优质的生活用品，享受到更加便捷的服务，提高生活幸福感。在数字经济时代，通过大力推广在线教育和技能培训，利用数字科技提升弱势群体的劳动技能，拉动其消费水平，更能满足他们日益增长的美好生活需要。

第二，加快数字基础设施适老化改造，让老年群体共享数字经济发展成果。随着数字科技的日新月异，数字产品和服务已经渗透到日常生活的各个方面。然而，老年群体在使用数字科技时往往面临字体过小、操作复杂等易用性方面的挑战。为了解决这些问题，鼓励政府和相关企业在电子产品中加入针对老年群体使用屏幕的字体放大功能，以及对老年群体购买电子产品的优惠政策等。首先，提升老年群体的数字平等权是新时代企业应当承担的重要社会责任。国家应考虑将对相关领域的投入纳入税收减免、政策补偿和扶持中，通过财政支持和政策引导，鼓励企业开发适老化的数字产品和服务。同时，企业也应主动承担社会责任，在产品设计和服务提供中充分考虑老年人的特殊需求。例如，可以在智能手机、平板电脑等设备中预装简易模式，使老年人可以更方便地操作；在网站和应用程序中加入语音辅助功能，帮助视力不佳的老年人使用。其次，保障数字平等权应作为扭转老年群体数字鸿沟的核心目标。数字鸿沟不仅限于硬件设备的获取，更涉及软件服务的可用性和易用性。政府应制定相关标准，要求数字产品和服务提供商在设计和开发过程中充分考虑老年人的使用体验，从而实现真正的数字平等。通过政策扶持和社会倡导，提高老年群体的数字素养，帮助他们掌握基本的数字技能，使他们能够享受到数字经济带来的便利和好处。最后，社区和社会组织也应积极参与到提升老年群体数字平等权的工作中来。例如，可以组织数字技能培训班，帮助老年人学习如何使用智能设备和上网，解决他们在使用过程中的疑难问题。同时，设立专门的服务热线，提供一对一的指导和帮助，及时解决老年人在使用数字产品和服务中遇到的困难。概括而言，提升老年群体的数字平等权是国家、社会和企业承担社会责任的重要组成方面，应将保障数字平等权作为消除弱势群体数字鸿沟的核心目标，实现老年群多样化、品质化的美好生活需要。

第三，加快完善数字科技赋能残疾群体实现美好生活需要的基础设施建设和制度保障。首先，加强数字科技赋能残疾人实现美好生活需要的顶层设计，完善残疾人事业信息化发展实施方案，消除残疾人参与社会生活的数字鸿沟。利用数字科技帮助解决残疾人出行、自理等方面问题，更好地满足残疾人的升级化需求，提高残疾人的生活品质和幸福感。其次，广泛开展以电商直播、网络主播、有声书录制、网络客服等适合残疾人就业创业的技能培训，全面提升残疾人数字素养，让残疾人适应数字化时代就业需求，进而提升收入水平，激活消费潜能、提升消费水平。最后，凝聚社会各方力量，积极营造扶残助残的社会氛围。数字科技为残疾人生活带来了诸多便利，然而诸多数字科技产品的价格过高。因此，政府应当通过税收减免、研发经费投入等方式大力支持企业融入残疾人科技产品的开发中，开展残疾群体数字化包容发展项目，例如研发无障碍地图导航等数字助盲产品，开展数字助盲技能培训等提升盲人的生活幸福感。此外，政府还应当给予残疾人购买数字产品补贴，引导残疾群体利用数字产品更好地参与社会生活。

第七章

数字科技推动消费客体
现代化的战略路径

消费客体现代化不仅是我国消费现代化的核心要素，更是推进中国式现代化进程、供给侧结构性改革的重要着力点。立足消费经济学三要素之一的消费客体现代化，从运用数字科技增强消费客体的性价比、运用数字科技推进消费客体扩容提质、加强数字科技推动消费客体结构升级三个层面提出实践路径。

第一节　运用数字科技增强消费客体的性价比

消费客体（产品与服务）的性价比是消费客体现代化的核心内容。在数字经济蓬勃发展的今天，必须运用数字科技不断提升产品与服务的性价比赋能消费客体现代化建设，包含用好支持企业科技创新活动提升产品生产效率、运用数字科技推动农副产品走出田间地头及加快数字科技推动消费客体价格透明化。

一、支持企业科技创新活动提升产品生产效率

在当今快速发展的数字化时代，企业数字科技创新活动对于提高产

品生产效率、降低生产成本具有重要意义，这不仅有助于增强企业的核心竞争力，也直接提升消费客体的性价比。大力支持企业的数字科技创新活动，需要从完善激励机制、优化创新环境、加强技术研发和应用等多个维度综合施策。

第一，建立完善企业自主创新的激励机制推动产业升级和提升产品生产效率。完善的企业自主创新激励机制不仅是推动科技创新的基础，也是加速产业升级和提升国家竞争力的关键。政府及相关机构在这方面扮演着至关重要的角色，通过制定各类优惠政策和提供财政支持，鼓励企业加大数字科技研发的投入。例如，政府可以通过提供税收减免，减少企业在研发初期的经济压力，同时，研发补贴可以直接降低企业科研成本，激发企业开展原创性研究和数字科技研发的积极性。此外，数字科技创新贷款等金融产品也极大地缓解了企业在资金链紧张时的资金需求，使企业能够持续进行长期的科技创新活动。政府支持政策还应包括鼓励企业与高等院校、研究机构的产学研跨界合作，实现多方互利共赢结果。企业可以借助学术界的先进思想和研究成果，加快数字科技的市场化进程；而高校和研究机构也能通过与企业的合作，增加其研究的实际应用价值，促进科研成果的转化。这样的合作促进了知识流通与数字科技创新，有效地将科研成果转化为实际生产力，推动了整个社会的技术进步和经济发展。要推动企业持续创新，优化企业创新的环境是至关重要的。简化创新活动中的行政程序对于激发企业的创新动力非常关键。传统的行政程序往往繁复且耗时，这极大地影响了企业的研发效率。通过削减不必要的行政审批，缩短审批时间，企业可以将更多的资源和精力投入技术研发本身，从而加速创新步伐。此外，提供高效的知识产权保护是保障企业创新成果的重要手段。知识产权保护不仅保障了创新者的利益，避免了创新成果被侵犯或盗用的风险，还能够通过确保企业能从其创新中获得适当的经济回报，进一步激励企业和研发人员投入更多的研发活动。有效的知识产权保护机制能够形成良好的创新激励机制，推动科技进步和产业升级。

第二，建立健全的数字科技市场同样是优化数字科技创新环境的关键环节。数字科技市场的健全不仅有助于技术成果的推广和应用，还能加快数字科技成果从实验室到市场的转换速度。通过建立开放且高效的数字科技交易平台，创新成果可以更快地找到适合的应用场景和合作伙伴，实现商业价值。这不仅促进了数字科技的快速转化，也为企业创造了更多的经济效益。支持企业在关键技术领域和新兴产业中进行深入研发显得尤为重要。特别是在数字科技、生物科技、量子科技等前沿科学领域，这些技术的发展不仅能够推动传统产业的转型升级，还能催生全新的产业生态。政府可以通过设立专项基金来支持这些领域的研发活动，这将直接增强企业的技术创新能力和市场竞争力。例如，政府可以设立科技创新基金，专门用于支持人工智能数字科技等领域的研发项目。这种资金支持不仅可以减轻企业的研发负担，还可以激励企业投身于高风险的科技前沿研究和开发。此外，通过政策引导，鼓励更多的私营资本投入科技创新中，也是推动数字科技发展的一个有效策略。私营资本的参与可以为数字科技项目提供更为灵活和多样的融资渠道，增强数字科技创新项目的动力和活力。

第三，政府还可以通过税收优惠、研发补贴等形式，进一步鼓励企业加大数字科技创新的投入。建立与国际科技创新的合作对于提升国家数字科技实力和竞争力至关重要。通过积极国际合作引进先进的数字科技管理经验，加速我国数字科技的发展，推动我国企业和科研机构接触到世界领先的科研成果和技术革新，促进数字科技交流与共享，同时也为我国企业开拓国际市场提供了门路，使其在国际市场中占据更有利的竞争位置。此外，加强企业内部的技术应用和推广同样不容忽视。在快速变化的市场环境中，企业不仅需要关注新技术的开发，更要注重技术的实际应用。这要求企业对现有生产流程和设备进行智能化升级。利用物联网、大数据、人工智能等数字科技，可以大幅度提高生产效率和产品质量，优化生产管理和制造流程。通过实施这些技术，企业能够实现生产过程的精细化管理，从而在提升效率的同时降低成本，增强市场竞争力。在推动技术内部应用的同时，企业应该建立起持续学习和技术迭代的机制，确保技术能够快速地从实验室转移到市场。这不仅涉及技术开发和应用，还包括对员工的培训和技能升级，确保他们能够掌握并有效使用这些新技术。最后，监测和评估创新活动的效果也是推动企业数字科技创新不可或缺的一环。通过设立评估机制，对企业的数字科技创新活动进行定期检查和效果评估，可以确保资源的有效使用，并根据评估结果调整和优化创新政策。概括而言，通过上述多维度、系统性推进企业科技创新的策略，不仅可以有效地支持企业的数字科技创新活动，还可以通过提升产品的生产效率，进而增强消费客体的性价比，为消费者带来更高质量、更具成本效益的产品和服务，实现经济的持续健康发展。

二、运用数字科技推动农副产品走出田间地头

在数字经济飞速发展的时代，数字科技已成为推动乡村振兴和农副产品现代化的关键驱动力之一。数字科技的运用不仅仅局限于传统的信息技术，还包括了大数据、云计算、物联网等多种高新技术，这些技术的集成应用为农副产品的生产、加工、销售及其价值链的每一个环节带来了革命性的变化。因此，充分发挥数字科技推动农副产品走出田间地头，离不开数字科技人才下沉、乡村直播基地和数字物流设施的建设。

第一，完善数字科技人才下沉激励机制，推动乡村产业振兴。政府可以通过引进和培养乡村数字科技人才来促进乡村产业数字化发展，在加强政策宣传的同时，还需要有可操作性的举措，如设立奖学金、提供税收优惠及数字科技培训等，吸引数字科技人才投身乡村振兴事业，从而提升乡村科技水平和管理能力。具体来说，政府可以设立"数字乡村先锋奖学金"，专门针对在乡村科技创新领域有突出贡献的人才，以此激励更多科技人才投身农业现代化。同时，为乡村数字科技人才提供税收优惠政策等实质性支持，减少乡村数字科技人才的经济负担，让他们

能够更专心于数字科技成果转化与应用。此外，鼓励数字科技人才为乡村农民开展针对性的技术培训，不仅可以提高农民的科技应用能力，还可以通过"科技+教育"的模式，将数字科技知识普及到每一个角落，促进数字信息的均衡分布。数字科技人才下沉到乡村，可以利用自己的专业知识和技能，直接参与指导农业生产的各个环节。例如，他们可以运用物联网技术来监控作物生长状况，利用大数据分析来预测市场需求，或是通过远程控制技术来管理农业机械设备，提升农业生产的科技含量和效率。更进一步地，数字科技人才还可以作为技术传播者，通过开展培训帮助乡村农民掌握和应用这些新技术。比如，通过举办"数字农业开放日""科技农业体验营"等活动，让农民亲自体验和学习如何操作现代化农业设备，如何利用云平台进行数据管理等，使得数字科技成果的普惠性真正落到实处。

第二，加快建设农村直播基地和完善数字物流基础设施，推动农副产品从田间地头走向都市餐桌。基于数字科技的直播能够将农副产品推广到更广阔的市场，还为消费者提供了全新的购物体验，促进了农产品与数字经济的深度融合。直播基地为农产品与消费者直接互动搭建了重要的平台，农民或主播通过直播可以实时展示他们的农田、农产品种植过程甚至是采摘的现场，这种"云游农场"的体验不仅能增加消费者的信任感，还能有效提升农产品的吸引力。同时，直播过程中，主播可以即时回答消费者的问题，解释农产品的独特之处和健康价值，大大增强消费者的购买意愿。就像网上热议的"带货王"直播那样，这种新型的销售方式让消费者在了解农产品的同时享受购物的乐趣，打破了传统农产品市场的局限。完善的数字物流基础设施也是确保农副产品从田间到餐桌的关键。现代的物流系统通过使用物联网技术，可以实时跟踪产品的运输状态，确保在运输过程中的温度、湿度等条件都得到恰当控制，从而保证产品的新鲜度和品质。此外，高效的物流系统能够缩短产品的配送时间，这对于易腐烂的农副产品尤为重要。快速的物流配送相当于在市场竞争中"开挂"，大大提高了农副产品的市场竞争力。

第三，加快推广数字科技应用，提升农副产品的标准化分级化。通过集成物联网技术、大数据分析以及自动化设备，可以全面优化农业种植、加工过程，提高农副产品的产量和质量。充分发挥物联网技术等数字科技，推动农民进行实时监控、准确把握农作物生长的关键过程，从源头上对农副产品进行分级化。比如，通过在田间安装传感器，农民可以实时获取作物生长状况、土壤湿度、温度等关键数据，通过全面系统分析后精确控制灌溉和施肥，确保农作物在最佳的环境下生长。这种方法不仅科学提升了农作物的产量和质量，还能根据农作物的生长过程对农作物进行分级化，可以说是"一举两得"。在农副产品标准化分级化的基础上，充分利用大数据分析历史数据和市场趋势、预测未来的市场需求，从而合理安排种植及生产计划，有效避免市场的过剩或短缺问题。数字科技不仅提高了农作物的销售量，还能确保农产品价格的稳定性，避免因市场波动导致的经济损失，实现"精准农业、精准供给"。数字科技在农副产品加工阶段也展现出其独到的优势。自动化设备的使用大幅提高了加工效率，推动了农副产品标准化，减少了人力成本和加工过程中的错误率。此外，通过先进的数据追踪和管理系统，可以确保每一批次的农副产品都能达到食品安全标准，消费者可以"吃得放心，买得舒心"。

第四，加快发展农村电子商务，扩大农产品销售范围。数字科技正在重新定义传统农业，尤其是农副产品销售环节。数字科技的广泛应用，特别是电子商务平台的兴起，为农副产品打开了通向全球市场的大门，极大地扩展了销售范围，提高了农副产品的知名度和竞争力。通过电子商务平台，农民可以轻松地将自己的农副产品推向全国乃至全球市场。这种数字科技赋能农副产品的模式，不仅突破了地理位置的限制，推动农产品走出田间地头直达消费者，还减少了中间环节，降低了流通成本和提高了销售效率。农民通过上传农副产品图片、视频等多媒体信息，使用"短视频＋直播"等形式亲自推介自己的产品，使得都市城镇的消费者也能感受到来自田间地头的新鲜和真实，极大地提高了农副产品流通效率，进而增强了农民对市场敏感度和议价能力。通过对短视频、直播平台的数据分析，农民可以实时了解农副产品的市场动态、消费者偏好和价格变动，从而更精准地制定营销策略和定价策略。例如，根据水果、蔬菜的季节性规律和产地区域特征，各级政府帮助农民及时地通过电子商务平台大力推介应季的果蔬，打造爆款果蔬，提升果蔬的区域品牌形象和知名度。电子商务平台还提供了一种有效的品牌建设途径。农民可以通过故事化的内容营销，讲述自己的种植理念和产品的独特之处，逐渐树立起品牌形象。这不仅能增强消费者的品牌忠诚度，还能提升产品的附加值。例如，一些农户通过打造"绿色有机""传统手作"等品牌概念，成功将普通农副产品转化为高端特色农副产品，赢得了更多消费者的青睐。数字科技使得售后服务更加高效便捷。农民可以通过电商平台提供在线客服，及时解答消费者的疑问和处理售后问题，提高消费者满意度和忠诚度。数字科技的运用在农业销售中展现出强大的动力，不仅改变了农副产品的销售方式，也提升了农民的生产和经营理念。现代农业正逐步从土地走向云端，实现了从传统的"下田耕作"到现代的"网上交易"的华丽转变。

三、加快数字科技推动消费客体价格透明化

在数字经济蓬勃发展的时代，消费客体价格透明化是现代化市场公平交易的基石，更是提升消费客体性价比的关键前提。充分发挥移动互联网、大数据和人工智能算法等数字科技，可以有效推动价格体系的透明化、公平化和普惠性，从而实现更高效和公正的市场环境。

第一，充分利用数字科技提升消费者获取产品与服务价格信息的便捷化。数字科技的飞速发展已经大幅改变了消费者获取和处理价格信息的方式，消费者的购物过程也因此变得便捷化。在传统市场中，价格信息往往存在不对称，消费者难以获取到全面完整的价格数据，这直接影响了他们的购买决策。然而，随着数字科技的进步，特别是互联网的普

及，消费者现在只需动动手指，便能接触到不同企业的产品价格信息。电子商务平台、价格比较网站和消费者评价系统等工具，提供了实时更新、覆盖广泛的价格和产品信息。价格信息的透明化不仅消除了市场的信息壁垒，还极大地增强了市场的竞争性、公平性和普惠性。例如，消费者在购买家电或服装之前，可以轻松浏览不同平台或各种比价网站，比较不同零售商的价格和服务，从而作出更好的购买决策。通过数字科技处理和分析来自不同源的庞大数据集，可以帮助平台精准地向消费者展示不同供应商的价格，推动了消费者"逛一逛，多对比"的购物模式。电子商务平台通过复杂的算法分析，识别出性价比最高的产品，甚至预测价格变动趋势，让消费者的购买决策更加科学和合理。数字科技助推消费者能够更加便捷地获取产品与服务价格，实现消费者对购买决策的透明度，极大地提升了消费客体的性价比。

第二，充分发挥数字科技的价格推荐，更好匹配消费者个性化价格需要。以人工智能算法为代表的数字科技，在为消费者提供产品个性化价格信息方面发挥了重要作用。人工智能通过学习和分析消费者的历史购买数据、浏览习惯和偏好，为消费者推荐最符合他们预算需求的产品与服务。这种"量身定做"的购物推荐，不仅提高了消费满意度，也提升了购物效率。社交媒体和移动支付的普及也为产品与服务价格信息的传播共享提供了新的平台。消费者可以在社交网络上分享购物体验和价格发现，形成一种"价格透明"，进一步增强了市场的透明度和公正性。随着移动互联网的全球普及，智能手机和移动应用程序已成为我们日常生活的重要组成部分，消费者获得了前所未有的便利——即使在移动状态下，也能随时随地查询和比较不同店铺及在线平台的价格，这种随身携带的"价格透明化工具"极大地促进了市场中价格信息的流通和公平竞争。移动互联网等数字科技使得价格比较变得简单便捷，消费者只需点击几次就可以在多个平台上查看相同产品的不同价格。这种"比价行为"已成为许多人购物前的必做功课。例如，使用"慢慢买"等价格比较软件，消费者可以追踪商品价格变动，确保在最佳时机购买，实现真正的"剁手不吃亏"。

第三，充分利用数字科技促进价格优惠促销活动，提升产品与服务价格的吸引力和公正性。为了吸引消费者，电商平台和零售商可以通过移动应用推送实时的优惠信息和闪购活动，进一步增强了消费者的购物体验和满意度。这种随时可查询的价格透明度不仅令消费者受益，还推动了市场的健康发展。价格信息公开透明的市场环境推动了商家之间采取更加公平的竞争，市场的自我调节机制也随之加强。由于商家操纵价格和不正当竞争的空间大为缩减，消费者可以更加自信地做出购买决策，进而倒逼商家通过提高产品质量和服务水平来吸引消费者，形成了一个良性循环。更重要的是，移动互联网等数字科技还促进了消费者权益的提升。消费者可以通过社交媒体和论坛等渠道，分享自己的购物体验、普惠产品及透明价格，这种"众人拾柴火焰高"的信息共享行为，不仅提升了个体的消费智慧，还促进了整个消费群体的利益最大化。数字科技不仅改变了我们的购物方式，还正在推动市场向更公平、更普惠的价格体系转变。在这个过程中，实时的市场数据监控和分析发挥了关键作用。政府和监管机构利用先进的数字科技，可以有效地进行市场监督，确保交易的公正性和透明性。具体来说，通过部署大数据分析工具和人工智能算法，市场监管部门能够实时跟踪产品与服务的价格变动。一旦系统检测到异常波动或不正常的价格模式，比如某一地区的产品价格突然飙升，可能表明存在价格操纵或囤积居奇的情况，市场监管机构就可以迅速介入，进行调查和处理。这种"大数据监管"有效减少了市场中的不公平行为，保护了消费者的合法权益，让市场更加公正。此外，数字科技在普惠性价格体系的建立中也发挥了至关重要的作用。通过普及网络和移动支付技术，即便是在偏远或经济较弱的地区，消费者也能够接触到广泛的市场信息。这种信息的获取有助于他们做出更加合理的消费决策，提高他们的购买力。例如，低收入家庭可以利用手机应用比较不同零售商的价格，选择性价比最高的产品，这在传统市场中是难以想象的。同时，数字科技还促进了价格的普惠性，让每一个社会成员都能从中受益。政府可以通过电子政务平台提供补贴和优惠信息，确保所有群体，尤其是低收入群体，都能够了解和享受这些优惠补贴。因此，这种"智能福利"的推广，不仅提升了政策的覆盖效率，也增强了政策的透明度和公平性。

第四，加快完善数字科技推进消费客体价格体系透明化的激励机制。为了进一步推进消费客体价格体系的透明化，加快完善数字科技发展的激励机制显得尤为关键。政府及相关机构通过制定合适的政策和法规，鼓励引导企业公开透明地向消费者共享真实的价格信息，同时也要对利用数字科技进行价格欺诈的行为施以严厉的惩罚，有效促使市场主体的行为规范化，确保价格的真实性和公正性。具体而言，首先，政府可以通过提供税收优惠、补贴或其他经济激励，鼓励企业在电子商务平台上或产品包装上公开详细的价格构成和定价机制。这不仅有助于增加企业的市场透明度，也有助于建立消费者对品牌的信任。例如，政府相关部门可以推出"透明定价标章"计划，对那些提供透明定价信息的企业给予标章认证，增加其市场竞争力。其次，加大对利用数字科技进行价格欺诈行为的监管和处罚。在现有的法律框架下，完善针对数字平台的特别条款，明确价格欺诈的界定和相应的法律后果。比如，可以利用数字科技手段追踪和分析涉嫌欺诈的价格行为，一旦发现违规操作，即可迅速采取措施，从而保护消费者的权益。最后，关于数字消费的普及教育也是提升消费产品价格透明化的重要一环。政府和相关机构应合作推广数字消费知识，例如开展线上线下的消费者数字素养培训，提升消费者如何辨识价格欺诈、如何安全地进行网络购物的能力等。通过增强消费者的信息识别和处理能力，不仅提升了他们的自我保护意识，也促进了整个市场的公平交易环境。概括而言，通过完善数字科技发展的激励机制、加大政策支持和监管力度、提升教育公众的数字消费能力，政府和相关机构可以有效推动消费客体价格体系的透明化，确保市场的健康有序发展，为消费者创造一个公平、公正的购物环境。

第二节　运用数字科技推进消费客体扩容提质

消费客体（产品与服务）的扩容提升是消费客体现代化的核心要义。在数字经济蓬勃发展的今天，必须运用数字科技不断推进消费扩容提质赋能消费客体现代化建设，包含运用数字科技大力发展新兴消费产业、完善数字科技加快发展精神文化消费及加快构建布局完善的现代化生产体系。

一、运用数字科技大力发展新兴消费产业

新兴消费产业是扩大内需的重要着力点，也是推动我国消费现代化的题中应有之义。面临全球新一轮科技竞争，数字科技的融合与创新正在引领消费产业的全新变革。尤其是"互联网＋"和"人工智能＋"消费模式的大量涌现，不仅重塑了传统消费领域，更是孕育了众多新兴消费产业，通过打造全新的消费场景、业务和模式，显著提升了有效供给能力和供给质量。

第一，加快发展数字科技重塑消费新场景和新体验。在数字经济浪潮的推动下，消费场景正在经历前所未有的变革，通过数字科技整合线上与线下资源，不仅创造了一系列全新的消费体验，也极大地提升了生活的便捷性和效率。特别是虚拟现实（VR）和增强现实（AR）技术的引入，以及智能家居系统的广泛应用，不仅标志着消费模式的根本变革，更反映了人民对美好生活需要的变迁。VR 和 AR 等数字科技的应用，让消费者可以不受物理空间限制，在虚拟空间中体验购物、旅游和工作。例如，消费者通过 VR 数字科技，能够进行在线旅游或虚拟旅游，仿佛身临其境地游览世界各地的名胜古迹，而无须走出家门。同样，在线购物也因 AR 科技而焕发活力，消费者在家中就可以通过 AR

科技"试戴"服饰或"试放"家具，以确保所购商品的外观和尺寸与个人需求和家居风格相匹配。这种沉浸式和交互式的购物体验，不仅使购物更加直观和有趣，而且显著提高了购买决策的准确性，减少了退换货的可能性。智能家居系统的普及则是另一个突出例子。通过物联网技术，家中的各种设备如智能音箱、智能灯具、安防摄像头等可以相互连接和协同工作，实现自动化管理。用户可以通过一个集中的界面或语音命令控制家中的照明、温度、娱乐系统甚至厨房设备，极大地提升了居家生活的舒适度和便捷性。比如，在寒冷的冬日，还没到家的路上，就能通过手机应用提前开启家中的暖气和热水器，回到家就能享受温暖舒适的环境。

第二，充分利用数字科技推动零售业数字化转型。人工智能、物联网及智能家居等数字科技不仅提升了人们的工作生活质量，还在推动零售业的数字化转型。实体店铺通过数字科技不断优化线上线下购物体验，利用数字标签、互动屏幕等数字科技，提供无缝的购物体验。消费者在店内选购商品时，可以获取更多商品信息和实时优惠，同时也能体验到快速结账的便利，比如通过面部识别或移动支付快速完成支付过程。此外，数字科技还使得个性化服务成为可能。基于消费者的购买历史和浏览数据，商家可以提供定制化的购物建议和促销信息，从而不仅增加了销售机会，也提高了消费者的满意度和忠诚度。新的业务模式不断涌现，彻底改变了传统消费服务的面貌。数字化不仅仅是技术的革新，更是业务模式创新的催化剂。从大数据分析的定制化服务到云计算的跨平台整合，再到区块链技术的透明供应链管理，这些先进的数字科技为消费者带来了全新的购物体验和更高的服务质量。

第三，加快发展数字科技重塑个性化服务。以大数据、云计算及区块链为代表的数字科技应用正在重新定义个性化服务。企业通过收集和分析消费者的购买历史、浏览偏好和社交媒体活动，能够构建详细的消费者画像。基于消费者画像，企业可以开展个性化的产品推荐，满足消费者的独特需求。这种"量身定制"的服务不仅提高了消费者的购买概率，还提升了消费者的满意度和忠诚度。例如，电商平台使用推荐算法为用户推荐他们可能感兴趣的商品，就像网购时你的"私人助理"，总能神奇地推荐出你喜欢的东西。云计算技术使得服务的连续性和无缝性成为可能。通过云平台，企业可以在全球范围内同步更新数据和应用程序，确保消费者无论在何地都能获得一致的服务体验。这种技术还支持企业轻松管理庞大的数据和复杂的系统，减少系统故障的可能，提高服务的稳定性和效率。比如，通过云服务，消费者可以在家中通过智能电视进行网购，继而在手机上完成支付和订单跟踪，整个过程无须切换不同的设备或平台，极大地提升了购物的便利性。区块链技术在提高交易的透明度和安全性方面发挥了重要作用。通过区块链，每一笔交易和产品的流转信息都被记录下来，不可更改且易于追踪。这种技术的应用不仅有助于打击假冒伪劣商品，还能增强消费者对品牌的信任。例如，区块链可以用于跟踪农产品从田间到餐桌的每一个环节，确保食品的安全性和来源的可靠性，消费者可以通过扫描商品上的二维码，即刻了解到产品的详细来源和历史。

第四，充分利用数字科技提升产品供给质量。以人工智能（AI）为代表的数字科技发展已成为推动供给质量革新的重要力量。在消费领域，AI 的应用极大地提升了运营效率、优化了客户体验，并且加强了市场适应性。通过高效的库存管理、精准的市场预测以及个性化的客户服务，AI 不仅改变了商业运营的模式，还提升了消费者的满意度和企业的竞争力。AI 在库存管理中的应用通过机器学习算法大幅优化了传统模式。传统的库存管理往往依赖于过往销售数据和经验判断，容易导致商品过剩或缺货。AI 技术可以实时分析销售数据、市场趋势、季节变化甚至天气情况，准确预测产品的需求量。例如，通过分析历史销售数据和当前市场动向，AI 系统能预测即将增加的需求，从而提前调整库存量。这不仅减少了库存积压的风险，也确保了在高需求时期能够迅速供应商品，大幅提高了资源的利用效率和市场的响应速度。AI 技术在市场预测方面同样显示出其强大能力。通过深度学习和数据挖掘技术，AI 能够识别消费者行为模式和市场变化，提供比传统市场研究方法更为精确的预测。这使得企业能够更好地理解市场需求，制定更为有效的营销策略和产品发展计划。例如，AI 可以通过分析社交媒体和在线评价来捕捉消费者对于某一产品特性的喜好和不满，指导产品迭代和创新。AI 在提供个性化客户服务上也具有不可替代的优势。AI 驱动的聊天机器人和虚拟助手能够全天候无间断地提供服务，通过自然语言处理技术理解并响应消费者的需求。这些系统能够学习消费者的偏好，并根据消费者的历史互动记录提供定制化的购物建议和客户支持。此外，AI 系统还可以通过预测分析来识别潜在的客户问题并主动提供解决方案，极大地提升了客户服务的效率和质量。概括而言，通过运用"互联网＋"和"人工智能＋"等数字科技，新兴消费产业得以迅速发展和扩容，不仅极大地丰富了消费者的选择，也提高了消费的效率和质量。这种技术推动的供给侧结构性改革，为消费市场注入了新的活力，加速了经济结构的优化升级，对推动全球消费产业的现代化具有深远的意义。未来随着数字科技的不断进步和创新，会有更多的新兴消费模式不断涌现，进一步推动消费市场的繁荣和发展。

二、完善数字科技加快发展精神文化消费

在数字科技推动消费客体现代化的多维路径中，精神文化消费的扩容与提质显得尤为重要。文化与旅游等领域通过数字科技的应用，不仅激发了传统文化的活力，还促进了其创造性转化和创新性发展。这种深度融合为文化消费带来了全新的发展机遇，极大地丰富了人们的文化生活和精神世界。

第一，数字科技的运用改变了我们理解和体验传统文化的方式。特别是 VR、AR 以及 3D 打印技术，这些前沿科技不仅为传统文化的保护和传播提供了新的手段，还丰富和扩展了人们体验文化遗产的方式和范围。VR 能够创建完全沉浸式的环境，让消费者仿佛穿越至另一个时空，

直接体验到历史事件和文化场景。例如，消费者可以通过 VR 头盔设备，步入苏州拙政园欣赏曼妙的昆曲，走进秦始皇陵墓感触惊人的兵马俑，或是置身于古罗马斗兽场中观看一场比赛。这种体验在传统的图书和图片无法提供的维度上，增加了互动性和真实感，极大地吸引了年轻一代的注意，让他们对中华传统文化和世界优秀文化历史产生了新的兴趣和理解。AR 则将虚拟信息叠加到现实世界中，为用户提供丰富的文化教育体验。例如，在博物馆中，消费者可以通过自己的智能手机或平板电脑，看到展品的三维重建或历史信息。这种技术使得文化展览不再局限于物理空间，消费者可以在任何地点接触展览内容，这不仅提升了访问的便利性，也增加了展览的教育价值。3D 打印技术也在文化遗产保护和传播中扮演了重要角色。通过精确地复制珍贵的文物和艺术品，3D 打印允许博物馆制作展品的复制品进行展览，同时将原件妥善保存，减少了环境或人为因素对文物和艺术品的潜在损害。此外，3D 打印复制品可以用于教育和商业用途，使更广泛的公众能够接触并欣赏到这些珍贵的文化资产。

第二，数字科技的进步不仅使得传统文化得以保存和传播，更促进了其与现代艺术形式的融合与创新，从而诞生了众多创新性的文化产品。这一现象在网络热语中常被称为"传统文化的现代打卡"，即用现代技术重新定义和展示传统文化，使其更加贴合现代消费者的口味和审美。互联网和数字媒体平台为传统文化提供了新的表现和传播渠道。例如，传统戏曲和地方曲艺通过抖音、B 站等网络平台进行直播或回播，不仅使得这些传统艺术形式能够突破地域和时间的限制，触达全国乃至全球的观众，还可以通过弹幕互动等形式增加了年轻观众的参与感和兴趣。这种"新瓶装老酒"的策略有效地拉近了传统文化与年轻一代之间的距离，使传统艺术焕发出新的生命力。数字技术还促使传统文化元素与现代数字艺术形式如动画、游戏和电影的深度融合。动画作品中经常可以看到传统文化元素的身影，如以中国四大名著之一的《西游记》改编的多部动画电影，以及包含丰富中华文化元素的《白蛇：缘起》等，这些作品不仅在国内受到欢迎，在国际上也有极高的评价，有效地将中国传统文化推广到全世界。同样，视频游戏领域中也有许多作品借鉴和重新解读传统文化，让玩家在享受游戏的同时，也能感受到深厚的文化底蕴。在电影行业，传统文化元素与现代电影技术的结合同样产生了巨大的市场影响力。例如，电影《长江七号》利用现代特效技术表现中国传统的龙的形象，既保留了文化的原貌，又增添了现代视觉的震撼效果，成功地吸引了包括年轻人在内的广大观众群体。上述成功的案例表明，数字科技不仅提高和扩大了传统文化的传播效率和范围，还开辟了创新的道路，使传统文化在现代社会中继续发扬光大，获得了新的生命力和市场潜力。通过这种创造性的转化，传统文化得以在全球化和数字化的大潮中占据一席之地，成为连接过去与未来的桥梁。

第三，通过运用先进的数据分析和人工智能技术，文化产业得以更精准地洞察消费者需求和把握市场动态，从而设计和提供更加符合消费者期望的文化产品和服务。这不仅使文化内容更加多元和丰富，也极大地提升了消费者的体验和满意度。数据分析能够帮助文化企业了解消费者的偏好和行为模式，使企业能够在产品开发和市场策略上作出更有针对性的调整。例如，通过分析消费者在网络平台上的观看习惯和反馈，电影制作公司可以决定哪些类型的电影更受欢迎，进而调整未来的制作方向。同样，出版社可以通过分析读者的购买数据来决定哪些类别的书籍应该增加出版量，哪些可以缩减，从而优化库存和提高销售效率。人工智能技术的应用使得文化产品设计更加智能化和个性化。AI 可以帮助设计师在创作过程中生成创意构思和视觉元素，也能在音乐、写作甚至影视剧本创作中提供辅助，使创作过程更加高效。此外，AI 还能根据消费者的历史偏好自动推荐个性化的文化内容，如音乐播放列表、书籍推荐等，这种个性化体验显著提升了用户的满意度和忠诚度。

第四，充分运用互联网渠道推动创作者和消费者的高质量互动。互联网平台为文化创意提供了一个无界限的展示和交流空间。艺术家和创作者可以通过社交媒体、视频分享平台等渠道发布自己的作品，直接与全球观众互动，这不仅打破了地理和时间的限制，还极大地降低了文化传播的成本。例如，抖音、哔哩哔哩、微信视频号等平台已经成为许多独立艺术家和小型文化企业宣传自己作品的重要工具，使他们能够达到以往只有大型企业或机构才能实现的广泛影响力。通过互联网和各种数字平台，世界各地的文化产物现在能够毫无障碍地跨越国界，让全球观众轻松接触和欣赏，从电影、音乐到传统手工艺，一切皆可在线上分享和交流。这种前所未有的文化连接不仅为全球文化市场带来了丰富多彩的内容，还极大地促进了不同文化背景人群之间的相互理解和尊重。通过 TikTok、Netflix、Spotify 等数字平台，消费者可以随时随地探索全球各种文化表达。Netflix 为国际电影和电视剧提供了一个窗口，观众可以在自己的客厅就体验到其他国家的文化特色和生活方式。例如，韩剧和印度宝莱坞电影在全球范围内的流行，就是数字平台打破地域界限、推动文化全球化的一个缩影。此外，社交媒体平台如 Instagram 和 TikTok 也成为了文化交流的新舞台。艺术家和创作者通过这些平台上传自己的作品，不仅能够获得全球范围内的关注，还可以与其他文化背景的用户进行直接的互动和交流。这种形式的文化分享和交流，增加了人们对不同文化的好奇心和接纳度，有助于打破文化偏见，增进国际的理解与交流。数字科技还助力于传统文化的现代转化，使其更易于被全球年轻一代接受。例如，通过 AR 和 VR 技术，传统艺术和手工艺可以以全新的互动形式呈现，吸引更多年轻人的兴趣和参与，从而保证了文化遗产的传承。大力支持完善数字科技在精神文化消费领域的应用，不仅能够加快传统文化的活化和现代转化，还可以促进文化产业的持续创新和高质量发展。随着数字科技的不断进步和社会经济的发展，未来文化消费将呈现更多元化、个性化和智能化的趋势，为人们提供更加丰富和深刻的文化体验。

三、加快构建布局完善的现代化生产体系

在数字科技快速发展的当代，构建一个完善的现代化生产体系是推

进消费客体现代化的关键环节之一。这一进程不仅涉及技术的更新换代，也包括生产流程的优化和管理模式的创新，从而全面提升生产体系的运营效率并显著降低运营成本。实现这一目标需要从多个维度进行系统的规划和实施。

第一，加快完善信息技术基础设施，推动生产体系现代化。在构建现代化生产体系的过程中，依赖于先进的信息技术基础设施成为了必要的先决条件。这种基础设施主要包括物联网（internet of thing，IoT）和云计算等关键技术，它们通过使设备互联互通和优化数据处理，极大地增强了生产流程的效率和灵活性。物联网技术在现代生产体系中扮演着核心角色。通过在生产线上安装多种传感器，企业能够实时监控关键设备的运行状态、环境条件以及生产过程中的各种参数。这样的布局不仅提升了生产效率，还能显著降低因设备故障带来的停机时间。例如，如果传感器检测到设备的某个部件存在较高的故障风险，系统可以自动调度维护人员进行修复或替换，从而避免了长时间的生产中断。这种预防性维护策略，也被称为"智能维护"，已经成为制造业中提高可靠性和减少运营成本的关键工具。云计算技术则为生产体系提供了强大的数据支持和资源管理能力。利用云平台，企业可以将大量生产数据存储在云端，实现数据的集中管理和快速处理。更重要的是，云计算支持企业实现跨地域的信息同步和协调操作，无论团队成员身处何地都能基于最新数据做出决策。例如，一个跨国公司的管理层可以实时接收到全球各地工厂的生产数据，根据市场需求的变化快速调整生产策略和资源分配，这种策略的灵活性和响应速度是传统生产体系无法比拟的。这些技术的融合还带来了生产自动化和智能化的可能性。随着人工智能和机器学习技术的发展，生产系统能够通过分析历史数据和实时信息，自动优化生产流程和提升产品质量。例如，AI 算法可以根据实时市场数据调整生产量，或者根据原材料成本的变化自动寻找最经济的采购方案。

第二，加快完善自动化和智能化的生产设备，推动生产体系数字化。在构建数字化生产体系的过程中，采用高度自动化和智能化的生产工具和设备至关重要。这种趋势不仅提升了生产效率，还极大地降低了人力成本，并有效减少了制造误差。自动化生产线和机器人技术的应用是实现数字化生产的重要手段之一。传统的生产线依赖于人工操作，存在着生产效率低下和人为因素影响生产质量的问题。而引入自动化生产线和机器人技术后，生产过程实现了高度的自动化和智能化，大大提高了生产效率和产品质量。机器人的使用不仅能够完成繁重和重复性工作，还能够在保证高质量的同时降低生产成本，为企业创造更大的经济效益。人工智能在生产过程中的应用也为数字化生产体系的构建提供了强大的支持。通过利用 AI 进行视觉检测、预测性维护和质量控制，企业能够实现更高水平的生产管理和产品质量保障。例如，AI 视觉检测系统可以实时监测生产线上的产品质量，识别出可能存在的缺陷并及时进行处理，从而降低次品率和废品率。预测性维护技术则可以通过分析设备运行数据，提前发现设备可能出现的故障，并采取相应的维护措施，避免了因设备停机带来的生产损失。这些自动化和智能化的生产工具和设备的综合应用，使得生产过程更加精准和可控，有效提升了整体的生产力和经济效益。随着技术的不断进步和创新，数字化生产体系将更加智能化和高效化，为企业带来更多的竞争优势和发展机遇。因此，加快数字化生产体系的构建，已经成为企业转型升级的必然选择，也是实现制造业高质量发展的重要途径。

第三，充分发展数字孪生技术，推动生产服务定制化。随着消费市场的变化，按需生产和定制化服务正变得越来越重要。数字科技的运用在这一过程中发挥着关键作用。例如，数字孪生技术和模块化设计可以使企业更加灵活地调整生产流程和产品设计，从而更好地适应市场的需求变化。数字孪生技术是指利用数字化模型来模拟和仿真产品设计和生产过程，以实现生产过程的优化和智能化。通过数字孪生技术，企业可以在虚拟环境中测试不同的生产方案，降低生产风险，提高生产效率。模块化设计则是将产品拆分成多个模块，使得产品设计更加灵活，可以根据客户需求进行定制化生产。采用灵活的生产策略也是现代化生产体系的重要组成部分。传统的大规模生产模式存在着产品库存积压和产能浪费的问题，而采用灵活的生产策略可以使企业更加精准地控制生产计划和库存水平，降低生产成本，提高生产效率。例如，采用"即时生产"或"零库存"等策略，可以根据订单实时调整生产计划，减少库存积压，提高生产资源利用率。定制化的生产服务也是现代化生产体系的重要特征之一。随着消费者对个性化产品需求的增加，企业需要提供定制化的生产服务，以满足不同消费者的需求。通过数字科技的运用，企业可以实现个性化定制的生产，为消费者提供定制化的产品和服务，增强消费者的满意度和忠诚度。

第四，大力发展节能高效的生产技术，提升生产体系的可持续性。通过引入先进的生产设备和技术，企业可以降低能源消耗，减少碳排放和环境污染。例如，使用高效节能的制造设备和生产工艺，优化生产流程，最大程度地减少能源浪费和排放。同时，通过实施能源管理系统和监测系统，企业可以及时发现和解决能源消耗过高的问题，提高生产效率和资源利用率。循环经济模式也是实现生产体系环境可持续性的重要途径。循环经济模式强调资源的有效利用和循环再生利用，通过减少废弃物的产生和最大化资源回收利用，实现生产过程的闭环循环。例如，采用可再生能源和环保材料替代传统能源和原材料，减少对自然资源的依赖和消耗；同时，推行产品回收和再制造，延长产品的使用寿命，减少废弃物的排放和环境压力。实施零废物生产策略也是构建现代化生产体系的重要举措之一。零废物生产策略旨在最大程度地减少生产过程中的废物产生，并通过再利用和回收处理废物，实现资源的最大化利用和废物的最小化排放。例如，采用闭环生产系统，将废物再利用于生产过程中，实现废物资源的再循环利用，减少对自然资源的消耗和环境污染。环境可持续性是构建现代化生产体系的重要考虑因素。通过采用节能高效的生产技术、循环经济模式和实施零废物生产策略，企业可以降低能源消耗和减少废弃物，实现生产过程的环保和可持续发展。这不仅有助于提升企业的品牌形象和市场竞争力，也符合社会对环保和可持续发展的需求，为实现经济增长和生态平衡做出积极贡献。总之，构建一个布局完善的现代化生产体系，需要企业在技术创新、生产效率、环境可持续性以及市场响应等方面进行全面考虑和积极布局。通过这样的系统化改进，企业不仅能提高生产效率和市场竞争力，还能更好地适应快速变化的市场环境，实现可持续发展。

第三节　加强数字科技推动消费客体结构升级

消费客体（产品与服务）的结构升级是消费客体现代化的核心内容。在数字经济蓬勃发展的今天，必须运用数字科技不断推动产品与服务的结构升级赋能消费客体现代化建设，包含加强数字科技与实体企业的高质量融合、加快数字科技推进生态友好供给结构升级，以及支持数字科技投入加快发展健康教育产业。

一、加强数字科技与实体企业的高质量融合

在当前经济和技术快速发展的背景下，数字科技与实体企业的高质量融合成为推动消费客体结构升级的关键举措之一。实体企业通过数字化转型，不仅能提升自身的生产效率和市场反应速度，还能在环保和资源利用效率上取得显著进步，从而推动整个消费结构的现代化和升级。

第一，加快实体企业数字化转型，推动数字科技与实体企业高质量融合。在当今这个信息化飞速发展的时代，"上云用数赋智"已不再是高科技企业的专属玩法，而成为各行各业提升竞争力的必备策略。实体企业的数字化转型是它们提升竞争力、抢占市场高地的必经之路。通过引入大数据、云计算、物联网等先进的数字技术，企业能够实现生产过程的智能化和自动化，这不仅大幅度降低了人力成本，还极大提高了生产效率。比如，通过智能制造系统，企业可以实现全天候24小时不间

断生产，同时减少因人为因素造成的生产误差，确保产品质量的稳定性。数字科技的应用还可以优化资源配置，有效减少生产过程中的能源消耗和物料浪费。例如，通过精细化的数据分析，企业可以在生产前精确预测原材料需求量，避免过度采购或浪费；智能能源管理系统能够根据设备运行状态实时调整电力供应，从而降低不必要的能源消耗，实现绿色生产。这些举措不仅响应了全球节能减排的环保趋势，也为企业自身带来了成本上的直接节约。数字化转型的实施，使企业在传统的生产模式之上，植入了灵活高效的新机制，使企业能快速响应市场变化，更好地满足消费者需求。

第二，现代消费者对产品的要求已经从单一的价格敏感逐渐转变为更加重视产品的个性化和服务体验。在这一点上，数字化转型为企业提供了更为精准的消费者数据，使得企业能够更好地理解市场和消费者，进而优化产品设计和服务方案。发挥数据要素的价值，对于实体企业来说尤为关键。在这一背景下，实体企业通过对收集到的大数据进行深入分析，能够实现所谓的"精准打击"，即更准确地把握市场需求和消费趋势，精准定位目标市场，从而在产品设计和市场布局上占得先机。数据使得企业能够"见微知著"，通过对大数据的挖掘和分析，企业不仅可以发现消费者的明显偏好，还能洞察到潜在需求。例如，通过分析消费者在线行为和购买历史，企业可以发现哪些产品特性受欢迎，哪些可以改进。这种基于数据的洞察力使得产品创新更加贴近市场和消费者需求，极大提升了产品的市场竞争力。数据的应用还体现在"供应链优化"上。在供应链管理领域，数据分析可以帮助企业更好地预测市场需求，合理安排生产和库存，从而减少库存积压和降低物流成本。这种基于数据的精细管理不仅缩短了产品从生产到消费者的时间，还大幅度降低了企业的运营成本，提高了运营效率。数据还能帮助企业"及时调整战略"。在快速变化的市场环境中，企业能够利用实时数据分析，快速响应市场变化，调整营销策略和产品供给。例如，通过分析社交媒体上的热点话题和消费者反馈，企业可以即时调整其广告投放和促销活动，以吸引更多的消费者。"数据驱动决策"已经成为现代企业管理的新常态。这种以数据为基础的决策方式，使得企业能够在复杂多变的市场环境中，以更少的试错成本，作出更科学、更有效的决策。因此，对于任何希望在激烈竞争中保持优势的企业而言，建立一套有效的数据分析和应用体系，是提高决策质量、推动企业持续发展的关键。

第三，在数字化浪潮席卷全球的今天，"互联网＋""AI＋"已经成为推动传统产业变革的强大引擎。特别是实体企业与电子商务企业的融合发展，不仅搭上了数字化的快车，更是实现消费结构升级的重要手段。电子商务平台的迅猛发展，彻底改变了传统的消费模式，为消费者提供了前所未有的便捷和多样化的购物选择，这种"新零售"的模式使得消费者能够享受到线上线下无缝对接的购物体验。实体企业与电商企业的合作，被形象地称为"线上线下的双赢战略"。这种合作模式不仅可以大幅拓宽销售渠道，覆盖更广的消费群体，还能够借助电商平台强大的数据分析能力，精准掌握消费者偏好。通过数据驱动，企业可以更精确地进行市场定位，快速调整产品策略，以满足消费者日益个性化和多变的需求。这种"精准营销"策略有效提升了产品的市场适应性，同时也极大增强了消费者的购物满意度和忠诚度。实体企业与电商的融合还能有效削减多个中间环节，如分销商和零售商，从而降低了整体的流通成本。这种"去中间化"的趋势不仅减轻了企业的经济负担，也让消费者从中获益，因为产品价格更加透明和公正。同时，这一合作模式也提高了资源的整体利用效率，使得供应链管理更加精细和高效，降低了库存积压和物流损耗。在这个"互联网＋消费"的时代，实体企业与电商企业的深度合作，不仅仅是单方面的销售或技术支持，更是一种全方位的资源整合和优势互补。它标志着传统商业模式向数字化、智能化转型的深度融合，是推动消费客体结构升级的关键一步。这种融合发展的趋势，无疑将继续引领消费市场的创新和变革，为消费者带来更丰富、更优质的消费体验，同时推动整个行业的持续健康发展。

第四，加快完善现代化物流基础设施，促进数字化物流和绿色消费升级。实现"互联网 + 物流"的融合应用已经成为提升物流效率、促进绿色消费的重要策略。现代物流技术，如无人仓储、自动化配送系统、智能物流信息系统等，正逐步改写传统物流的运作模式，显著提升物流的效率和准确性，同时有效减少了物流环节的能源消耗和碳排放。无人仓储和自动化配送系统的运用，使得物流过程中的人力需求大大减少，仓储和配送效率大大提升。例如，使用自动化机器人进行货物分拣和搬运，不仅速度快、错误率低，还能持续工作且不需要休息，大大加快了商品从仓库到消费者手中的流通速度。这种高效率的物流处理方式，直接缩短了消费者的等待时间，提升了消费者的购物体验。智能物流信息系统能够实时追踪货物位置，精确预测货物到达时间，这使得物流服务的透明度和可预测性大幅提高。消费者可以通过手机应用实时查看自己订单的配送状态和预计到达时间，这种信息的透明化不仅提高了消费者的信任感，也使得消费者在购物过程中的安心感和满意度提升。优化的物流网络设计和高效的运输管理，也有助于减少物流车辆的循环行驶和空载率，从而降低能源消耗和减少碳排放。通过算法优化路线和载货量，物流公司能够最大化每次配送的效率，减少不必要的环境负担。概括而言，加强数字科技与实体企业的高质量融合，是推动消费客体结构升级的有效路径。通过实体企业的数字化转型、优化数据资源的利用、促进与电商企业的融合发展以及强化"互联网 + 物流"的应用，可以有效提升资源利用效率，减少环境污染，增强消费者的绿色消费获得感，从而推动消费模式向更加绿色、高效、智能的方向发展。这不仅符合国家关于经济高质量发展的总体要求，也是实现可持续发展战略目标的重要手段。

二、加快数字科技推进生态友好供给结构升级

在当代经济社会发展的过程中，数字科技推进生态友好供给结构升级是至关重要的一环。通过调整和优化绿色供给结构，结合供给侧结构

性改革和居民绿色消费结构升级，可以有效推动消费客体的结构向现代化、共生性方向转变。利用数字科技加快绿色食品、绿色服装、生态建材等环保材料的供给结构调整，推动供给结构由传统粗放型向生态友好型跃升。

第一，加快发展数字科技推动绿色食品生产和转型。在数字化浪潮席卷各行各业的当下，"智慧农业"已经成为推动绿色食品供应链现代化的关键。数字科技的广泛应用在绿色食品供给中展示了巨大潜力，极大地提升了食品安全和生产效率，从而满足了消费者对健康生活的高标准需求。通过物联网技术的实施，食品从种植、收获到加工和配送生产全过程都得到了实时监控，确保了食品来源的可追溯性和生产过程的透明性。例如，物联网技术可以通过安装在农田中的各种传感器来监控作物生长所需的水分、养分和土壤条件，实时数据的回传不仅帮助农民科学施肥和灌溉，还减少了对化肥和农药的依赖，这直接贯彻了绿色生态的农业生产理念。此外，这些数据通过云平台汇总后，可以帮助农业企业更精确地预测作物的成熟时间和产量，优化收获和市场供应计划，减少农产品的损耗和浪费。同时，大数据分析的应用使得农业企业能够根据实时市场需求调整作物种植结构。通过分析消费者购买行为和市场趋势，企业可以及时调整种植策略，增加对有机和低碳食品的投入。这种数据驱动的决策不仅提高了资源的利用效率，也使得食品生产更加贴近市场需求，增强了企业的市场竞争力。

第二，充分利用数字科技提升供应链信息共享透明度。数字科技能够促进供应链中的信息共享，通过建立统一的信息平台，从农场主到加工厂各个环节的参与者，再到分销商都能在同一平台上实时共享信息，这种透明度的提高极大地增强了整个供应链的协同效率和响应速度。例如，一旦市场上出现对某种有机蔬菜的需求增加，整个供应链可以迅速反应，加快生产和配送，确保市场供应。随着消费者对可持续时尚的需求日益增长，服装企业正在利用数字技术，如数字设计、模拟技术和区块链来革新传统的生产和销售模式，以期实现资源的最大化利用并减少环境影响。数字设计和模拟技术的应用使得服装设计更为精准高效。通过这些技术，设计师能够在电脑上进行服装设计与样式测试，减少了实体样品的制作。这不仅加速了设计过程，还有效减少了因试错产生的物料浪费。例如，3D 打印技术在服装制作中的应用，使得复杂图案和设计能直接在特定的面料上进行精确打印，减少了剪裁过程中的布料损耗，同时也拓宽了设计的边界。区块链技术在确保供应链透明度和可追溯性方面发挥了关键作用。通过将每件产品的生产和流通信息记录在不可篡改的区块链上，消费者可以轻松追溯到服装的原材料来源、生产环境和物流路径。这种透明度的提升不仅增加了消费者对绿色服装品牌的信任度，也鼓励了企业积极采用环保材料和生产方法。

第三，充分利用数字科技推动服装市场向绿色化跨越。在环保趋势的推动下，越来越多的服装品牌开始展示他们的"环保身份证"，吸引了一大批对可持续生活方式有高度认同感的消费者。电子商务、短视频平台的兴起极大地扩展了绿色服装的市场。通过网络销售，品牌能够越过传统零售的地理界限，将绿色服装快速推向全球市场。电子商务不仅提供了一个低成本的销售渠道，而且使得购买过程更为便捷。消费者可以在家中轻松浏览各种绿色服装选项，通过阅读产品的详细环保属性和用户评价来做出购买决定。这种购物方式不仅节省了时间和成本，也降低了因交通带来的额外碳排放，进一步强化了绿色消费的理念。数字科技，特别是数字建模和材料科技的进步，为服装材料的性能提升和环保性能的增强提供了强大的支撑。数字建模技术使得服装设计过程更加精确和高效。这种技术不仅能够优化服装设计，还能减少服装制作过程中的资源浪费，从而确保服装的生态环保性。服装材料科技的发展推动了环保服装的创新和应用。新型环保材料如高性能材料和再生材料正在逐渐替代传统服装材料。这些材料不仅在生产过程中产生的碳排放更低，而且在使用过程中的能效更高，有助于服装整体使用价值的提升，从而减少整个服装设计及制作过程的碳足迹。

第四，充分利用数字科技推动家居建筑行业可持续性发展。智能建筑技术的应用也是提升建筑可持续性的重要方向。例如，通过安装智能调温系统和光照调节系统，建筑可以根据室内外环境自动调节能源使用，大幅提高能源使用效率，减少能源浪费。智能窗户能够根据外部光线的强度自动调整透光率，既保持室内的舒适度，又减少了对空调和照明的依赖。数字化平台和移动应用的兴起为绿色建材的推广提供了新的渠道。通过这些平台，消费者可以轻松获取关于环保材料的详细信息，包括产品的环保属性、使用效果和用户评价，从而提高消费者对这些材料的认知和接受度。通过使用高级的建模软件，建筑师可以在建筑还未建造之前，就对其性能进行模拟，预测建筑的能源效率和环境影响。此外，一些应用程序还提供 VR 或 AR 体验，允许消费者在虚拟环境中预览使用特定环保材料建造的房屋，这不仅增加了互动性，也使得消费者能够直观地看到绿色建材的实际应用效果。通过这些技术的综合运用，建筑行业正逐步实现向绿色、低碳和高效的转型。随着技术的进一步发展和市场对可持续建材需求的增长，未来建筑行业的绿色革命将持续深化，推动全行业及整个社会向更加可持续的方向发展。总体而言，数字科技的应用在推动生态友好供给结构升级方面发挥着不可替代的作用。通过这些技术的广泛应用，不仅可以优化资源配置，提高生产效率，还可以增强产品的市场竞争力和消费者的满意度。在未来，随着技术的不断进步和消费观念的逐渐转变，数字科技将在推动消费客体结构现代化进程中发挥更加重要的作用。

三、支持数字科技投入加快发展健康教育产业

在数字经济飞速发展的今天，加快数字科技投入赋能健康教育产业发展，尤其是对特定人群如老年人和残疾人的关照，已成为提升社会整体福祉的重要途径。尤其是智能穿戴设备、智能轮椅、看护机器人等数字科技在老年人和残疾人的健康教育领域发挥着至关重要的作用。

第一，大力支持智能穿戴技术研发投入推动健康产业发展。智能穿

戴设备已经成为健康监测领域的重要工具，尤其是在为老年人和残疾人提供实时健康状态监控方面展现出了巨大的潜力。这些设备不仅能够实时监测心率、血压、血糖等关键生命体征，还能通过数据分析，及时发现健康问题的潜在风险，为用户的健康管理提供科技支撑。智能穿戴设备如智能手表和健康监测手环已经能够通过高精度传感器实时记录和分析用户的心率、睡眠质量、活动量等多种生理数据。这些数据对于预防慢性病如心脏病、糖尿病等至关重要，因为它们可以提前警示健康问题，使得老年人和残疾人得以在病情发展到较严重阶段前，得到及时的医疗介入。这些设备的数据分析能力，让医疗提供者能够根据收集到的健康数据更准确地评估用户的整体健康状况。例如，通过分析心率变异性，医生可以评估患者的心脏健康；通过监测血糖变化，可以帮助糖尿病患者更好地管理疾病。这种精准的健康监测不仅提高了治疗的针对性和有效性，也使得个性化医疗服务成为可能。智能穿戴设备的普及也极大地促进了老年人和残疾人自我健康管理的教育。这些设备通常配备有用户友好的界面和提醒功能，可以教育用户如何根据设备提供的健康数据来调整日常生活习惯和行为。例如，设备可以提醒用户进行体力活动、合理饮食或及时服药。通过这种方式，老年人和残疾人不仅能更好地了解自己的健康状态，还能学习到如何主动管理自己的健康，提高生活质量。智能穿戴设备在促进健康民主化方面也起到了不容小觑的作用。通过这些设备，高质量的健康监测和管理不再是高收入人群的专利，而是普通大众，尤其是资源较少的老年人和残疾人也能享受的服务。这不仅提升了整个社会的健康水平，还有助于降低由于健康问题引发的社会医疗成本。

第二，大力支持智能轮椅机器人投入推动残疾人健康产业发展。智能轮椅的发展，作为提高行动不便人士生活质量的关键技术，已经远远超越了传统轮椅的功能范畴。这一现代科技产物通过集成先进的传感器和人工智能算法，赋予了轮椅自动导航和避障的能力，极大地增强了用户的移动自由和独立性，这不仅改变了残疾人的生活方式，也为他们提供了更广阔的社会参与平台。智能轮椅的自动导航功能，使得行动不便的人士可以更自由地移动。这些轮椅利用 GPS 和各种传感器（如红外、超声波传感器）来感知周围环境，智能算法能够根据环境自动规划出最佳行驶路线，避开障碍物。这种高度的自主性使得用户无须他人协助即可安全地在室内外环境中自由移动，极大地提升了他们的生活自理能力和生活质量。智能轮椅的避障技术进一步保障了用户的安全。这些轮椅能实时监测周围可能出现的障碍，如楼梯口、突出物等，并自动进行调整路线，确保用户的行驶安全。这种技术的进步不仅减少了用户在移动过程中的潜在危险，也极大地增强了他们的信心和外出的意愿。智能轮椅的发展还带动了相关辅助技术的进步。例如，与智能手机或者语音助手的连接功能，可以让用户通过简单的语音命令控制轮椅的行动，从而更加便捷地与外界互动。这种"互联网＋"的应用不仅增加了轮椅的功能性，也让残疾人在社会互动中更加自如和自信。更重要的是，智能轮椅的普及有助于提升社会对残疾人的整体认知和接纳程度。它不仅是一种交通工具的创新，也是对残疾人社会参与权的一种重要支持。通过这种技术，社会能够更直观地看到残疾人通过自我努力和技术支持实现自主生活的可能，这样有助于形成对残疾人更平等、更尊重的社会环境。

第三，加快完善康养机器人研发投入，推动老年人健康产业发展。诸如看护、陪同等康养机器人在现代社会中扮演的角色越来越重要，尤其是对于老年人群体。随着技术的快速发展，这些康养机器人不仅仅是简单的家居助手，而是成为了能够提供个性化和细致照护的高科技设备。它们集成了最新的人工智能技术，能够执行从基本家务到复杂医疗协助的多种任务，极大地提升了照护的质量和效率。看护机器人在家务助理方面的功能越来越全面，可以帮助老年人处理日常生活中的各种事务。例如，它们可以自动完成清扫、洗衣等家务活，让老年人能够在一个更干净舒适的环境中生活，从而提高生活质量。此外，这些机器人还能够帮助准备饭菜，确保老年人的饮食健康，满足特定的营养需求。在医疗协助方面，看护机器人的功能同样不容小觑。它们能够定时提醒老年人服药，确保药物的正确服用。更先进的机器人甚至可以进行基本的健康监测，如测量血压、心率等，并根据监测结果提出建议或发出警报。在紧急情况下，如用户跌倒或突发疾病时，看护机器人可以快速作出反应，立即通知家人或紧急服务，确保老年人在第一时间内获得必要的帮助。此外，看护机器人在提供日常健康教育方面也显示出其独特的优势。它们可以与老年人进行互动，教授有关疾病预防和健康生活的知识。例如，机器人可以根据老年人的健康状况和生活习惯，提供定制化的健康建议，如适当的体育活动、合理的饮食结构等。通过这种方式，看护机器人不仅帮助老年人维护身体健康，还促进了他们的心理健康和社会适应能力。

第四，加快完善数字科技推动健康教育产业发展的激励政策。为了确保数字科技在健康教育产业的广泛应用并最大化其影响力，不仅需要技术的持续进步和创新，更需要得到强有力的政策支持和充足的资金投入，这就需要政府及相关部门在政策制定、资金支持、公众教育和市场监管等多方面起到积极作用。政府和相关部门应该制定一系列优惠政策，以激励企业和研究机构研发及采购先进的健康教育技术设备。这可能包括税收减免、研发补助、低息贷款等经济激励措施，以降低技术开发和采纳的成本门槛。同时，政府可以设立特定基金，专门支持那些具有高潜力的创新技术项目，尤其是那些针对老年人和残疾人等特殊群体的健康教育技术。加强对公众的教育和培训至关重要，政府应通过教育系统和公共媒体运用各种传播手段普及这些新兴技术的知识和信息，提高公众的认知度和接受度。例如，通过学校教育、社区讲座、在线课程等形式，教育公众如何使用智能穿戴设备、智能轮椅、看护机器人等技术产品，了解这些技术带来的健康益处。应加强对这些健康教育技术的监管，确保其安全性和有效性。政府部门需要制定严格的市场准入和质量监控标准，监督这些设备的生产、销售和使用过程，防止次品流入市场，确保消费者的权益不受侵害。这不仅能提高市场的整体信任度，还能促进健康技术产业的健康有序发展。政府应该加强与私营部门的合作，共同推动健康教育技术的发展。这可以通过建立公私伙伴关系、共享研发资源、共同承担风险等方式，激励更多的私营企业参与到健康教育技术的研发和应用中来。概括而言，数字科技的发展为健康教育产业带来了革命性的变化，尤其是在提高老年人和残疾人的生活质量方面展现出巨大潜力。通过智能设备的普及和技术的深度融合，不仅可以提升个体的健康管理水平，还可以增进整个社会的公共健康和福祉。

第八章

数字科技推动消费环境
现代化的战略路径

消费环境现代化是我国消费现代化的关键保障，更是推进中国式现代化进程、优化营商环境的重要领域。本章立足消费经济学三要素之一的消费环境现代化，从运用数字科技健全市场监督体系、运用数字科技改善消费配套服务、运用数字科技锻造高质量消费环境三个层面提出实践路径。

第一节 运用数字科技健全市场监督体系

完善的市场监督体系是消费环境现代化的核心内容。在数字经济蓬勃发展的今天，必须运用数字科技不断健全市场监督体系推动消费环境现代化建设，包含用好数字科技推进市场监管现代化、发挥数字科技扫除新业态监管盲区及完善数字科技赋能市场监管激励机制。

一、用好数字科技推进市场监管现代化

在数字经济蓬勃发展的今天，市场监管现代化已成为社会经济高质量发展的关键要素。充分运用数字科技推进市场监管现代化，意味着要

通过数字科技创新重塑市场监督管理的流程、模式和制度，以实现更高效、透明和公正的现代化市场环境。运用数字科技健全市场监督体系，必须要加快构建"数字化 + 市场监管"的新模式，增强数字化对于市场监管的推动效应及现实效果。数字科技的广泛应用在推动市场监管现代化方面展现出巨大潜力。通过不断创新和完善市场监管的数字化策略，可以更好地解决民生问题，增强公众对市场监管的信任，从而为建设更加公平和高效的市场环境打下坚实的基础。

第一，数字科技不仅驱动市场监管系统化和自动化，而且极大提升了市场监管的效率和效果。通过建立和完善数字化监管平台，监管机构能够实时收集和分析市场运行数据，有效监控市场行为，并迅速应对可能的市场违规行为。数字化监管平台通过集成人工智能、大数据及机器学习等先进的分析工具，能够对海量的市场交易数据进行实时监控和分析。譬如使用监督式算法或非监督式算法，来监测和识别市场中的异常交易行为。数字化监管平台还能实时追踪市场动态，为市场监管部门提供即时的数据支持，使监管决策更加及时、更加精确。当数字化监管平台检测到异常交易模式时，可以自动触发警报，并将相关信息快速上报给市场监管人员，促进市场监管人员可以在第一时间采取措施，例如进行进一步调查、冻结相关账户或直接介入市场操作，进而有效防止和打击市场欺诈、价格操纵等违法行为。因此，数字化、智能化监管方式极大地提升了市场监管的覆盖面和实时监控能力，使市场监管机构能够有效覆盖更广泛的市场和交易类型，推动市场监管现代化进程，为搭建安全放心的现代化消费环境提供了重要保障。

第二，数字科技不仅提高了市场监管的效率，还增强了市场的透明度和公正性。广大人民群众和市场参与者可以通过市场监管平台公开获取市场信息和监管动态，这不仅能够提升人们对市场的信任感，也可以促进形成健康公平的市场竞争环境。数字科技推动了实体产业的数字化转型，数字化转型通过建立开放透明的在线平台，使得市场监管机构与广大人民群众之间的沟通交流更为直接和高效，增强了消费者对市场法规的了解与遵循，促进了消费者对市场监管过程的参与和监督。同时，通过建立透明的在线平台，如法规政策、行政指导等市场监管信息公开化和标准化，也能够倒逼企业更好地理解和遵守相关法律法规，进而提升企业的自我监管能力。其中，在线投诉和举报系统允许消费者在遇到市场不公或消费侵权时，能够快速有效地向市场监管部门反映问题。这种数字化监管系统的便捷性不仅显著加快了监管响应速度，还增加了处理这些问题的透明度。例如，消费者提交的投诉可通过系统追踪处理进度，监管部门对问题的调查和处理结果也会及时反馈给消费者，这极大地增强了消费者对市场监管机构工作的信任和满意度。此外，市场监管部门还要充分运用数字化监管平台的数据收集和分析功能，监测和识别企业的潜在问题和风险趋势，进而提升市场监管的前瞻性和预防性，尽可能地防患于未然。

第三，在数字科技蓬勃发展的浪潮中，浙江省市场监管部门的创新做法成为了国内典范。通过推出"浙江外卖在线"和"浙江消保在线（消费宝）"等一系列数字化平台，完善了消费者的权益保护机制，有效解决了消费者的"急难愁盼"问题，体现了以人民为中心的服务理念。"浙江消保在线"数字平台自 2020 年 3 月 15 日，即消费者权益保护日上线以来，已成为消费者权益保护的强大工具。该平台的建立和运营依托于先进的人工智能等数字科技，能够实时接收和处理消费者的投诉和举报。当前，该平台已累计处理超过 70 万件投诉，为消费者挽回经济损失超过 7700 万元，这些数据不仅证明了数字科技赋能市场监管的高效性，也提升了广大消费者的获得感和安全感。[①] 为了破解在线订餐市场中的监管难题，推出"浙江外卖在线"数字平台，提供了实时的监控和快速的投诉处理机制，为消费者提供了一个安全、放心的外卖消费环境，保障了食品安全和消费者权益。该平台的智能分析功能也能

---

① 浙江省市场监督管理局 . "消费宝"让你"浙"里放心消费［N/OL］. 浙江省市场监督管理局网站 . 2022 - 10 - 10. http：//zjamr. zj. gov. cn/art/2022/10/10/art_1229453613_6624. html.

即时识别出违规商家，从而迅速采取措施，保护消费者不受损害。这种以人民为中心的服务模式，不仅仅是通过解决消费者的具体问题来提升公众满意度，更是在推动整个市场监管体系的现代化和人性化进程中，展现了市场监管部门的前瞻性和创新精神。这些数字平台有效地赋能市场监管部门更加精准地了解市场运行状态和消费者需求，提升监管效果和效率。

第四，数字科技精准赋能个体工商户，已成为提升市场监管效率和推动经济高质量发展的关键策略。通过"个体工商户纾困在线"数字平台，市场监管部门不仅创新了服务模式，而且极大地简化了行政流程，提高了办理效率，这为个体工商户的生存与发展提供了重要支撑。"个体工商户纾困在线"平台实施的"五减""五增"在线纾困机制，具体包括减少手续、减轻负担、减少时间、减少成本和减少门槛，同时增加服务、增加便利、提高效率、增加透明度和增加满意度。这种机制有效地整合了资源，提供了 300 多项服务事项的"一站式"办理，从而使得个体工商户能够在一个平台上解决多方面的需求，极大地提高了行政效率和服务质量。该平台还特别建设了个体工商户培育库，目前已经吸收了 3.85 万户个体户，通过大数据分析，根据个体工商户的经营状况和市场需求，为他们推送合适的扶持政策，累计推送政策超过 1200万条。这些举措极大地提高了政策的精准性和实效性，帮助个体工商户在市场中定位到更准确的发展方向，促进个体工商户的规模化、正规化发展，为推动消费环境现代化建设提供了有力支撑。

二、发挥数字科技扫除新业态监管盲区

在数字经济高速发展的今天，诸如数字直播、盲盒销售及社会化商务等新业务、新模式和新场景的大量涌现对市场监管提出了前所未有的挑战。传统的市场监管模式往往难以覆盖和应对这些新兴领域的独特需求和潜在风险，从而形成监管盲区。因此，如何更好地发挥数字科技对

于新业态盲区的监管作用，确保新兴市场的健康和有序发展，已成为推动消费环境现代化的关键内容。当前，如电子商务、共享经济和互联网金融等新兴业态、新兴场景日益普及，这些新兴业态和新兴场景具有独特性和快速变化的特点，给传统的市场监管带来了巨大的挑战。究其原因，传统监管往往因数据获取和处理能力有限而难以有效处理好这些新领域的监管问题。因此，市场监管机构需要充分发挥数字科技所具有的强大的数据获取能力和数据处理能力，提升新业态、新场景的监管效果。

第一，充分利用数字科技为监管部门提供捕捉和分析海量数据的能力。通过实时收集来自电商平台、共享服务应用和在线金融交易的用户行为数据、交易数据以及消费者反馈与评价数据，这些结构化数据和非结构化数据不仅涵盖了交易的数量和质量，也反映了消费者的满意度和服务的可靠性，为监管机构开展全方位监管提供了重要的决策支持。其中，云计算凭借其高速计算资源和几乎无限的存储空间，极大地增强了监管机构处理和分析数据的效率。监管机构可以充分发挥云计算高效的数据整合和分析能力，快速识别市场中的异常交易模式和潜在的风险点，从而在问题发生前采取预防措施。同时，实时数据监控和分析不仅加快了问题的发现和响应速度，而且提升了监管的预见性和主动性。例如，通过对电子商务交易数据的实时分析，监管机构可以及时发现价格操纵或虚假广告等违法行为，及时有效遏制这些行为的蔓延，进而有助于指导监管政策的制定和调整。此外，云计算等数字科技的应用也促进了监管透明度的提升，通过公开数据分析结果和监管行动，监管部门可以增强公众信任，提高市场主体的合规意识，共同维护市场秩序。

第二，人工智能科技也逐步改变了传统的市场监管方式，特别是在提升监管的精准度和响应速度方面展示出巨大潜力。通过利用人工智能算法分析大量数据，监管机构能够更加高效和准确地识别市场中的异常模式和潜在的违规行为，从而为实现更为主动和智能化的监管提供支持。人工智能科技通过机器学习的方法使得监管系统能够自我学习并不断优化。这意味着监管系统可以通过历史数据学习识别出欺诈、价格操纵等违法行为的特征。随着时间的推移和数据的积累，监管系统会变得越来越精确，能够有效地从复杂的数据中识别出真正的风险信号，降低真实违规行为的漏检概率。人工智能的实时监控能力极大地提升了监管的即时反应水平。当人工智能监测系统在市场数据流中检测到异常行为模式时，可以自动触发警报系统，实时通知监管工作人员，促进监管机构能够迅速采取行动，如进行现场检查、冻结涉嫌违规账户或直接与相关企业联系，确保违规行为得到及时处理，极大地缩短了从发现问题到采取措施的响应时间。同时，人工智能还支持更广泛的数据整合和深度分析，能够跨越不同市场和不同场景进行综合监控。例如，人工智能可以分析来自在线零售平台、金融交易系统和社交媒体的数据，通过跨平台数据的关联分析，揭示潜在的市场操纵或欺诈链条。这种跨领域整合能力特别适用于传统监管难以应对的新兴业态和复杂市场结构。此外，人工智能在提高市场监管透明度和公众信任方面也发挥着重要作用。监管机构可以通过公开人工智能的工作方式和监管结果，增加市场参与者对监管活动的理解和信任，促进形成公平的现代化消费环境，增强消费者安全感。

第三，区块链技术的应用极大地增强了新业态、新场景及新模式等新兴领域监管的透明度和可访问性。区块链技术作为近年来兴起的一种革命性数字科技，因其独特的不可篡改性而在市场监管领域展现出显著优势，特别是在提高监管透明度和防范风险方面。区块链技术对于确保数据的真实性和完整性、加强新业态中复杂交易链条的监管具有重要意义。区块链技术通过其分布式账本的特性，保证了数据在录入后无法被更改或删除，对于电子商务、跨境支付、数字货币交易等新兴领域的每一笔交易都能够被真实准确记录。例如，在电子商务交易中，从商品的生产、物流到最终销售的每个环节都可以通过区块链技术进行记录，监管部门可以实时追踪商品流通的全过程，所有交易记录和相关数据不仅仅保存在单一的服务器上，而是分布在整个网络中，每个参与节点都有一份完整的数据副本。这意味着监管机构可以实时获取到任何交易的详细信息，监管的高度透明不仅加强了监管效率，也提升了市场的信任度，为消费者和业务运营者创造了一个更加公平和安全的市场环境。同时，区块链与人工智能技术的融入使得监管判断更为精准和高效。人工智能算法可以自动学习和优化，不仅能够提高违规行为检测的准确率，还可以模拟监管专家的决策过程，对复杂的监管场景进行分析和处理，减少人为的疏漏，确保监管的公正性和有效性。

第四，加快构建基于区块链的监管框架，促进监管机构有效地协调和共享信息，提高跨部门、跨地区甚至国际间的协作效率。在全球化市场环境中，很多交易活动跨越不同的地区、不同领域，传统的监管手段往往因信息孤岛而效率不高。区块链技术通过提供一个统一的、不可篡改的数据平台，使得不同监管机构能够便捷地共享和验证所需的信息，加强了不同地区监管合作。因此，构建基于区块链的综合监管平台已成为推动市场监管现代化的重要着力点。基于区块链的监管平台通过整合诸如大数据分析、人工智能、区块链等各种前沿的数字科技，能够为监管机构监管新兴业态提供一个统一而高效的操作界面和数据视图。这不仅优化了监管流程，也极大提升了监管机构对快速发展的市场环境的适应和控制能力，有效地实现数据的集中管理和分析，这对监管互联网金融、电子商务等新兴业态尤为重要。

总体而言，通过充分发挥数字科技在数据处理、智能分析、透明记录等方面的优势，可以有效地解决传统监管在应对新业态时存在的盲区问题。例如，监管部门可以实时监控电子商务平台的交易活动，及时发现并处理价格欺诈或虚假广告等违规行为。区块链技术的应用确保了监管数据的安全和不可篡改性，增强了监管记录的透明度和信任度。所有通过平台处理的交易和监管活动都可以通过区块链技术进行记录，确保信息的真实性和完整性。通过数字科技及数字监管平台处理和分析海量的市场数据，可以识别潜在的风险和异常交易行为，为市场监管决策提供科学的数据支持。这不仅能够保护消费者的权益，也能推动市场的健康发展，最终实现消费环境的现代化。

三、完善数字科技赋能市场监管激励机制

在推动消费环境现代化的过程中，利用数字科技赋能市场监管不仅需要引入先进的数字科技，更需要完善相关的市场监管激励机制、法律法规以及政策支持，以确保数字科技应用的有效性和持续性。市场监管机构采用创新的政策和措施，可以有效激励和引导企业及监管人员积极采纳并应用数字科技进行市场监控和管理，这不仅提升了市场监管效率，也增强了市场的透明度和公平性。

第一，财政补贴和税收优惠是鼓励企业和监管机构采用数字科技的有效手段。通过直接的经济激励，如降低采购先进监控设备和软件的成本，或对使用特定数字科技的企业提供税收减免，可以大大降低初期的资金压力，使企业和监管机构更愿意投资数字化设备和系统。这种财政激励也帮助小型企业和起步阶段的监管机构克服资金障碍，加速数字科技的应用进程。同时，提供技术支持和培训也是激励机制的重要组成部分。监管机构可以组织专门的技术培训课程，帮助企业和监管人员熟悉新技术的操作和应用，提高他们对新工具的适应能力和使用效率。此外，建立技术咨询和支持服务，可以及时解决企业在实际操作中遇到的技术问题，保证数字技术的正常运行，这不仅提高了技术的应用效率，也增加了企业采纳新技术的信心。对于那些在应用数字科技后取得显著监管成效的个人或单位，应当给予明确的奖励。这些奖励可以是金钱奖励、荣誉证书或更多的业务机会，这些都能形成强有力的正向激励，鼓励更多的市场主体积极参与到数字化监管中来。通过表彰在数字化应用中表现突出的个体或团队，不仅可以激发他们的工作热情，也可以作为成功案例推广给更广泛的市场主体，激发整个行业的积极性。

第二，随着人工智能、大数据分析和区块链等数字科技的广泛应用，传统的监管法规面临越来越多的挑战，这些法规往往难以满足快速

变化的市场和技术环境的需求。因此，修订和完善相关法律法规不仅是适应数字科技发展的必要条件，也是构建现代市场监管体系的法律基础。对现行法律法规进行审视和修改是确保法律与时俱进的重要措施。这包括明确数字科技在市场监管中的应用范围，如何在不妨碍技术创新的前提下，用法律规范确保技术应用的安全性和有效性。例如，对于利用大数据进行市场分析和监控的法规，需要明确哪些数据可以用于监管，数据收集和使用的条件是什么，以及如何处理这些数据以防止滥用。设定数字科技技术使用的法律边界和责任是构建健全监管法规的关键。在这个过程中，必须考虑到数字科技的双刃剑特性，既要利用数字科技优势提升监管效率，又要防止数字科技滥用可能引发的风险。因此，法规需要明确数字科技应用的界限，制定严格的责任追溯机制，确保在数字科技应用过程中出现的任何问题都能找到责任主体，保障被监管者的合法权益。专门的数据保护法规是数字时代市场监管的必要组成部分。随着监管部门越来越依赖于收集和分析大规模数据，如何保护这些数据中的个人隐私和商业秘密成为一个重要议题。数据保护法规应涵盖数据的收集、存储、处理、传输和销毁等各个环节，确保数据在整个监管过程中的安全性和保密性，防止数据泄露和滥用。

第三，数字科技的迅猛发展也对市场监管人员的技能提出了更高的要求，因此加强监管人员的数字技能培训不仅是提升监管效率的要求，更是完善现代市场监管体系的关键组成部分。市场监管部门应当通过定期的培训和学习，确保监管人员能够充分掌握并有效应用最新的数字科技，尤其是数据分析能力的培训。在大数据的背景下，能够有效地处理和解读海量数据对于监管人员来说至关重要。数据分析能力培训应包括统计学知识、数据挖掘技术以及专业软件使用等内容。通过这些技能的提升，监管人员能更准确地从复杂数据中识别出潜在的市场风险和违规行为，为监管决策提供科学的数据支持。人工智能应用能力的培养也是必不可少的。从自动化监控系统到智能决策支持系统，人工智能的各种工具正在逐步改变传统的市场监管模式。因此，市场监管人员需要了解人工智能的基本工作原理，学习如何配置人工智能监管系统，以适应不同的市场监管需求。

第四，加强提升监管人员对云计算和区块链等关键数字科技应用水平。在市场监管过程中，云计算大幅提高了数据处理的速度和效率，而区块链技术则保障了数据不可篡改的特性，这对于提高监管记录的透明度和可信度极为重要。因此，加快培训监管人员对这些数字科技应用的操作方法和最佳实践，以便监管人员能够充分利用这些工具进行有效监管。为了确保培训的实效性和持续性，监管部门通过设置在线学习平台、定期举办工作坊和研讨会，鼓励监管人员参与相关技术的实际项目，建立一个动态持续的学习机制。此外，与高等教育机构和科技公司的合作也是提升培训质量和广度的有效途径。为了充分发挥数字科技在市场监管中的作用，建立一个有效的跨部门协作机制成为了组织保障的关键。这种协作机制不仅能优化资源配置，提高监管效率，还能增强监管的广度和深度，确保各项监管措施的整体性和一致性。

第五，建立一个统一的数字监管平台对于实现跨部门协作具有重要意义。食品安全监管部门可以通过数字平台轻松获取商务部门关于市场流通的数据、环保部门的污染排放数据，整合来自不同部门和行业的数据资源，以便更有效地评估和应对可能的市场风险。这种数据的互联互通不仅打破了信息孤岛，还能提升数据利用效率，加快监管反应速度。同时，建立跨部门联合监管小组是增强协同工作的有效策略。跨部门联合监管小组由来自不同监管部门的专家组成，共同负责制定和执行监管策略，不仅有助于提高市场监管的全面性，还能够增强市场监管措施的针对性和有效性。概言之，通过完善的激励机制、法律法规、人员培训和跨部门协作，可以有效地推动数字科技在市场监管中的应用，提高监管效率和准确性，从而促进消费环境的现代化和市场的健康发展。

第二节 运用数字科技改善消费配套服务

完备的消费配套服务是消费环境现代化的基本要求。在数字经济迅速发展的今天，必须运用数字科技不断改善消费配套服务推动消费环境现代化建设，包含优化新能源汽车消费配套设施环境、完善数字科技促进消费环境的政策，以及加强数字科技畅通消费反馈的渠道。

一、优化新能源汽车消费配套设施环境

新能源汽车消费作为大宗消费和绿色消费，既是当前稳定经济、扩大内需的重要抓手，也是实现人民对绿色环保需求的重要载体。随着绿色环保意识的增强和数字科技的跃迁，加快新能源汽车行业的可持续发展，已成为推动我国消费现代化的重要突破口。然而，消费者对新能源汽车的消费购买及持续使用，在很大程度上受到贫瘠的配套设施和服务环境的制约。因此，坚持绿色健康可持续消费理念，通过运用数字科技不断优化新能源汽车消费配套设施环境，以提振新能源汽车及相关电子产品的大宗消费。

第一，加快构建完善的新能源汽车充电网点，破解"充电难"问题。购买新能源汽车对于家庭来说一件大事，而新能源汽车的充电网点配套设施、售后服务跟不上会阻碍广大消费者的购买积极性。如今，新能源汽车充电排队现象在北京、上海、广州、深圳等城市屡见不鲜，而大多数乡镇充电桩设施更是十分匮乏。农村地区消费者购车后"充电难""为一颗螺丝钉专门进一趟城"，在一定程度上成了农村家庭购买新能源汽车的重要阻碍因子。因此，要统筹全国城乡新能源汽车充电网点的布局，加快新能源汽车充电桩的基础设施建设，让广大农村地区家庭享受到高效、便捷的充电、换电服务，更好地满足农村地区对绿色、

低碳、智能、安全的美好出行需要。政府加大开展新能源汽车下乡活动的支持力度，充分利用云计算、大数据等数字科技测算不同地区对新能源汽车及其充电网点的需求，因地制宜、科学精准地布局新能源汽车充电网点。例如，凭借强大的数据处理能力，云计算能够实时处理和分析全国各地用户的充电习惯、车辆分布情况及网点负荷状况，可以科学地规划充电站的位置和数量，确保在用户需求密集的区域提供足够的充电设施，同时避免在需求低的地区过度建设。

第二，加快完善充电基础设施体系与制度，破解"进小区难"问题。随着新能源汽车受到广大用户的青睐，如何解决充电需求、规范和促进小区电动汽车充电设施的建设和管理成为广大车主、物业公司及汽车制造商共同关注的问题。当前，新能源汽车的车主在小区停车位安装充电桩的需求也随之增加，然而实践过程中却遇到物业公司的巨大阻力。部分物业公司以小区电容负荷不足或消防安全等原因，禁止车主在小区里安装新能源汽车的充电桩。为破解新能源汽车充电桩"进小区难"难题，各地政府应当出台完善新能源汽车充电桩的建设管理办法，积极鼓励引导物业服务企业安装建设电动汽车充电桩。譬如，2024 年 5 月施行的《广州市物业小区电动汽车充电设施建设管理规定》是全国首部电动汽车充电设施建设管理方面的专项地方性法规。该规定明确，工信部门、住建部门等应当推进既有物业小区充电设施建设和改造，还要求供电企业提供关于充电设施的报装业务指南，并负责配套电网的建设改造工作。该规定同时要求，新建物业小区固定车位 100% 建设充电基础设施或预留安装条件。既有符合条件的物业小区应当将充电设施建设或者预留安装条件纳入老旧小区改造内容，不符合条件或者未实施老旧小区改造的，应当结合实际情况建设智能有序公用充电设施，或者在周边合理范围内规划建设充电设施、投放共享移动充电设施。概言之，政府和物业服务企业应当大力完善新能源汽车充电基础设施体系，共同破解充电桩"进小区难"等"最后一公里"问题，加大充电、换电的基础配套设施的建设力度。

　　第三，利用数字科技优化充电桩管理策略，提升各地充电桩运营效率。全国多地发布充电桩产业发展鼓励政策，开启新一轮新能源基础设施建设周期，不仅推动城市地区的充电桩建设力度，更将加大乡村地区的充电设施建设，推动新能源汽车的充电配套设施更均衡地发展。新能源配套设施的完善离不开数字科技的应用。推动新能源汽车配套设备的数字化、智能化转型，关键是让诸多配套设施能够实现智能化、网联化以提升运营效率。随着5G、大数据、云计算、区块链、人工智能等数字科技取得了前所未有的进步，通过结合区域内新能源汽车保有量的运行等数据，利用大数据综合分析出热力区，建模并推测建设布局，为政府规划城市发展提供支撑，为企业投资建站提供科学性指导，避免盲目投资建桩，综合提升充电桩的运营效率。例如，在用户使用高峰期，充电网络系统可以自动调整充电功率，或者引导用户至附近的其他充电站，从而平衡电网负荷和提升用户体验，大大提高了充电网络的效率和可靠性。数字科技应用的开发也极大地提高了充电网络的用户便利性，用户通过智能手机可以轻松查找到最近的充电站，实时了解充电桩的使用状态，甚至可以预约充电桩和支付充电费用。这种无缝的服务体验极大地提升了用户的满意度，并鼓励更多的消费者购买或选择新能源汽车作为日常出行工具。

　　第四，在新能源汽车行业的快速发展中，确保产品和服务的质量至关重要。为此，整合市场监管与用户反馈机制成为一种高效的策略，通过构建数字化的监管系统和用户反馈平台，可以有效保障消费者的权益并推动市场的健康发展。数字化监管系统使得监管部门能够实时监控新能源汽车及其配套设施的质量状况。这种系统通过集成车辆性能数据、服务质量信息以及安全记录，为监管机构提供了一个全面的数据视图，使之能够及时发现产品缺陷或服务问题。例如，如果某一型号的车辆频繁出现同一故障，监管系统可以快速捕捉到这一模式，促使制造商采取回调或其他维修措施，防止问题扩大。用户反馈平台为消费者提供了一个表达使用体验和问题的渠道，这些反馈直接输入到制造商和监管部门的数据库中。消费者可以通过在线平台、移动应用或社交媒体等方式，实时报告他们的使用经历，包括车辆性能、充电设施的便利性以及任何服务上的不足。这种即时反馈机制不仅增强了消费者的发声能力，也使企业和监管机构能够快速响应，从而持续改进产品和服务。整合这些数据和反馈后，监管部门和企业可以利用高级数据分析工具对信息进行深入分析，洞察消费者需求和市场趋势，据此调整产品设计和服务策略。这种基于数据的决策过程可以极大提升企业的市场敏感性和竞争力，同时确保消费者需求得到满足。

二、完善数字科技促进消费环境的政策

在蓬勃发展的数字经济时代，为了更好地适应快速变化的消费环境，需要通过制定和完善相关的法律法规、消费政策及制度环境，以保护消费者权益并促进消费市场的健康发展。加快现代化消费信用体系建设，构建以信用为基础的长效市场监管机制。积极运用大数据、人工智能、云计算、区块链等数字科技加强数字监管能力，完善跨部门、跨行业、跨地区综合监管、"线上＋线下"一体化监管机制，加大对网络交易中各种违法违规行为的打击力度，全力营造安全放心的消费环境。随着电子商务和移动支付等新型消费业态、新型支付模式的迅猛发展，传统的消费者保护法律面临着适应性的挑战，往往未能充分覆盖这些新兴领域的特定需求，尤其是在在线交易安全、保护消费者隐私等方面。因此，更新和完善法律法规是保护消费者权益的重要基石，也是维护健康市场环境的必要条件。

第一，立法机构需要对现行的消费者保护法律进行全面审视，针对数字产品和服务的消费特点进行专门的规定。例如，新法律应明确规定在线交易的透明度要求，如确保消费者能够清楚地了解产品信息、价格构成以及交易条款。这不仅有助于提升消费者的购买体验，也能预防虚假广告和误导性营销的发生。加强对消费者数据隐私的保护是新法规的

另一个重要方面。随着数据分析技术的应用日益广泛，消费者的个人信息如何收集、存储和使用成了一个关键问题。新的法律规定应要求企业明确告知消费者其数据的使用目的，并取得明确同意，同时加强数据安全保护措施，防止数据泄露和滥用。对于通过新兴技术实施的消费欺诈和不正当竞争行为，新法律应提供明确的界定和更严格的惩处措施。随着技术的演进，欺诈手段也日益"高端"，常规的监管手段难以适应，因此需要立法加强对这些行为的监控和制裁，确保消费者利益不受侵害。新的消费者保护法律还应考虑跨国电子交易的监管问题。随着全球电商平台的普及，消费者越来越频繁地进行跨境购物，这就要求立法在国际层面上加强合作，形成统一或协调的监管框架，确保消费者在全球范围内的权益保护。政府通过引入和推广各种政策措施，不仅可以保障消费者的权益，还可以激励企业在提供服务和产品的过程中采用更高标准的技术，从而提升整体消费体验。

第二，推广数字化支付安全政策是确保消费者信心的基础。随着电子商务和在线支付的普及，消费者越来越关注其支付信息的安全。政府应鼓励和支持企业采用先进的区块链等加密技术来保护消费者的支付数据。通过制定严格的数据保护标准和加强对违规行为的监管与处罚，可以有效防止数据泄露和欺诈行为，保护消费者的财产安全。政府可以通过税收优惠、财政补贴等激励措施，鼓励企业投资于先进的消费技术和设施。例如，对于那些开发和部署高级数据分析工具以提升客户服务质量的企业，政府可以提供研发税收减免或直接的资金支持。这些措施不仅可以减轻企业的初始投资负担，还可以激励更多企业加入数字科技革新的行列，共同推动消费环境的现代化进程。随着新技术的不断涌现，消费者面临的选择更加多样化，同时也需要更多知识来作出明智的消费决策。支持建立和完善消费者教育也是促进提升消费环境现代化的关键。政府和相关机构应针对不同消费群体开展数字素养教育，如安全的在线购物指南、智能设备使用教程等，帮助消费者更好地理解和利用现代数字工具和服务，从而提升他们的消费体验和满意度。

第三，消费环境的政策还应包括对消费者权益保护的强化措施。随着消费模式的变化，新的消费争议和问题不断出现，传统的投诉和纠纷解决机制可能无法满足消费者对效率和透明度的期望。政府需要确保有效的法律支持和快速的纠纷解决机制，以处理与数字消费相关的各种问题，确保消费者可以信赖和依赖的消费环境。同时，简化消费者投诉和纠纷解决过程，提升投诉处理过程的透明度，是提高消费者满意度的关键手段。例如，政府及相关单位通过建立一个易于访问的在线投诉门户，消费者可以直接提交他们的问题和证据，实时跟踪投诉状态，同时实时接收关于投诉的处理进展，不仅加快了投诉的解决速度，也增强了消费者对处理过程的信任。政府应当建立完善的消费者投诉数据库，利用大数据分析工具，实时监控和分析来自全国各地的消费投诉数据，识别消费中的趋势和常见问题。这不仅有助于及时发现并解决问题，还可以为制定相关消费环境政策提供重要的数据支持。

第四，建立跨部门合作机制是强化市场监管和消费者权益保护的有效策略。通过协调不同部门之间的资源和信息，可以提高对市场的监控效率和应对能力。例如，消费者权益保护机构可以与金融监管部门合作，共同打击在线支付欺诈；与卫生部门合作，确保食品安全和卫生；与交通运输部门合作，监管在线叫车和共享交通服务。随着市场和科技的不断发展，政策需要不断调整和优化，以适应新的挑战和需求。政府可以通过定期调查和评估来收集来自消费者、企业和行业专家的反馈意见；通过问卷调查、重点访谈等方式可以了解政策实施后的实际影响，包括政策的有效性、可行性以及可能存在的问题和挑战。消费者可以提供关于消费体验、服务质量和产品安全等方面的意见，而企业和行业专家则能够提供关于市场竞争、技术创新和政策执行等方面的建议。同时，政府可以借助大数据分析技术对消费者投诉数据、市场销售数据、企业运营数据等多渠道数据，客观地评估政策的实际效果和影响。例如，政府可以分析消费者投诉的数量和类型是否有所减少，市场竞争是否更加公平，消费者满意度是否有所提升等。此外，政府应根据收集到的反馈意见和数据分析结果，及时调整和优化消费环境政策，弥补现有消费环境政策的不足和缺陷，制定新的消费环境政策措施以应对新的挑战。

三、加强数字科技畅通消费反馈的渠道

消费者反馈渠道建设对于企业来说至关重要。一个完善的、健全的消费反馈渠道不仅能够及时了解消费者的问题，解决消费者的困惑，维护消费者的利益，让消费者感受到企业的诚意，同时还能树立起企业好的口碑，提高企业的竞争力。传统的客服电话和电子邮件等的反馈方式，早已无法满足数字时代海量网络消费者的反馈需求。因此企业应该积极推动反馈机制的数字化，通过数字科技搭建更加畅通、高效的消费者投诉及解决渠道，使反馈渠道的可用性与便利性不断提升，为消费者提供更便捷、更及时的服务体验，更好地促进企业与消费者的交流与沟通。

第一，加快构建完善多元化的消费反馈渠道是提升消费配套服务效能的重要举措。通过搭建多元化的在线反馈投诉平台，使得消费者可以随时随地轻松"吐槽"，提交投诉和意见反馈，从而提升消费者对投诉反馈的满意度。当消费者网购遇到了有问题的商品，只需拍下商品照片或视频，上传至平台，详细描述问题，便可轻松发声，实现"图文并茂"的投诉体验。在线投诉平台应当设立专人负责处理投诉，保证投诉信息的及时响应和妥善解决。同时应当提升处理投诉的工作人员的反应能力，确保每一条投诉都能得到快速且有效的处理。此外，在线投诉平台还应建立一套完善的投诉跟踪系统，使消费者能够实时查看自己的投诉进度，体验掌上生活的便捷服务。为了提升在线投诉平台的公信力和效率，还应充分利用人工智能科技帮助初步筛选和分类投诉内容，迅速判断投诉的紧急程度和类型，按需分配给相应的处理人员，实现"秒回模式"的高效服务，从而提高处理速度和质量。建议在线投诉平台定期

发布投诉处理的统计报告和改进措施，让消费者看到平台的"透明运作"，增加用户的信任感和满意度。例如，通过"数据透视"功能，展示每月的投诉数据、处理结果及时效性等，让消费者感受到平台的责任与努力。

第二，利用数字科技深度挖掘消费者反馈投诉数据，及时发现和解决消费者反馈的问题。通过对大量反馈投诉数据进行"深挖细查"，企业和政府能够洞察消费市场中的普遍问题和热点，有效地为制定相关政策和改进措施提供数据支持。具体来说，利用大数据分析识别消费者投诉的主要类别和趋势，比如哪些产品或服务质量问题被频繁提及，或者哪些消费者群体最为活跃。通过深度挖掘不仅揭示了消费者投诉问题的本质，还能发现问题的根源，如供应链缺陷、服务流程漏洞等，从而使政府和企业能够针对性地制定解决方案。大数据分析还为企业预测潜在的消费投诉问题提供了重要数据支持。例如，通过分析真实的历史数据和市场趋势，可以预测特定节假日或促销期间可能出现的商品短缺或服务投诉增多的情况，从而让企业能够未雨绸缪、防患于未然。

第三，借助人工智能和自然语言处理技术，大幅提升投诉处理的效率和准确性，实现"智能解忧"。人工智能在消费投诉管理中扮演着"超级分类师"的角色，能自动识别和分类投诉信息，将投诉内容快速分发给相关部门或处理人员，大大提高了投诉处理的速度和精准度，使得每一条投诉都能找到最匹配的解决者，从而加速"问题解决的速度"。自然语言处理技术则像是一个"理解大师"，帮助消费投诉系统更深入地理解消费者提出的问题。通过分析和解构消费者的语言表达，自然语言处理技术可以识别投诉的关键信息和情感倾向，从而提供更加个性化、针对性的解决方案。例如，如果消费者对某个产品的某个特定问题表达了不满，自然语言处理可以精确捕捉到关键词和情绪，指导系统提供相应的解答或补救措施。人工智能和自然语言处理的结合使用可以实现"一站式"处理流程，从接收投诉到问题解析，再到解决方案的生成和反馈，整个过程无须人工干预，实现真正的自动化和智能化，提高了处理效率和质量。在数字科技支持下，投诉处理系统可以变得更加"聪明"，能够根据历史数据和常见问题模式，预设自动回复或者自动处理方案，当遇到类似投诉时，可以即刻提供标准化且高效的回应，减少消费者的等待时间，提升他们的满意度。

第四，建立跨部门的协作机制是确保投诉问题得到及时有效解决的"关键招式"。消费者的投诉往往不是孤立的，它可能涉及多个部门和企业，比如质量监督、消费者权益保护、网络监管等，这就需要进行跨部门的协调和合作才能有效解决问题。政府和相关机构应建立起一个"联动机制"，通过整合资源和力量，建立一个统一的协作平台。这个平台不仅要明确各部门的职责，还要设定清晰的协作流程，确保每一个投诉都能在第一时间得到正确的指引和快速的处理。例如，可以设立一个中心协调节点，负责接收所有投诉，然后根据问题的性质将其分发到相应的部门，这样可以避免责任推诿和处理延误，实现"一键投诉，全程无忧"的服务体验。这种跨部门的协作机制还应当引入"智能调度"系统，利用人工智能优化投诉的流转和处理。系统可以根据历史数据和处理效率，自动推荐最合适的部门处理特定类型的投诉，从而进一步提高处理效率和质量。加强信息的透明度也是这一机制的重要组成部分。通过建立一个公开的信息发布平台，政府和企业可以定期发布投诉处理的进展和结果，让消费者能够实时了解自己投诉的状态，同时也增加了公众对处理过程的监督和信任。在制定这种跨部门协作机制时，还需要考虑到培训和团队建设的问题。各部门的工作人员应接受相关的培训，了解整个机制的工作流程和自己在其中的角色，确保能够在处理投诉时高效、协同作业，提升团队的"协作力"。概括而言，加强数字科技畅通消费反馈的渠道是提升消费配套服务效能的重要举措。通过建立在线投诉平台，利用数字科技提升投诉处理效率，以及建立跨部门的协作机制，可以实现消费者投诉渠道的畅通和投诉问题的及时解决，提高消费者的满意度和信任度。

第三节 运用数字科技锻造高质量消费环境

高质量消费环境是消费环境现代化的重要构成内容。在数字经济迅速发展的今天，必须运用数字科技锻造高质量消费环境推动消费环境现代化建设，包含运用数字科技营造健康安全的消费环境、运用数字科技打造身临其境的消费场景，以及运用数字科技营造清朗绿色的消费环境。

一、运用数字科技营造健康安全的消费环境

健康安全的消费环境是构建消费环境现代化的基本保障，也是高质量消费环境的重要表征之一。尤其是在线购物与数字科技的深度融合，推动了在线购物市场的蓬勃发展，但同时也衍生了网络诈骗、产品质量不合格等一系列消费环境乱象，制约了消费现代化进程。因此，必须充分发挥数字科技提升移动支付安全、产品安全，以及数据安全，增强消费环境的整体安全性，提升消费者的信心和满意度，促进消费市场的健康发展。

第一，加大数字科技投入构建安全的移动支付环境。随着数字科技的迅猛发展，移动支付已经成为消费者日常生活中不可或缺的一部分，它几乎成了现代生活的新常态。移动扫码支付、刷脸支付等新型移动支付技术的普及，极大地提高了消费的便捷性，让消费者"随时随地、轻松一扫"成为可能。然而，随着移动支付的便捷性增加，对支付安全的要求也随之提高，这要求我们必须进行更为严密的安全防护措施。为了保障支付数据的安全，金融科技公司和相关部门必须采用先进的加密技术。譬如，可以采用诸如端到端加密技术，在数据发送者和接收者之间创建一条安全通信线路的方法，确保数据在传输过程中不被第三方窃取

或篡改，实现了数据的零泄露。充分发挥先进加密技术的优势，确保消费者的支付信息从支付终端到银行服务器的整个传输过程中都得到安全保护。实时监控交易异常行为也是确保移动支付安全的关键环节。通过设置智能监控系统，金融机构能够实时跟踪和分析所有交易活动，一旦发现异常模式或可疑交易，系统将立即发出预警并采取相应措施，有效地减少了欺诈行为的发生概率。同时，大数据分析在锻造安全的移动支付环境中也扮演着至关重要的角色。通过分析海量的交易数据，金融科技公司可以利用机器学习算法识别出欺诈行为的各种模式和信号，预防传统的欺诈手段，及时应对新型欺诈技术的不断演变，持续提升风险管理能力。此外，全面打造安全的移动支付环境，也离不开消费者的安全意识。金融机构和支付平台应当定期对消费者进行支付安全引导与宣讲，提醒消费者注意保护个人信息等，尤其是要加大对老年人易感人群的宣讲，不轻信未经验证的支付请求或链接，从而在消费者方面形成第一道防线。

第二，充分发挥数字科技优势提升产品安全。在食品安全和绿色食品领域，企业应当加大利用数字科技成果转化，确保消费者享受到更安全的食品。随着人工智能、区块链科技的蓬勃发展，推动了食品领域透明化的新篇章。充分发挥区块链科技的优势，提升食品的生产、加工、运输及销售的各个环节的透明度，形成一个不可篡改的数据链，促进消费者更容易追踪食品来源，包括原材料的采购、加工的环境、运输的过程，以及食品最终到达消费者手中的途径。从田间地头到都市餐桌的全过程透明化，不仅提高了食品安全，也增强了消费者对品牌的信任，实现了吃得安心，买得放心的效果。此外，在新能源电动车及其配套安全装备领域，智能传感技术的应用提供了额外的安全保障，实时监测新能源电动车的运行状态和完全性，一旦发现新能源电动车异常或磨损情况，系统便会自动发送提醒到消费者的手机应用或车载显示屏上，提示消费者进行检查或更换。例如，如果电动车的刹车系统响应时间变长，智能系统便能立即识别并提醒用户，从而大大降低了行驶中的安全隐患，确保了驾驶无忧。数字科技在产品安全监测方面也发挥了重要作用，通过收集和分析大量的使用数据，制造商可以在问题成为严重安全隐患之前，就能预见到潜在的故障或者不良趋势，提前进行召回或更新产品设计，有助于防范消费者潜在风险，降低企业经济损失和品牌信誉损害。

第三，加快构建数据安全管理体系保障消费者信息安全。随着个人和商业活动越来越多地转向在线平台，消费者的个人信息安全成为一个至关重要的问题。企业和政府部门必须采取强化的数据保护措施，以确保这些敏感信息的安全，防止数据泄露和滥用。实施严格的数据访问权限控制是保护消费者个人信息的基石。企业应确保只有授权人员才能访问重要的消费者数据，并且访问级别应该根据员工的职责来定制。通过实施最小权限原则，可以大大降低因内部错误或恶意行为而导致数据泄露的风险。同时，使用高标准的数据加密技术是保护数据传输和存储安全的重要手段。先进的加密技术可以确保数据在被非法访问时仍然保持不可读状态，从而保护消费者的敏感信息如信用卡详情、社保卡个人身份信息等的安全。部署先进的网络安全防御系统对抵御潜在的网络攻击，监控和防御各种网络威胁，从简单的恶意软件到更复杂的网络钓鱼和零日攻击。建立完善的数据安全管理体系是确保持续保护消费者信息的关键，包括定期进行安全审查和风险评估，以及更新保护措施以应对不断变化的安全威胁。此外，员工是数据安全链中的重要一环，因此，还应当进行定期的安全培训和安全意识提升活动，教育员工识别和防范安全威胁，减少因操作不当导致的安全事件。

第四，充分利用人工智能监管推动形成安全的消费环境。人工智能是数字科技的关键核心技术之一，在监管领域的应用正在革新传统的监督和管理方式，提升了监管效率和预警能力。政府和监管机构可以利用人工智能实现对市场行为的实时监控，通过人工智能高度的自动化和智能化处理方式极大地提高了监管的即时性和有效性。监管机构部署先进的人工智能算法，能够在庞大的数据集中快速识别异常交易模式。例如，人工智能可以分析交易频率、金额和网络行为等多种变量，从而及时发现潜在的市场操纵或欺诈行为。一旦人工智能监管系统检测到这些异常模式，就能立即触发警报，并将相关信息通报给监管人员，这样就可以在问题扩大之前迅速采取干预措施或展开调查。人工智能监管不仅限于监控市场交易，它还能分析消费者行为，预测并识别可能的风险和问题。例如，在消费金融领域，人工智能可以评估消费者的购买行为和信用历史，预测信用风险，提前提醒银行和消费者采取预防措施。这种预测性分析帮助构建了一个更为主动的风险管理体系，大大减少了违规行为和信用违约的发生概率。人工智能的应用同时引发了对算法透明度和公正性的关切。监管机构必须确保人工智能算法的设计和运行遵循严格的法律和伦理标准，包括实施公平的数据处理原则、确保算法决策过程可追溯、公开的算法决策逻辑、防止数据偏见和隐私侵犯。此外，定期对人工智能监管系统进行伦理和合规性审查也是保证算法公正性的重要措施。

二、运用数字科技打造身临其境的消费场景

在数字科技快速发展的今天，创造身临其境的消费体验已成为企业提升消费者满意度和市场竞争力的重要手段。通过运用虚拟现实、增强现实、人工智能等数字科技，为消费者提供与众不同的购物体验，大幅增强消费者沉浸感，推动消费者作出更好的购买决策。数字科技不仅改变了消费者的购物方式，也重塑了消费者购物环境和消费者互动模式。

第一，虚拟现实技术（VR）逐步改变了消费者的购物体验，为消费者创建一个完全沉浸式的环境，消费者可以足不出户就仿佛置身于实体店铺购物场景。这种 VR 技术对于高端时尚品牌的应用更加重要。例如，知名的时尚品牌通过 VR 技术，允许消费者在虚拟空间中试穿服装或配饰，消费者可以从多个角度审视衣物的细节，轻松更换不同的款式和颜色，极大地增加了购物的趣味性和互动性。在家具和房地产市场，

VR 技术也显示出其独特的价值。消费者可以通过 VR 技术在虚拟环境中查看和体验家具布局或房屋内部设计。这不仅可以帮助消费者更好地决策家居购买和房屋投资，也能够减少实际样品房和展示中心的依赖，显著提高了销售流程的效率和成本效益。例如，房地产开发商可以为潜在消费者提供一个通过 VR 技术观看不同房产布局的机会，感受空间布局和设计美学。这种 VR 技术的进步不仅提升了消费体验，而且对企业经营模式也产生了深远影响。零售商通过 VR 技术可以减少对实体店面的依赖，降低物理展示空间的成本，并能更有效地达到全球客户。此外，企业可以通过 VR 分析消费者在虚拟环境中的行为来优化产品设计、库存管理和营销策略。

第二，增强现实技术（AR）为零售领域带来了变革性的创新，通过在消费者的实际视野中叠加数字信息，显著提升了购物的直观性和互动性。消费者可以使用自己的智能手机或 AR 眼镜，体验将虚拟产品信息与现实世界的无缝融合。这种 AR 技术的应用不限于提供产品基本信息，还扩展到了增强消费者决策和购物体验的多个方面。例如，在零售店内，AR 技术能够极大地丰富消费者的购物体验。通过简单地扫描商品的标签，消费者即可在自己的设备上即时查看详细的产品信息，如价格、材料、产地以及其他购买者的评价和建议。这种即时获取信息的方式不仅加速了购买决策过程，也增加了购物的透明度，使消费者能够作出更加明智的选择。AR 技术在化妆品行业中也展示了其独特的应用价值。一些化妆品公司利用 AR 技术开发了虚拟试妆应用，使消费者能够在不需实际涂抹化妆品的情况下，在自己的面部预览不同的化妆效果。用户可以在屏幕上看到自己搭配各种颜色和样式的妆容，这不仅能减少化妆品的物理试用消耗，还能极大地提高购买的效率和满意度。AR 技术使得消费者能够在购买前预览产品在实际使用环境中的样子，从而大幅度减少因规格或风格不匹配导致的退换货问题。

第三，人工智能科技在打造身临其境的消费场景中扮演着至关重要的角色。充分发挥人工智能对消费者购物习惯和偏好的深入分析，提供个性化推荐，大幅增强消费者的购物体验。人工智能算法通过收集和分析包括浏览历史、购买记录、客户反馈以及社交媒体行为在内的大量消费者数据，构建详细的消费者画像，精确预测消费者的行为模式，并据此实时调整营销策略。例如，人工智能推荐系统能够分析消费者的购买历史，识别出其品位和偏好，然后推荐相似或相关的商品。这种个性化算法推荐极大地提升了购物的便利性和吸引力，促使消费者更容易作出购买决定。人工智能科技还可以优化促销和定价策略，通过动态定价模型对产品价格进行实时调整，以最大化利润同时保持竞争力。人工智能科技动态定价策略依据市场需求、库存水平以及消费者购买能力等因素调整价格，既能吸引消费者，又能反映商品的真实价值。在提高售后服务质量方面，人工智能科技通过自动化的客户服务系统（如智能客服），可以快速且连贯地回应消费者的常见问题，提高服务效率，减轻人工客服的工作负担。

第四，数字科技应用营造了良好的消费互动体验，推动形成高质量的消费环境。通过社交媒体和移动应用程序，企业能够与消费者建立更紧密的联系，这不仅增强了消费者的参与感和归属感，而且为企业提供了宝贵的消费者洞察，从而优化产品开发和营销策略。如抖音、微博和微信等多元化社交媒体，已成为消费者与品牌互动的重要平台。消费者通过这些平台可以轻松分享自己的购物体验和产品反馈，参与品牌举办的抽奖、问答以及话题讨论等各种互动活动，不仅让消费者感觉自己是品牌活动的一部分，而且这些反馈和互动对企业而言也是洞察消费者需求和改进产品的重要途径。许多企业也开发了专门的移动应用程序，不仅方便消费者购物，更加入了用户评论、分享以及个性化推荐等社交功能，增加了品牌的可见度和互动性。数字科技还使企业能够根据消费者的在线行为和偏好数据进行精准营销，推出更符合市场需求的产品。概括而言，数字科技在打造身临其境的消费场景中展现出巨大潜力。通过这些先进的技术，企业不仅能提供更加丰富和引人入胜的购物体验，还能有效提升消费者满意度和忠诚度，从而在激烈的市场竞争中占据优势。随着数字科技的不断进步，未来消费者将享受到更加个性化、互动化和智能化的购物环境。

三、运用数字科技营造清朗绿色的消费环境

清朗绿色的消费环境是构建消费环境现代化的基本前提，也是打造高质量消费环境的应有之义。在数字化时代，衍生了网络诈骗、产品生产、包装不环保等一系列消费环境乱象，阻碍了消费现代化进程。营造一个清朗绿色的消费环境已成为不容忽视的重要议题。随着人们对环境保护意识的提升，以及对绿色可持续发展目标的追求，数字科技在推动环保和可持续消费方面展现出了巨大潜力。通过数字科技和大数据的应用，可以有效提升资源的利用效率，构建一个绿色生态友好的消费环境，同时帮助消费者作出更环保的选择。

第一，数字科技特别是物联网技术的应用，在优化供应链管理中扮演了核心角色，有助于减少企业的环境足迹。物联网技术使得从原材料采购到生产、存储、运输，直至销售的每一个供应链环节都能够被实时监控和管理。这种高度透明不仅提升了供应链的效率，也帮助企业实现了资源的最优配置和使用。企业通过部署传感器和智能设备，实时收集和分析供应链中原材料的流动速度、库存水平、能源使用情况以及生产设备运行效率等关键数据，帮助企业及时调整生产计划和库存策略，避免过度生产和过剩库存，从而减少无谓的资源消耗和废物产生。例如，通过监控生产线上的能源使用数据，企业可以识别出能效较低的区域或设备，并采取相应措施进行优化，这样不仅提高了生产效率，也大幅降低了能源消耗。此外，物联网技术还能优化物流和运输过程。通过实时追踪运输车辆的位置和状态，企业可以更精确地预计产品的到达时间，进而更合理地安排运输计划和路线。这不仅减少了运输过程中的空载和返程，还降低了燃油消耗和相应的碳排放。通过这种方式，企业不仅实现了成本的节约，也对环境保护作出了贡献。

第二，充分发挥数字科技推动企业提供详尽的产品环保信息，促进消费者做出更加绿色环保的购物决策。在当前的环保意识日益增强的社会背景下，消费者越来越关注产品的环境影响。通过在线平台和移动应用程序，消费者可以非常便捷地访问到产品的详细环保属性，如碳足迹、水足迹、能源消耗、使用的可再生材料比例及产品的可回收性等信息。例如，一些先进的电商平台和绿色消费应用已经开始提供这些环保信息，让消费者在购买前能够清晰地了解到产品制造和使用过程中的环境污染问题。这种信息的透明化不仅帮助消费者在多个产品中作出环保选择，还无形中倒逼企业推动改进生产过程、减少环境影响。一些应用程序提供的全生命周期评估工具，能够展示从原材料采集、生产、使用到废弃的整个过程中，产品对环境造成的影响。这种全面的评估帮助消费者不仅仅在购买时考虑环保，而是有助于形成一种全周期的环保消费观念。消费者因此能够更加明智地选择那些在整个生命周期中对环境影响较小的产品。增加这种透明度的结果，不仅提高了消费者的环保意识，更重要的是形成了一种市场驱动机制，促使企业在产品设计和生产过程中采取更为环保的措施。企业为了满足消费者的环保需求和提升市场竞争力，不得不在材料选择、生产工艺、包装以及产品可回收性等方面进行改进。

第三，数字科技推动环境监测和政策制定过程更加精确和高效。人工智能和大数据技术等数字科技能够处理和分析大量的环境数据，为企业和政府机构提供了更加深刻的洞察，以预测污染趋势和识别潜在的高风险区域，更有效地定制环保措施，从而更好地保护环境。例如，通过人工智能算法分析工厂排放数据、交通流量信息和空气质量指数，识别可能导致污染的模式和趋势，预测某个区域的污染水平，及时警示政府和公众。此外，这些数据可以帮助环保机构识别出那些违反排放标准的工厂，从而实时调整监管策略，确保所有企业都符合环境保护法规。大数据技术也使得政府机构能够更精准地制定环境政策。通过收集从卫星图像到地面监测站的各种环境数据，政策制定者可以更全面地理解环境问题的具体情况和复杂性。这些信息可以帮助他们设计出更有效的政策，并针对具体的环境问题制定出更有针对性的解决方案，如针对特定工业区域的减排要求或城市交通的改进措施等。同时，人工智能和大数据的应用还可以增强环境政策的透明度和公众参与。通过开放环境数据平台，政府可以使公众更容易接触到环境信息，增强公众对环境政策的理解和支持。公众可以通过这些数据看到政策实施的效果，以及它们如何影响自己的生活环境。

第四，充分发挥数字科技在购后阶段打造绿色消费环境的重要作用。数字科技的应用不仅仅局限于购前、购买阶段，它在购后阶段同样发挥着重要作用，尤其是在促进产品回收和再利用方面。例如，通过建立智能回收系统，数字科技可以极大地简化回收流程，使之变得更加高效和用户友好。智能回收系统通常包括自动化的分类和回收设施，这些设施能够识别和分类各种类型的废弃物，如电子设备、塑料包装、纸张等。这种分类通常利用先进的传感器技术和机器视觉系统来识别废弃物的类型和组成，从而确保正确的分类和有效的再利用。例如，特定的传感器可以区分不同类型的塑料，而高分辨率摄像头可以通过视觉识别系统辨认品牌和标签，以便更精确地分流处理。为了进一步提高这些系统的效率和吸引消费者积极参与回收，许多智能回收系统还采用了激励机制。这些激励措施包括积分奖励、折扣券或直接的金钱回报，鼓励消费者将废弃物送至智能回收站。通过手机应用或专用卡片跟踪个人的回收活动，消费者可以积累积分并兑换奖励，这不仅提升了消费者的参与度，也增加了回收行为的乐趣和实际收益。此外，这些智能系统通过数据收集和分析，可以帮助政府和企业更好地理解废弃物的流向和回收率，从而优化回收策略和提高资源的循环利用率。数据分析结果可以揭示哪些地区的回收行为更加积极，哪些类型的材料回收更为困难，据此调整公共政策或企业战略。概括而言，要充分运用数字科技推动消费环境的绿色转型，构建一个资源利用更高效、更生态环保的清新消费环境，为实现全社会的可持续发展目标提供了强有力的支持。

参 考 文 献

［1］财政部．关于 2013 年中央对地方税收返还和转移支付决算的说明［R/OL］．中华人民共和国财政部网站．https：//yss. mof. gov. cn/2013qgczjs/201407/t20140711_1111867. htm.

［2］财政部．关于 2023 年中央对地方转移支付决算的说明［R/OL］．中华人民共和国财政部网站．http：//yss. mof. gov. cn/2023zyjs/202407/t20240716_3939609. htm.

［3］陈晓红．数字经济时代的技术融合与应用创新趋势分析［J］．中南大学学报（社会科学版），2018，24（5）：1 - 8.

［4］程承坪，彭欢．人工智能影响就业的机理及中国对策［J］．中国软科学，2018（10）：62 - 70.

［5］崔宏轶．新时代科技创新赋能中国式现代化：意蕴、突破与启示［J］．江西社会科学，2023，43（4）：15 - 23.

［6］邓小平．邓小平文集：第 3 卷［M］．北京：人民出版社，1993.

［7］第一观察：从新时代中央一号文件领会总书记对"三农"工作战略指引［R/OL］．新华社，2023 - 02 - 14. http：//www. xinhuanet. com/politics/2023 - 02/14/c - 1129365318. htm.

［8］段妍，刘冲．中国式现代化：一种全新的人类文明形态［J］．思想理论教育，2023（9）：27 - 32.

［9］高振娟等．数字经济赋能消费升级的机制与路径选择［J］．西

南金融，2021（10）：44-54.

［10］公民生态环境行为调查报告（2022年）［R/OL］.生态环境部环境与经济政策研究中心.2023-06-29，http：//www.prcee.org/zy-hd/202306/t20230629_1034892.html.

［11］关于促进消费扩容提质　加快形成强大国内市场的实施意见［R/OL］.中华人民共和国中央人民政府.2020-03-13.https：//www.gov.cn/zhengce/zhengceku/2020-03/13/content_5490797.htm.

［12］光明网.阿里巴巴集团将投入1000亿元助力共同富裕［N/OL］.2021.https：//m.gmw.cn/baijia/2021-09/03/35137052.html.

［13］郭凯明.人工智能发展、产业结构转型升级与劳动收入份额变动［J］.管理世界，2019，35（7）：60-77.

［14］国家统计局.国家统计局局长就2023年全年国民经济运行情况答记者问［N/OL］.https：//www.stats.gov.cn/xxgk/jd/sjjd2020/202401/t20240117_1946672.html.

［15］国家新一代人工智能治理专业委员会.新一代人工智能伦理规范［R/OL］.2021.https：//www.most.gov.cn/kjbgz/202109/t20210926_177063.html.

［16］国务院.关于切实解决老年人运用智能技术困难的实施方案［R/OL］.2020.https：//www.gov.cn/gongbao/content/2020/content_5567747.htm.

［17］国务院.深化新时代教育评价改革总体方案［R/OL］.2020.https：//www.gov.cn/gongbao/content/2020/content_5554488.htm.

［18］国务院.数字中国建设整体布局规划［R/OL］.2023.ht-tps：//www.gov.cn/zhengce/2023-02/27/content_5743484.htm.

［19］国务院.中华人民共和国国民经济和社会发展第十四个五年规划和2035年远景目标纲要［R/OL］.2021.https：//www.gov.cn/xin-wen/2021-03/13/content_5592681.htm.

［20］韩喜平，郝婧智.人类文明形态变革与中国式现代化道路

［J］. 当代世界与社会主义，2021（4）：49 - 56.

［21］何虎生. 推进中国式现代化必须增强忧患意识、发扬斗争精神［J］. 党建，2023（4）：25 - 27.

［22］洪银兴. 论中国式现代化的经济学维度［J］. 管理世界，2022（4）：1 - 15.

［23］胡雪萍，李玉颂. 中国式消费现代化的演进逻辑、时代特征与推进思路［J］. 改革与战略，2024，40（1）：50 - 61.

［24］黄汉权，盛朝迅. 现代化产业体系的内涵特征、演进规律和构建途径［J］. 中国软科学，2023（10）：1 - 8.

［25］简新华等. 学习阐释中国共产党二十大报告笔谈［J］. 财经科学，2022（11）：1 - 26.

［26］蒋建国. 马克思主义消费文化理论及其当代意蕴［J］. 马克思主义研究，2007（3）：31 - 36.

［27］李长春，蒋和胜. 马克思消费理论探讨［J］. 天府新论，2013（1）：48 - 54.

［28］李娅，侯建翔. 现代化产业体系：从政策概念到理论建构［J］. 云南社会科学，2023（5）：83 - 90.

［29］刘凤义，曲佳宝. 论马克思消费理论的两个维度及其现实意义［J］. 马克思主义理论学科研究，2022，8（3）：46 - 54.

［30］刘乐山，杨丹. 新中国成立70年消费经济理论的重大发展与创新［J］. 湘潭大学学报（哲学社会科学版），2020（1）：80 - 85.

［31］刘容，于洪彦. 在线品牌社区顾客间互动对顾客愉悦体验的影响［J］. 管理科学，2017，30（6）：130 - 141.

［32］刘伟，范欣. 以高质量发展实现中国式现代化推进中华民族伟大复兴不可逆转的历史进程［J］. 管理世界，2023（4）：1 - 16.

［33］骆郁廷. 中国式现代化：共同特征与中国特色［J］. 马克思主义研究，2023（1）：56 - 63，159 - 160.

［34］马克思恩格斯选集，第二卷［M］. 北京：人民出版社，

2012：694.

　　［35］马克思恩格斯选集，第二卷［M］.北京：人民出版社，2012：689.

　　［36］马克思恩格斯选集：第1卷［M］.北京：人民出版社，2012：49-63.

　　［37］马克思恩格斯选集：第1卷［M］.北京：人民出版社，2012：776.

　　［38］马克思恩格斯选集，第2卷［M］.北京：人民出版社，2012：691.

　　［39］马歇尔.经济学原理：上卷［M］.志英，译.北京：商务印书馆，2017.

　　［40］麦肯锡咨询公司.2023麦肯锡中国消费者报告［R/OL］.https：//www.mckinsey.com.cn/.

　　［41］毛泽东文集：第7卷［M］.北京：人民出版社，1999.

　　［42］毛泽东文集：第8卷［M］.北京：人民出版社，1999.

　　［43］任剑涛.中国式现代化的中国特色——基于现代化的独异性视角分析［J］.探索，2023（5）：1-13.

　　［44］任中伟.用数字化技术提升消费者消费体验［N/OL］.人民网，2021-03-15.http：//finance.people.com.cn/n1/2021/0315/c1004-32051549.html.

　　［45］山东淄博.探寻中国新兴旅游城市的爆火密码［N/OL］.中国报道，2023-09-26.http：//www.chinareports.org.cn/tytxy/2023/0926/39863.html.

　　［46］沈鹏熠，万德敏，许基南.在线零售情境下人机交互感知如何影响消费者幸福感——基于自主性的视角［J］.南开管理评论，2021，24（6）：26-40.

　　［47］史琳琰，张彩云，胡怀国.消费驱动型发展的理论逻辑、生成路径及对中国式现代化的启示［J］.经济学家，2023（2）：35-44.

［48］史少博，马关生．反思科技发展实践中的"以人为本"［J］．探索，2013（2）：158－162．

［49］宋雪飞，张韦恺镝．共享数字文明的福祉——习近平关于发展数字经济重要论述研究［J］．南京大学学报（哲学·人文科学·社会科学），2022，59（3）：5－13．

［50］孙海军，张长立．技术适配治理：政府治理数字化的限度与人的主体性回归［J］．江淮论坛，2023（3）：153－158．

［51］孙武安．论全面建设社会主义现代化国家的五个重大原则［J］．马克思主义研究，2022（10）：42－51．

［52］唐未兵，彭涛．后危机时代中国经济发展的路径选择［J］．经济学动态，2010（3）：33－36．

［53］腾讯宣布第四次战略升级［N/OL］．新华网，2021－04－21，https：//new.qq.com/rain/a/20210421A01QWX00．

［54］王阳，温忠麟．基于两水平被试内设计的中介效应分析方法［J］．心理科学，2018，41（5）：1233－1239．

［55］王永贵等．中国式现代化消费：理论、评价与战略［M］．杭州：浙江工商大学出版社，2023．

［56］王蕴．当前我国居民消费变化的新特征与新趋势［J］．人民论坛，2022（24）：30－35．

［57］卫海英，毛立静．服务仪式对消费者幸福感的影响研究——基于互动仪式链视角［J］．暨南学报（哲学社会科学版），2019，41（12）：79－90．

［58］卫志民，杨修博．夯实促进共同富裕的基础性制度［N］．人民日报，2023－02－08．

［59］文丰安．加快推进人与自然和谐共生现代化的路径选择［J］．新视野，2023（5）：99－104．

［60］吴继飞，万晓榆．新时代中国式现代化研究的样态、新兴热点及动态演进［J］．重庆社会科学，2024（1）：16－32．

［61］吴继飞，万晓榆．中国新质生产力发展水平测度、区域差距及动态规律［J］．技术经济，2024，43（4）：1－14．

［62］吴继飞，于洪彦，杨炳成．分享所获，还是分享操作？——直接体验和间接体验对分享内容的影响与作用机制研究［J］．营销科学学报，2016，12（4）：41－60．

［63］武力．中国共产党关于积累与消费关系的认识与实践［J］．人民论坛·学术前沿，2021（16）：82－89．

［64］习近平．高举中国特色社会主义伟大旗帜　为全面建设社会主义现代化国家而团结奋斗——在中国共产党第二十次全国代表大会上的报告［M］．北京：人民出版社，2022．

［65］习近平．高举中国特色社会主义伟大旗帜　为全面建设社会主义现代化国家而团结奋斗——在中国共产党第二十次全国代表大会上的报告［N］．人民日报，2022－10－26．

［66］习近平．加快发展新质生产力　扎实推进高质量发展［N］．人民日报，2024－02－02．

［67］习近平．加快建设以实体经济为支撑的现代化产业体系　以人口高质量发展支撑中国式现代化［N］．人民日报，2023－05－06．

［68］习近平．紧紧围绕坚持和发展中国特色社会主义　学习宣传贯彻党的十八大精神［N］．人民日报，2012－11－19．

［69］习近平：在庆祝中国共产党成立100周年大会上的讲话［R/OL］．人民网，2021－07－01，http：//jhsjk.people.cn/article/32146278．

［70］习近平．在全国脱贫攻坚总结表彰大会上的讲话［N］．人民日报，2021－2－26（2）．

［71］习近平在学习贯彻党的二十大精神研讨班开班式上发表重要讲话强调正确理解和大力推进中国式现代化［N］．人民日报，2023－02－08（1）．

［72］习近平著作选读：第2卷［M］．北京：人民出版社，2023：9．

［73］习近平著作选读：第2卷［M］．北京：人民出版社，2023：24．

［74］习近平著作选读：第 2 卷［M］. 北京：人民出版社，2023：25.

［75］习近平著作选读：第 2 卷［M］. 北京：人民出版社，2023：405.

［76］徐光春，梅荣政. 马克思主义大辞典［M］. 武汉：长江出版传媒，2018.

［77］徐康宁. 加快建设现代化产业体系［J］. 红旗文稿，2022（24）：35 - 37.

［78］薛丰. 建设现代化产业体系［N］. 经济日报，2022 - 11 - 03.

［79］闫宏秀. 通向美好生活的数字福祉［N］. 光明日报，2023 - 08 - 21.

［80］一副 AR 眼镜如何改变世界？灵伴科技打造传统空间"新玩法"［N/OL］. 余杭时报，2023 - 04 - 15. https：//baijiahao. baidu. com/s？id = 1763212085650874540&wfr = spider&for = pc.

［81］尹世杰. 消费经济学［M］. 北京：高等教育出版社，2007.

［82］引导电商平台和商户"亮照、亮证、亮规则"营造更放心的网络消费环境［R/OL］. 中华人民共和国中央人民政府. 2022 - 06 - 17. https：//www. gov. cn/xinwen/2022 - 06/17/content_5696133. htm.

［83］曾伏娥，邹周，陶然. 个性化营销一定会引发隐私担忧吗：基于拟人化沟通的视角［J］. 南开管理评论，2018，21（5）：83 - 92.

［84］张大良. 用现代信息技术赋能高质量人才培养的内涵与路径［J］. 中国高教研究，2022（9）：14 - 17.

［85］张林. 新质生产力与中国式现代化的动力［J］. 经济学家，2024（3）：15 - 24.

［86］张明敏. "网红"企业鸿星尔克河南水灾捐赠到位超 3000 万元 多方探寻还原捐赠走红的背后逻辑［N］. 公益时报，2021 - 11 - 03.

［87］张颖熙，夏杰长. 科技向善赋能共同富裕：机理、模式与路径［J］. 河北学刊，2022，42（3）：115 - 122.

［88］张占斌. 中国式现代化进程中围绕"两个倍增"扎实推进共

同富裕探析 [J]. 马克思主义研究, 2023 (4): 1 - 13, 155.

[89] 浙江省市场监督管理局. "消费宝"让你"浙"里放心消费 [N/OL]. 浙江省市场监督管理局网站. 2022 - 10 - 10. http: //zjamr. zj. gov. cn/art/2022/10/10/art_1229453613_6624. html.

[90] 郑磊. 数字治理的"填空"与"留白" [J]. 人民论坛·学术前沿, 2021 (23): 106 - 112.

[91] 郑栅洁. 加快建设以实体经济为支撑的现代化产业体系 [J]. 宏观经济管理, 2023 (9): 1 - 3, 10.

[92] 中共中央关于党的百年奋斗重大成就和历史经验的决议 [M]. 北京: 人民出版社, 2021.

[93] 中共中央、国务院. 数字中国建设整体布局规划 [R/OL]. 中华人民共和国人民政府网, 2023 - 02 - 27. https: //www. gov. cn/zhengce/2023 - 02/27/content_5743484. htm.

[94] 中共中央文献研究室. 建国以来重要文献选编: 第 4 册 [M]. 北京: 中央文献出版社, 1993.

[95] 中共中央文献研究室. 习近平关于社会主义生态文明建设论述摘编 [M]. 北京: 中央文献出版社, 2017.

[96] 中国共产党第十九届中央委员会第五次全体会议 [N]. 人民日报, 2020 - 10 - 30.

[97] 中国共产党中央委员会关于建国以来党的若干历史问题的决议 [M]. 北京: 人民出版社, 2009.

[98] 中国消费者协会. 中国消费者权益保护状况年度报告 (2022) [R/OL]. http: //www. cca. org. cn/#/index.

[99] 中华人民共和国中央人民政府. 2022 年我国数字经济规模达 50. 2 万亿元 [N/OL]. 中华人民共和国中央人民政府网. 2023 - 04 - 28. https: //www. gov. cn/yaowen/2023 - 04/28/content_5753561. htm.

[100] 周丽群. 马克思消费思想及其现实意蕴 [J]. 理论视野, 2021 (6): 25 - 29.

［101］朱巍. 弥合弱势群体数字鸿沟，共享数字红利［N］. 光明日报，2022 – 8 – 3.

［102］邹广文，宁全荣. 马克思生产与消费理论及其当代境遇［J］. 河北学刊，2013，33（4）：22 – 26.

［103］Agarwal R，Karahanna E. Time flies when you're having fun：Cognitive absorption and beliefs about information technology usage［J］. MIS quarterly. 2000，24（4）：665 – 694.

［104］Alkhowaiter W A. Digital payment and banking adoption research in gulf countries：a systematic literature review［J］. International Journal of Information Management，2020，53（4）：1 – 17.

［105］Amabile T. The social psychology of creativity：a componential conceptualization［J］. Journal of Personality and Social Psychology，1983，45（2）：357 – 376.

［106］Aron A，Steele J L，Kashdan T B，et al. When similars do not attract：Tests of a prediction from the self-expansion model［J］. Personal Relationships，2006，13（4）：387 – 396.

［107］Bagozzi R P and Yi Y. On the evaluation of structural equation models［J］. Journal of the Academy of Marketing Science. 1998，16（1）：74 – 94.

［108］Bailey A A，Pentina I，Mishra A S and Mimoun M S B. Mobile payments adoption by us consumers：an extended TAM［J］. International Journal of Retail and Distribution Management，2017，45（6）：626 – 640.

［109］Balasubramanian S，Konana P，Menon N M. Customer satisfaction in virtual environments：a study of online investing［J］. Management Science，2003，49（7）：871 – 889.

［110］Baronas A K and Louis M R. Restoring a sense of control during implementation：How user involvement leads to system acceptance［J］. MIS Quarterly，1988，12（1）：111 – 124.

［111］ Barron F. The disposition toward originality ［J］. Journal of Ab-
normal and Social Psychology, 1955, 51 (3): 478 – 485.

［112］ Carpenter C J, Spottswood E L. Exploring romantic relationships
on social networking sites using the self-expansion model ［J］. Computers in
Human Behavior, 2013, 29 (4): 1531 – 1537.

［113］ Castelo N, Bos M W, Lehmann D R. Task-dependent algorithm
aversion ［J］. Journal of Marketing Research, 2019, 56 (5): 809 – 825.

［114］ Celsi R L and Olson J C. The role of involvement in attention and
comprehension processes ［J］. Journal of Consumer Research, 1988, 15
(2): 210 – 224.

［115］ Chan K W, Yim C K B and Lam S S K. Is customer participa-
tion in value creation a double-edged sword? Evidence from professional fi-
nancial services across cultures ［J］. Journal of Marketing, 2010, 74 (3):
48 – 64.

［116］ Chatterjee P and Rose R L. Do payment mechanisms change the
way consumers perceive products? ［J］. Journal of Consumer Research,
2012, 38 (6): 1129 – 1139.

［117］ Chen C Y, Lee L and Yap A J. Control deprivation motivates ac-
quisition of utilitarian products ［J］. Journal of Consumer Research, 2017,
43 (6): 1031 – 1047.

［118］ Cheng Y, Hsu S and Lo C. Innovation and imitation: Competi-
tion between the U. S. and China on third-party payment technology ［J］.
Journal of Chinese Economic and Foreign Trade Studies, 2017, 10 (5):
1 – 13.

［119］ Collier A F and Wayment H A. Psychological benefits of the
"maker" or do-it-yourself movement in young adults: a pathway towards sub-
jective well-being ［J］. Journal of Happiness Studies, 2018, 19 (4):
1217 – 1239.

［120］ Collier J E and Barnes D C. Self-service delight：exploring the hedonic aspects of self-service ［J］. Journal of Business Research，2015，68（5）：986 – 993.

［121］ Collier J E and Sherrell D L. Examining the influence of control and convenience in a self-service setting ［J］. Journal of the Academy of Marketing Science，2010，38（4）：490 – 509.

［122］ Csikszentmihalyi M. Flow：The Psychology of Optimal Experience ［M］. Harper and Row，New York，NY. 1990.

［123］ Dahlberg T，Guo J and Ondrus J. A critical review of mobile payment research ［J］. Electronic Commerce Research and Applications，2015，14（5）：265 – 284.

［124］ Davis F D. Perceived usefulness，perceived ease of use，and user acceptance of information technology ［J］. MIS Quarterly，1989，13（3）：319 – 340.

［125］ Deci E L and Ryan R M. The "what" and "why" of goal pursuits：Human needs and the self-determination of behavior ［J］. Psychological Inquiry，2000，11（4）：227 – 268.

［126］ De Kerviler G，Rodriguez C M. Luxury brand experiences and relationship quality for millennials：The role of self-expansion ［J］. Journal of Business Research，2019，102（1）：250 – 262.

［127］ Dennis J P，Wal J S V. The cognitive flexibility inventory：instrument development and estimates of reliability and validity ［J］. Cognitive Therapy & Research，2010，34（3）：241 – 253.

［128］ Dholakia U M. A motivational process model of product involvement and consumer risk perception ［J］. European Journal of Marketing，2001，35（11/12）：1340 – 1362.

［129］ Diab D L，Pui S Y，Yankelevich M，et al. Lay perceptions of selection decision aids in US and non – US samples ［J］. International Journal of Selection and Assessment, 2011, 19 (2): 209 – 216.

[130] Diehl K, Zauberman G and Barasch A. How taking photos increases enjoyment of experiences [J]. Journal of Personality and Social Psychology, 2016, 111 (2): 119 – 140.

[131] Dietvorst B J, Simmons J P, Massey C. Overcoming algorithm aversion: people will use imperfect algorithms if they can (even slightly) modify them [J]. Management Science, 2018, 64 (3): 1155 – 1170.

[132] Dietvorst B, Simmons J, Massey C. Algorithm aversion: people erroneously avoid algorithms after seeing them err [J]. Journal of Experimental Psychology: General, 2015, 144 (1): 114 – 126.

[133] Eastwood J, Snook B, Luther K. What people want from their professionals: attitudes toward decision-making strategies [J]. Journal of Behavioral Decision Making, 2012, 25 (5): 458 – 468.

[134] Engström, J. and Elg, M. A self-determination theory perspective on customer participation in service development [J]. Journal of Services Marketing, 2015, 29 (6/7): 511 – 521.

[135] Epley N, Waytz A, Cacioppo J. On seeing human: a three-factor theory of anthropomorphism [J]. Psychological Review, 2007, 114 (4): 864 – 886.

[136] Esteva A, Kuprel B, Novoa R A, et al. Dermatologist-level classification of skin cancer with deep neural networks [J]. Nature, 2017, 542 (7639): 115 – 118.

[137] Fernandes T, Morgado M, Rodrigues M A. The role of employee emotional competence in service recovery encounters [J]. Journal of Services Marketing, 2018, 32 (7): 835 – 849.

[138] Ferreira, João J., Cristina I. Fernandes, Hussain G. Rammal, and Pedro M. Veiga. Wearable Technology and Consumer Interaction: A Systematic Review and Research Agenda [J]. Computers in Human Behavior,

2021, 118 (5): 106710.

[139] Fornell C and Larcker D F. Evaluating structural equation models with unobservable variables and measurement error [J]. Journal of Marketing Research. 1981, 18 (1): 39 – 50.

[140] Fridin M, Belokopytov M. Acceptance of socially assistive humanoid robot by preschool and elementary school teachers [J]. Computers in Human Behavior, 2014, 33 (4): 23 – 31.

[141] Fuentes, Christian. , Niklas Sörum. Agencing Ethical Consumers: Smartphone Apps and the Socio – Material Reconfiguration of Everyday Life [J]. Consumption Markets & Culture, 2019, 22 (2): 131 – 156.

[142] Giardini A, Frese M. Linking service employees' emotional competence to customer satisfaction: a multilevel approach [J]. Journal of Organizational Behavior, 2008, 29 (2): 155 – 170.

[143] Gineikiene J, Kiudyte J, Degutis M. Functional, organic or conventional? Food choices of health conscious and skeptical consumers [J]. Baltic Journal of Management. 2017, 12 (2): 139 – 152.

[144] Giordano A P, Patient D, Passos A M, et al. Antecedents and consequences of collective psychological ownership: The validation of a conceptual model [J]. Journal of Organizational Behavior, 2020, 41 (1): 32 – 49.

[145] Grove W M, Zald D H, Lebow B S, et al. Clinical versus mechanical prediction: a meta-analysis [J]. Psychological Assessment, 2000, 12 (1): 19 – 30.

[146] Gunaratne J, Zalmanson L, Nov O. The persuasive power of algorithmic and crowdsourced advice [J]. Journal of Management Information Systems, 2018, 35 (4): 1092 – 1120.

[147] Haenlein M, Kaplan A. A brief history of artificial intelligence: on the past, present, and future of artificial intelligence [J]. California

Management Review, 2019, 61 (4): 5 – 14.

[148] Hayes A F. Introduction to Mediation, Moderation, and Conditional Process Analysis: A Regression – Based Approach [M]. New York: Guilford Press, 2013.

[149] Hennessey B A, Amabile T M. Creativity [J]. Annual Review of Psychology, 2010, 61: 569 – 598.

[150] Highhouse S. Stubborn reliance on intuition and subjectivity in employee selection [J]. Industrial and Organizational Psychology, 2008, 1 (3): 333 – 342.

[151] Hirschman E C. Innovativeness, novelty seeking, and consumer creativity [J]. Journal of Consumer Research, 1980, 7 (3): 283 – 295.

[152] Hoffner C A, Lee S, Park S J. "I miss my mobile phone!": Self-expansion via mobile phone and responses to phone loss [J]. New Media & Society, 2016, 18 (11): 2452 – 2468.

[153] Holzmann P, Schwarz E J, Audretsch D B. Understanding the determinants of novel technology adoption among teachers: The case of 3D printing [J]. Journal of Technology Transfer, 2020, 45 (1): 259 – 275.

[154] Homburg C, Jozic D and Kuehnl C. Customer experience management: toward implementing an evolving marketing concept [J]. Journal of the Academy of Marketing Science, 2017, 45 (3): 377 – 401.

[155] Hsiao K L, Chen C C. What drives smartwatch purchase intention? Perspectives from hardware, software, design, and value [J]. Telematics & Informatics, 2018, 35 (1): 103 – 113.

[156] Huang M H, Rust R T. Artificial intelligence in service [J]. Journal of Service Research, 2018, 21 (2): 155 – 172.

[157] Hughner R S, McDonagh P, Prothero A, Shultz C J and Stanton J. Who are organic food consumers? A compilation and review of why people purchase organic food [J]. Journal of Consumer Behaviour, 2007, 6

（2/3）: 94 – 110.

［158］Iversen A C and Kraft A P. Does socio-economic status and health consciousness influence how women respond to health-related messages in media? ［J］. Health Education Research. 2006, 21（5）: 601 – 610.

［159］Jacobson M J, Spiro R J. Hypertext learning environments, cognitive flexibility, and the transfer of complex knowledge: an empirical investigation ［J］. Journal of Educational Computing Research, 1995, 12（4）: 301 – 333.

［160］Jayanti R K, and Burns A C. The antecedents of preventive health care behavior: An empirical study ［J］. Journal of the Academy of Marketing Science. 1998, 26（1）: 6 – 15.

［161］Jung E H and Sundar, S. S. Older adults' activities on Facebook: Can affordances predict intrinsic motivation and well-being? ［J］. Health Communication, 2021: 1 – 11.

［162］Kamal Basha N, Aw C X and Chuah H W. Are we so over smartwatches? or can technology, fashion, and psychographic attributes sustain smartwatch usage? ［J］. Technology in Society, 2022, 69: 101952.

［163］Karsen M, Chandra Y U, Juwitasary H. Technological factors of mobile payment: a systematic literature review ［J］. Procedia Computer Science, 2019, 157: 489 – 498.

［164］Kim S, Mcgill A L. Gaming with Mr. Slot or gaming the slot machine? Power, anthropomorphism, and risk perception ［J］. Journal of Consumer Research, 2011, 38（1）: 94 – 107.

［165］Kim, Taejung, Weisheng Chiu. Consumer Acceptance of Sports Wearable Technology: The Role of Technology Readiness ［J］. International Journal of Sports Marketing and Sponsorship, 2019, 20（1）: 109 – 126.

［166］Kleinberg J, Lakkaraju H, Leskovec J, et al. Human decisions and machine predictions ［J］. Quarterly Journal of Economics, 2018, 133

（1）：237 –293.

［167］Kuma V, Rajan B, Venkatesan R, et al. Understanding the role of artificial intelligence in personalized engagement marketing ［J］. California Management Review, 2019, 61 （4）：135 –155.

［168］Kuncel N R, Klieger D M, Connelly B S, et al. Mechanical versus clinical data combination in selection and admissions decisions：a meta-analysis ［J］. Journal of Applied Psychology, 2013, 98 （6）：1060 – 1072.

［169］Laurent G, Kapferer J. Measuring consumer involvement profiles ［J］. Journal of Marketing Research, 1985, 22 （1）：41 –53.

［170］Lee S J, Bai B, Busser J A. Pop star fan tourists：An application of self-expansion theory ［J］. Tourism Management, 2019, 72 （1）：270 –280.

［171］Lemon K N and Verhoef P C. Understanding customer experience throughout the customer journey ［J］. Journal of Marketing, 2016, 80 （6）：69 –96.

［172］Liébana – Cabanillas F, Molinillo S, and Ruiz – Montañez M. To use or not to use, that is the question：analysis of the determining factors for using NFC mobile payment systems in public transportation ［J］. Technological Forecasting and Social Change, 2019, 139：266 –276.

［173］Liébana – Cabanillas F, Muñoz – Leiva F and Sánchez – Fernández J. A global approach to the analysis of user behavior in mobile payment systems in the new electronic environment ［J］. Service Business, 2018, 12：25 –64.

［174］Liébana – Cabanillas F, Sánchez – Fernández J and Muoz – Leiva F. The moderating effect of experience in the adoption of mobile payment tools in virtual social networks：the M – payment acceptance model in virtual social networks（MPAM – VSN）［J］. International Journal of Information

Management, 2014, 34 (2): 151 – 166.

[175] Liu R, Wu J and Yu – Buck G F. The influence of mobile QR code payment on payment pleasure: evidence from China [J]. International Journal of Bank Marketing, 2021, 39 (2): 337 – 356.

[176] Logg J M, Minson J A, Moore D A. Algorithm appreciation: people prefer algorithmic to human judgment [J]. Organizational Behavior and Human Decision Processes, 2019, 151 (3): 90 – 103.

[177] Longoni C, Bonezzi A, Morewedge C K. Resistance to medical artificial intelligence [J]. Journal of Consumer Research, 2019, 46 (4): 629 – 650.

[178] Lou L, Tian Z and Koh J. Tourist satisfaction enhancement using mobile QR code payment: an empirical investigation [J]. Sustainability, 2017, 9 (7): 1186 – 1199.

[179] Lunney, Abbey, Nicole R. Cunningham, and Matthew S. Eastin. Wearable fitness technology: A structural investigation into acceptance and perceived outcomes [J]. Computers in Human Behavior, 2016, 65: 114 – 120.

[180] Mai R and Hoffmann S. Taste lovers versus nutrition fact seekers: How health consciousness and self-efficacy determine the way consumers choose food products [J]. Journal of Consumer Behaviour. 2012, 11 (4): 316 – 328.

[181] Mao J, Chiu C Y, Owens B P, et al. Growing followers: Exploring the effects of leader humility on follower self-expansion, self-efficacy, and performance [J]. Journal of Management Studies, 2019, 56 (2): 343 – 371.

[182] Martin M M, Rubin R B. A new measure of cognitive flexibility [J]. Psychological Reports, 1995, 76 (2): 623 – 626.

[183] Mcknight D H, Choudhury V, Kacmar C. Developing and vali-

dating trust measures for e-commerce: an integrative typology [J]. Information Systems Research, 2002, 13 (3): 334 –359.

[184] Mclean G, Osei – Frimpong K, Barhorst J. Alexa, do voice assistants influence consumer brand engagement? – Examining the role of AI powered voice assistants in influencing consumer brand engagement [J]. Journal of Business Research, 2021, 124 (1): 312 –328.

[185] Meehl P. Clinical versus statistical prediction: A theoretical analysis and a review of the evidence [M]. Minneapolis: University of Minnesota Press, 1954: 68 –129.

[186] Mehta R, Dahl D W. Creativity: past, present, and future [J]. Consumer Psychology Review. 2019, 2: 30 –49.

[187] Mele, Cristina, Marialuisa Marzullo, Irene Di Bernardo, et al. A smart tech lever to augment caregivers' touch and foster vulnerable patient engagement and well – Being [J]. Journal of Service Theory and Practice, 2022, 32 (1): 52 –74.

[188] Mittal B and Lee M. A causal model of consumer involvement [J]. Journal of Economic Psychology, 1989, 10 (30): 363 –389.

[189] Montoya A K, Hayes A F. Two condition within-participant statistical mediation analysis: a path-analytic framework [J]. Psychological Methods, 2017, 22 (1): 6 –27.

[190] Mun Y P, Khalid H and Nadarajah D. Millennials' perception on mobile payment services in Malaysia [J]. Procedia Computer Science, 2017, 124: 397 –404.

[191] Nissenbaum H, Walker D. Will computers dehumanize education? A grounded approach to values at risk [J]. Technology in Society, 1998, 20 (3): 237 –273.

[192] Önkal D, Goodwin P, Thomson M, et al. The relative influence of advice from human experts and statistical methods on forecast adjustments

[J]. Journal of Behavioral Decision Making, 2009, 22 (4): 390 –409.

[193] Oliveira T, Thomas M, Baptista G and Campos F. Mobile payment: understanding the determinants of customer adoption and intention to recommend the technology [J]. Computers in Human Behavior, 2016, 61: 404 –414.

[194] Ostrom Amy L, Joy M. Field, Darima Fotheringham, Mahesh Subramony, Anders Gustafsson, Katherine N. Lemon, Ming – Hui Huang, and Janet R. McColl – Kennedy. Service Research Priorities: Managing and Delivering Service in Turbulent Times [J]. Journal of Service Research, 2021, 24 (3): 329 –353.

[195] Patil P, Tamilmani K, Rana N P and Raghavan V. Understanding consumer adoption of mobile payment in India: extending meta – UTAUT model with personal innovativeness, anxiety, trust, and grievance redressal [J]. International Journal of Information Management, 2020, 54: 1 – 16.

[196] Pereira R E. Influence of query-based decision aids on consumer decision making in electronic commerce [J]. Information Resources Management Journal, 2001, 14 (1): 31 –48.

[197] Preacher K J, Hayes A F. Asymptotic and resampling strategies for assessing and comparing indirect effects in multiple mediator models [J]. Behavior Research Methods, 2008, 40 (3): 879 –891.

[198] Puntoni S, Reczek R W, Giesler M, et al. Consumers and artificial intelligence: An experiential perspective [J]. Journal of Marketing, 2021, 85 (1): 131 – 151.

[199] Ram S, Jung H S. The conceptualization and measurement of product usage [J]. Journal of the Academy of Marketing Science, 1990, 18 (1): 67 –76.

[200] Rijsdijk S A, Hultink E J, Diamantopoulos A. Product intelligence: Its conceptualization, measurement and impact on consumer satisfac-

tion [J]. Journal of the Academy of Marketing Science, 2007, 35 (3): 340 – 356.

[201] Rijsdijk S A, Hultink E J. How today's consumers perceive tomorrow's smart products [J]. Journal of Product Innovation Management, 2009, 26 (1): 24 – 42.

[202] Ritter S M, Damian R I, Simonton D K, et al. Diversifying experiences enhance cognitive flexibility [J]. Journal of Experimental Social Psychology, 2012, 48 (4): 961 – 964.

[203] Ryan R M, Rigby C S and Przybylski A. The motivational pull of video games: a self-determination theory approach [J]. Motivation and Emotion, 2006, 30: 344 – 360.

[204] Shah A M, Eisenkraft N, Bettman J R and Chartrand T L. "Paper or plastic?": how we pay influences post-transaction connection [J]. Journal of Consumer Research, 2016, 42 (5): 688 – 708.

[205] Shulga L V, Busser J A, Bai B, et al. The reciprocal role of trust in customer value co-creation [J]. Journal of Hospitality & Tourism Research, 2021, 45 (4): 672 – 696.

[206] Skinner E A. A guide to constructs of control [J]. Journal of Personality and Social Psychology, 1996, 71 (3): 549 – 570.

[207] Soman D. The effect of payment transparency on consumption: quasi-experiments from the field [J]. Marketing Letters, 2003, 14 (3): 173 – 183.

[208] Stephen L, Nick H. Animals and androids: implicit associations between social categories and nonhumans [J]. Psychological Science, 2007, 18 (2): 116 – 121.

[209] Sundar S S, Bellur S, Jia H. Motivational Technologies: A Theoretical Framework for Designing Preventive Health Applications. In: Bang, M., Ragnemalm, E. L. (eds) Persuasive Technology. Design for

Health and Safety [C]. PERSUASIVE 2012. Lecture Notes in Computer Science, vol 7284. Springer, Berlin, Heidelberg.

[210] Tamborini R, Bowman N D, Eden A, Grizzard M and Organ A. Defining media enjoyment as the satisfaction of intrinsic needs [J]. Journal of Communication, 2010, 60 (4): 758 – 777.

[211] Tan C, Teo H, Benbasat I. Assessing screening and evaluation decision support systems: a resource-matching approach [J]. Information Systems Research, 2010, 21 (2): 305 – 326.

[212] Tikkanen H. Characterizing well-being capabilities in services [J]. Journal of Services Marketing, 2020, 34 (6): 785 – 795.

[213] Vargo S L, Lusch R F. Evolving to a new dominant logic for marketing [J]. Journal of Marketing, 2004, 68 (1): 1 – 17.

[214] Venkatesh V, Morris M G, Davis G B and Davis F D. User acceptance of information technology: Toward a unified view [J]. MIS Quarterly. 2003, 27 (3): 425 – 478.

[215] Wearable Technology Market Size Worth $186. 14 Billion By 2030 [R/OL]. Grand View Research. 2023. https: //www. grandviewresearch. com/ press – release/global – wearable – technology – market.

[216] Weiner B. Intrapersonal and interpersonal theories of motivation from an attribution perspective [J]. Educational Psychology Review, 2000, 12 (1): 1 – 14.

[217] White R W. Motivation reconsidered: the concept of competence [J]. Psychological Review, 1959, 66 (5): 297 – 333.

[218] Wittkowski K, Jan F Klein, Tomas Falk, Jeroen J L. Schepers, Jaakko Aspara, and Kai N. Bergner. What gets measured gets done: Can self-tracking technologies enhance advice compliance? [J]. Journal of Service Research, 2020, 23 (3): 281 – 298.

[219] Xiao B, Benbasat I. E – commerce product recommendation a-

gents: use, characteristics, and impact [J]. MIS Quarterly, 2007, 31 (1): 137 – 209.

[220] Yang S, Lu Y, Gupta S, Cao Y and Zhang R. Mobile payment service adoption across time: an empirical study of the effects of behavioural beliefs, social influences, and personal traits [J]. Computers in Human Behaviour, 2012, 28 (1): 129 – 142.

[221] Yang Y, Liu Y, Li H and Yu B. Understanding perceived risks in mobile payment acceptance [J]. Industrial Management and Data Systems, 2015, 115 (2): 253 – 269.

[222] Yeomans M, Shah A, Mullainathan S, et al. Making sense of recommendations [J]. Journal of Behavioral Decision Making, 2019, 32 (4): 403 – 414.

[223] Yim C K B, Chan K W and Lam S S K. Do customers and employees enjoy service participation? Synergistic effects of self-and other-efficacy [J]. Journal of Marketing, 2012, 76 (6): 121 – 140.

[224] Zakariah, Amalina, Sameer Hosany and Benedetta Cappellini. Subjectivities in motion: Dichotomies in consumer engagements with self-tracking technologies [J]. Computers in Human Behavior, 2021, 118: 106699.

[225] Zhao X, Lynch J G, Chen Q. Reconsidering Baron and Kenny: Myths and truths about mediation analysis [J]. Journal of Consumer Research, 2010, 37 (2): 197 – 206.